न लिखने का कारण

कांटे की बात-1

D1881541

कांटे की बात-1

न लिखने का कारण

कांटे की बात-2

अनपढ़ बनाये रखने की साज़िश

कांटे की बात-3

गुलामी का आनंद और स्वतंत्रता के ख़तरे

कांटे की बात-4

आगे रास्ता बंद है

कांटे की बात-5

खामोश, चिंतन चालू आहे !

कांटे की बात-6

स्थगित यात्राएँ

पिछले 30 वर्षों में लिखी गयी समीक्षाओं, टिप्पणियों, अनुवीक्षाओं, 'हंस' के संपादकीयों से चुनाव

कांटे की बात-1

न लिखने का कारण

राजेन्द्र यादव

समायोजन

विद्यानिधि

वाणी प्रकाशन

वाणी प्रकाशन
4695, 21-ए, दरियागंज, नयी दिल्ली 110 002
शाखा
अशोक राजपथ, पटना 800 004
फ़ोन : +91 11 23273167 फ़ैक्स : +91 11 23275710
www.vaniprakashan.in
vaniprakashan@gmail.com
sales@vaniprakashan.in

(KANTE KI BAAT-1)
NA LIKHNE KA KARAN
by Rajendra Yadav

ISBN : 978-93-5229-702-3
Kante Ki Baat

© लेखकाधीन

संस्करण 1998
आवृत्ति 2017

मूल्य : ₹150

इस पुस्तक के किसी भी अंश को किसी भी माध्यम में प्रयोग करने के लिए प्रकाशक से लिखित अनुमति लेना अनिवार्य है।

रजौरिया प्रिंटर्स, दिल्ली-110 093 में मुद्रित

वाणी प्रकाशन का लोगो मक़बूल फ़िदा हुसेन की कूची से

बड़े भाई श्यामाचरण दुबे के लिए

एक : कारण

दो : अवरोध

तीन : प्रलोभन

संगति की तलाश

ज्ञान या विश्लेषण को वर्गीकृत श्रेणियों में देखने का प्रयास कई खतरे उपस्थित करता है. कभी ये वर्गीकरण अधूरे रह जाते हैं, कभी जड़ या निरंकुश बन जाते हैं. विचार न तो श्रेणियों के बीच जन्म लेते हैं, न हदों के भीतर पनपते हैं. इस तथ्य को जानते-मानते हुए, राजेन्द्र यादव के लेखों-संपादकीयों का वर्गीकरण और चार पुस्तकों में संयोजन मेरे लिए आसान न था.

तीस-पैंतीस सालों में फैले लेखन को एक साथ समेटने में दिक्कतें तो कई थीं—कुछ छूट जाने की, कुछ दोहराव की, कुछ अप्रासंगिक हो जाने की, तो कुछ तारतम्य और प्रवाह बनाए रखने की. इसके लिए कुछ संपादकीयों को कांटना-छांटना पड़ा, तो कुछ के टुकड़े कर अलग खंडों में बांटना पड़ा.

कालबद्ध वर्गीकरण पहला विकल्प था. 'समय और समाज से जूझते' लेखक के चिंतन की प्रक्रिया को, गति और अवरोध को, सामाजिक संदर्भ के साथ बदलते लेखकीय रिश्ते को जानने-पहचानने का सरल-सहज विकल्प. लेकिन उसमें विषय संबंधी बिखराव-दोहराव और घिचपिच की पूरी संभावना थी. एक विषय से संबंधित चिंतन का एक सिरा कहीं होता, दूसरा कहीं. अगर पुस्तक का मुख्य मुद्दा रचनाकार होता तो सभी दिक्कतों के बावजूद वर्गीकरण का यही तरीका सबसे उपयुक्त था. लेकिन 'कांटे की बात' का मूल सरोकार रचनाकार नहीं, बल्कि 'लेखकीय संघर्ष' की उस सार्थकता की तलाश है, जो रचना को, जीवन को, समाज को चंद सपने और ढेर-सी आस्था दे सके, उनके लिए लड़ने का साहस दे सके.

इसलिए कथ्य के आधार पर इन लेखों का वर्गीकरण मुझे ज़्यादा सही लगा. इस ढंग से कोटियां तो कई थीं—राजनीतिक-सामाजिक, साहित्यिक-सौंदर्यशास्त्रीय, दार्शनिक-भाषावैज्ञानिक आदि, लेकिन इन कोटियों में एक रचनाकार को खंड-खंड कर बांट देने का तर्क की अतार्किकता भी थी. ऐसी निश्चित, विशुद्ध कोटियां बनाना उन्हीं के लिए संभव होता है, जो जीवन को एक 'बहुसूत्रीय चुनाव' प्रश्न की तरह लेते हैं वैसे भी, 'रचना टुकड़ों में नहीं संपूर्णता में अपनी बात कहती है.''

इन तर्कों और खतरों को ध्यान में रखते हुए मुझे बेहतर यही लगा कि इन लेखों को कुछ खास संदर्भ दिए जाएं... लेकिन इन संदर्भों के बाहर भी उनका अपना अर्थ, अपना प्रवाह हो. इन संदर्भों में परस्पर संबंध भी हों, संबंधहीनता भी. इस तरह प्रत्येक खंड अपना अलग अस्तित्व रखते हुए भी एक विचार-श्रृंखला का निर्माण करे.

ये चार संदर्भ हैं—'न लिखने का कारण', 'अनपढ़ बनाए रखने की साजिश', 'गुलामी का आनंद और स्वतंत्रता के खतरे' तथा 'आगे रास्ता बंद है.'

न लिखने का कारण को कुछ अभिधार्थियों ने लेखक की व्यक्तिगत अक्षमता का विस्तार माना था, जबकि इसका अर्थ रचना-विरोधी-माहौल के बीच 'जैनुइन लेखन' का सरोकार है. मनुष्य स्वस्थ हो, रचनाशील हो, स्वप्नदर्शी हो—यह स्वस्थ होने के

स्वाभाविक और सर्वस्वीकृत लक्षण हैं, पड़ताल उसके 'अस्वस्थ' होने के कारणों की ही होती है—ताकि स्वास्थ्य को बचाया जा सके. इसलिए यहां असली मुद्दा लिखने की वजह ढूंढने का है, 'कुछ' सार्थक और प्रासंगिक की तलाश का है. इस तलाश में लेखक 'मैं और दूसरे' के बीच संवाद की स्थिति बनाता है, वह खुद अपना साक्षी बनता है और 'दूसरे' के साथ संवेदना के गहरे स्तर पर जुड़ता है. इस प्रक्रिया में वह अपने और दूसरे के संघर्ष को 'शब्द' देता है. 'शब्द' ही भविष्यहीनता के आतंक को स्वप्न, स्मृति और विजन से तोड़ने की सामर्थ्य रखता है. अस्तित्व के बुनियादी संघर्ष में शब्द के निजी मुहावरे का अनुसंधान कैसे किया जाए—'न लिखने का कारण' का मूल सरोकार यही है.

इससे जुड़ी है—उस रचना विरोधी माहौल की पड़ताल, जिसमें व्यक्ति के जीने, सोचने, पढ़ने, बोलने और रचने पर प्रतिबंध लगाया जाता है. रचनाकार से लिखने के सभी कारण छीन लिए जाते हैं; रचना और साहित्य पर सांप्रदायिक दंगे होते हैं; सफदर हाशमी, शंकर गुहा नियोगी, गोरख पांडेय और सलमान रुशदी की 'पूर्वघोषित हत्या का रोज़नामचा' लिखा जाता है और इस तरह विचार और सोच की मौत का ऐलान किया जाता है.

सोच और अभिव्यक्ति पर रोक लगाने का एक तरीका और भी है—विरोध और विद्रोह को सत्ता द्वारा आत्मसात कर लेने का 'बेहतर' तरीका. प्रलोभन कई हैं—पद-प्रतिष्ठा, सलाम-सम्मान, इनाम-पुरस्कार और जीने की तमाम भोगवादी सुविधाएं. जो चाहो चुन लो. न सोचने की मनाही है, न बोलने-लिखने की. खूब 'क्रांतिकारी चिंतन' करो, जी भरकर सत्ता को गालियां दो और बीच-बीच में निर्णायक मुद्दों पर सत्ता का थोड़ा-सा समर्थन कर दो—विद्रोही भी कहलाओ और पूंजी भी जुटाओ!' 'लिखने' के अवरोध और 'न लिखने' के प्रलोभन ही इस पुस्तक के दो महत्वपूर्ण पक्ष हैं.

बाकी पुस्तकों के बारे में संक्षिप्त टिप्पणियां अलग से!

विद्यानिधि

रचना के बदले

अगर विद्यानिधि से 'सहसा' भेंट नहीं हुई होती तो शायद अभी भी ये पुस्तकें, पिछले तीन दशकों में लिखी गयी टिप्पणियों में ही बिखरी होतीं और मैं मन ही मन प्रतीक्षा करता रहता कि 'किसी दिन' आराम से इन्हें पढ़ूंगा, छाटूंगा और पुस्तक/पुस्तकों के रूप में संयोजित कर दूंगा . . . शाश्वत स्थगन के बासी बहाने...

जाहिर है कि ये सारी टिप्पणियां या अनुवीक्षाएं (आब्जर्वेशन ?) 'हंस' के दौरान (अगस्त 86 से) ही लिखी गयी हैं—कहीं 'कांटे की बात' के शीर्षक से, तो कहीं 'मेरी तेरी उसकी बात' में; मगर कुछ काफी पहले की भी हैं। अनेक खंडों में निकलनेवाली इस पुस्तकमाला को मैं समय और समाज के साथ जूझते हुए अपनी समझ के जाले साफ करने की प्रक्रिया भी कह सकता हूँ। शायद इसीलिए लहजा, तेवर, बलाघात और मुहावरे बदलते गये हैं—कुछ संदर्भ, जो लिखते समय बहुत महत्वपूर्ण लगे थे, आज खुलासा मांगते हुए लगते हैं . . . मगर जिस चीज ने मुझे सचमुच आश्वस्त किया, वह यह, कि कहीं भी बात को डुबाने, ढंकने या कतराने, टालने की कोशिश नहीं की गयी है। साहस तो नहीं कहूँगा, मगर मेरा सारा 'लेखकीय संघर्ष' जिस निर्भीक और निष्पक्ष स्वतंत्रता के लिए प्रतिबद्ध रहा है, शायद उसमें समझौता नहीं किया। इसके पीछे सिर्फ बल यही लगता है कि न कुछ खोने का डर है, न पाने की लालसा . . . कम से कम लेखन से तो नहीं ही है, हाँ, मान्यता और स्वीकृति की आकांक्षा रही हो तो कह नहीं सकता। 'महामना' की अन्तिम कमजोरी . . .

इन पर दुबारा निगाह डालते हुए दो विरोधी भाव एक साथ उठते हैं—सामने बैठे पाठकों के साथ सामयिक समस्याओं और गुत्थियों पर सीधे-सीधे संवाद करने का सुख, अपनी 'साहसिकता, मौलिकता और विश्लेषण दृष्टि' पर मिली तालियों का नशा, क्या लेखक को पाठकों की प्रत्याशाओं से नहीं बांध देता? "देखें अगली बार क्या तीर मारता या मोती निकालकर लाता है", मगर तात्कालिक प्रतिक्रियाओं की यह ईमानदार पत्रकारी, क्यों हर रोज बीतते जाने का दंश बनने लगती है ? इन लेखों को आज पलटते हुए यह ज़रूर लगता है कि क्या यह सब सचमुच उतना ही महत्वपूर्ण था ? कालबद्ध हर लेखन होता है, मगर यह तत्कालबद्धता ? आपने अपने-आपको क्षणिक संतोष में खर्च किया

है—अगर यह बोध, मन में धिक्कार जगाता है तो अपने समय की चुनौतियों से कतराकर, अपने ही खोल में बंद किसी शाश्वत साहित्य की रचना करना क्या विश्वासघात और अपराधबोध से मुक्त कर देता है ? रचना पाठकों के साथ संवाद है और विश्लेषण भी—मगर कुछ लेखक इन दोनों का निर्वाह साथ-साथ कर लेते हैं। मैं शायद इकहरा लेखक हूँ—एक समय में एक ही काम कर पाता हूँ—अपने सम्पूर्ण लगाव के साथ। इसलिए 'लिखना छोड़कर पत्रकारी बकवास' में भाड़ झोंकने के आरोप झेलता रहा हूँ। हो सकता है, इनमें कुछ सचाई भी हो। यथार्थ को तोड़कर या छोड़कर रचना की कलात्मकता में संयोजित करने और 'ऐन्द्रिक सचाई के पार वृहत्तर सचाई' को पाने के मुकाबले, यथार्थ से सीधे-सीधे मुठभेड़ सपाट और सतही तो लगती है। मन में सवाल यह भी उठता है कि इस सरलीकरण और उस कलात्मक 'सामान्यीकरण' में क्या मूलभूत समानता नहीं है? लेखकीय स्तर पर स्थितियों का तात्कालिक विश्लेषण अगर कर्म की एवजी है तो 'कलात्मक सामान्यीकरण' स्थितियों और कर्म दोनों से दूर, तटस्थ हो जाना या उन्हें नकार देना नहीं है ? बहरहाल, संदर्भ-सूत्र (टर्म्स ऑफ रेफरेन्स) तो दोनों के ही अतीत हो जाते हैं—एक दस दिन बाद तो दूसरा दस-बीस साल बाद . . . हाँ, रचनात्मक कृतियों के खोल में वह मुलायम गिरी जरूर कहीं न कहीं बची रहती है जिसका स्वाद सदियों बाद भी लिया जा सकता है—यानी अपनी मानसिकता के हिसाब से जिसे आज भी परिभाषित या आविष्कृत किया जा सकता है। मगर खोल कितना मजबूत है और गिरी को कितने दिनों सुरक्षित-नरमी में बनाये रख सकेगा इसका 'गुर' तो आज तक तय नहीं हो पाया--भवभूति तक को सब कुछ भगवान भरोसे छोड़ना पड़ा . . .

ये सारे सवाल मेरे अपने हैं। समय-समय पर लिखी इन अनुवीक्षाओं का सारा संयोजन विद्यानिधि का है इसलिए श्रेय-अश्रेय उन्हीं का प्राप्य है। हाँ, *हंस* में छपे लेखों में उन अंशों का सम्पादन कर दिया गया है जिनकी कोई जरूरत या उपयोगिता बाद के पाठकों के लिए नहीं है। पाठक चाहें तो सारे लेखों को इसी कोटि में डालने के लिए स्वतंत्र हैं।

राजेन्द्र यादव

23.10.92

एक पराजित वक्तव्य

बात कागज के संकट की थी। एक मिल के लगभग सर्वेसर्वा ने बड़ी शिष्टता से कहा : "देखिए, आप बुरा मत मानिए। एक तरफ जब बच्चों को 'टैक्स्ट बुक' न मिल रही हों, इम्तिहान के लिए कापियाँ न मिल रही हों; तब आपको किस्सा-कहानी-कविता के लिए कागज की जरूरत क्यों है ?" उस समय सचमुच बुरा ही लगा था, लेकिन शान्त मन से सोचने पर लगा, उनकी बात में व्यवस्था की पूरी मानसिकता बोल रही है। शासन और व्यवस्था की निगाह में साहित्य और संस्कृति निहायत ग़ैरउपयोगी, फालतू और कहीं हिकारत से देखने की चीज बन गये हैं, शायद एक अच्छा मनोरंजन भी नहीं हैं। शासन ने कुछ नारे दिये थे, कुछ योजनाएँ और घोषणाएँ उछाली थीं और देश के साहित्यकार तथा बुद्धिजीवी को आह्वान दिया था कि राष्ट्र के पुनर्निर्माण में वह भी अपना योग दे . . . सुविधाओं, सुरक्षाओं और सम्मान के आश्वासन मिले थे। सब कुछ हुआ; लेकिन व्यवस्था को बुद्धिजीवी का वह मुक्त सहयोग नहीं मिला। बल्कि इन सत्ताईस वर्षों में उसका स्वर आलोचना और विरोध का ही होता चला गया। सुविधाओं पर लपकने के बावजूद उसकी आवाज में वह खुला और बेबाक समर्थन नहीं आ पाया जिसकी प्रत्याशा शासन ने की थी। वह सिर्फ तटस्थ होकर रह गया, या निहायत ही शास्त्रीय (एकेडेमिक) और व्यक्तिगत समस्याएँ सुलझाने लगा। जिन्हें ये सुविधाएँ नहीं मिली थीं, या जिन्हें सचमुच इनकी चाह नहीं थी, उनके स्वर का डंक और तेज होता गया। स्वाभाविक ही था कि बुद्धिजीवियों के नाम पर 'ऐसे नपुंसकों और निन्दकों' की जमात से ही शासन का मोह-भंग हो गया और उनके प्रति एक निश्चित उदासीनता, विद्वेष या शत्रुता की भावना पैदा होने लगी। ऐसे साँपों को क्यों पाला जाये जो पहले अवसर पर ही आपकी ओर फन निकालकर खड़े हो जाते हैं ?

हर व्यवस्था आपका समर्थन चाहती है। जो यह नहीं देता वह असामाजिक, गैरजिम्मेदार और राष्ट्रद्रोही होने के लिए अभिशप्त है। उसे तो चुप करना ही होगा। कागज के संकट ने यह समस्या बेहद खूबसूरत ढंग से हल कर दी है। देखें, कितने लोगों की हिम्मत है जो पत्रिकाएँ निकालकर, पुस्तकें छापकर देश में असन्तोष और अव्यवस्था फैलाते हैं. . .? मुद्रित शब्द का अस्तित्व ही जब संकट

में है, तब 'बुद्धिजीवी की स्वतन्त्रता', 'अभिव्यक्ति का अधिकार', 'संप्रेषण की समस्या', 'विरोध की आवश्यकता' जैसी धारणाओं को शहद लगाइए और ड्राइंगरूमी बहसों में चाटिए . . . "जब लोगों को खाने को अन्न, उद्योगों को ईंधन या जिन्दा रहने की नितान्त आधारभूत चीजों के दर्शन दुर्लभ हैं तब आपका यह कागज ..." लेखक महोदय, अपनी हाथीदाँती मीनारों से नीचे आइए, और देखिए कि जनता किस हालत में रह रही है, लोग भूख-बाढ़-सूखे और मिलावट से कैसे मर रहे हैं... 'वह बोला और वह मुस्करायी' की जबान में कब तक और अपने-आपको या दूसरों को बेवकूफ बनाते रहेंगे ? कितना घिनौना, अश्लील और हास्यास्पद लगता है : कत्लगाह में बैठकर इजारबन्द के रेशे गिनना . . . या अपने होने का अहसास करने-कराने के लिए किसी दूर देश के नृशंस अत्याचार के खिलाफ वक्तव्य जारी करते रहना . . .

सम्बन्धों और सिद्धांतों का ऐसा रोमानी बुखार उतर जाने के बाद हर लेखक एक बार ठहरकर सोचता है कि अब वह ऐसा क्या लिखे जो सार्थक और प्रासंगिक हो, जो रचनात्मक क्षमता की गहनतम अनुभूतियों को सम्पूर्ण और प्रभावशाली अभिव्यक्ति दे सके . . . लेखकीय मान्यता के बाद रचनात्मक सार्थकता की यातनाप्रद तलाश से हम सबको गुजरना होता है और इसी बिन्दु पर हम सबने पाया है कि सार्थकता कहीं नहीं है।

अभी कुछ समय पहले ही एक युग आया था जब बाहरी परिवेश के सन्दर्भ में हमने अपने अन्दर को समझना चाहा, कभी इतिहास और कभी पुराणों से समानान्तर रूपक लेकर अपने 'आज' को परिभाषित करने का प्रयत्न किया, अस्तित्ववादी शब्दावली के माध्यम से अपने 'होने' की तकलीफ देती नस और नब्ज पर अँगुली रखनी चाही, हिप्पी-भाषा में सब कुछ को तिरस्कृत करके मुक्त होने के प्रयास किए। इन सारे देशी-विदेशी कोणों और आयामों से देखने के पीछे कहीं एक ईमानदार तड़प थी : अपने वास्तविक व्यक्तित्व या 'इयत्ता' की तलाश—राष्ट्रीय-अन्तर्राष्ट्रीय स्तर पर हर रोज इधर से उधर फेंक देनेवाली लहरों के बावजूद 'अपने आप की पहचान' — हर रोज कहीं कुछ ढह जाने, टूट जाने और मर जाने के बीच, जो भी कुछ बचा और बन रहा है उसका 'सम्पूर्ण' दर्शन... अपने होने और उसकी सार्थकता के आपसी सम्बन्ध का समाधान .. और यह सारा प्रयत्न जितना व्यक्तिगत था, उतना ही राष्ट्रीय।

ऐसी स्वीकृति और सच्चाई के साक्षात्कार की यातना और तकलीफ कितनी तोड़ने और कुचल देनेवाली होती है, जब आप पायें कि जिस चीज की तलाश में आपने अपने जीवन और व्यक्तित्व का सर्वश्रेष्ठ दाँव पर लगा दिया था, वह चीज इस दौरान अपनी सार्थकता खो बैठी है।

संसार की प्राचीनतम सभ्यता और संस्कृतिवाले देश और व्यक्ति ने अपने से बाहर जो प्रतिबद्धताएँ घोषित की थीं, उनकी ओर ध्यान देने की उसे फुरसत ही

नहीं मिली —क्योंकि अपनी हर 'सरहद' पर हमला था—भीतर का हर प्रान्त और हर रेशा बिखर रहा था और एक खण्ड दूसरे के विरोध में उठ खड़ा हुआ था। जोड़ने और साधे रखनेवाले सारे सम्बन्ध समाप्त हो गये थे। सांस्कृतिक-बौद्धिक हो या सामाजिक-आर्थिक—हर स्तर और धरातल पर 'डेफ़िसिट-फाइनेंसिंग' में एक दिन को दूसरे दिन तक धकेल ले जानेवाला राष्ट्र या व्यक्ति कब तक अपने-आपको या दूसरों को झूठे आश्वासनों और घोषणाओं में जीवित रख सकता था ? चूँकि देने को किसी के पास कुछ भी नहीं था (दूसरों को योग, शान्ति, मार्गदर्शन, पुरानी संस्कृति-जैसी वे खोखली चीजें, जिनमें खुद हमें आस्था नहीं है, भिड़ाकर हम आधुनिक होने के ठोस उपकरण चाहते थे) इसलिए हर कोई सिर्फ़ लेनेवाला था ! हममें से हर व्यक्ति महसूस करता था कि भभूत देकर जेट खरीदने का सौदा वस्तुतः किस आधार पर टिका है। इसलिए भीषण अविश्वास और असुरक्षा में साँस लेने के माहौल में कौन, क्यों कुछ मूल्यों, आदर्शों, सिद्धांतों, दर्शनों और लक्ष्यों से चिपका रहता ? इन सबको फालतू होना ही था !

और इस सबमें 'भीतरी आवाज' को दबाने और स्थगित करने का शायद प्रश्न ही नहीं था—यह तय करना भी तो सचमुच असम्भव था कि आस-पास और अन्दर गूँजती सैकड़ों आवाजों में भीतरी आवाज कौन-सी है और क्या ऐसी कोई आवाज है भी ? शंका, अनिश्चय और अनिर्णय के इस अभिशाप में एक आवाज़ अपनी लगने को होती ही है कि दूसरी उसे काटकर अस्वीकार कर देती है। कहाँ है राष्ट्र या व्यक्ति का अपना सही व्यक्तित्व ? कौन-सी जगहें हैं, जहाँ हमारी प्राथमिकताएँ गड़बड़ा गयी हैं ?

अपनी एक नितान्त निजी समस्या को मैं व्यापक धरातल पर समझने का प्रयास करता हूँ। लेखन के परिणाम और मान्यताएँ और सबों की तरह मुझे भी सन्तोष और प्रसन्नता देती हैं। इससे मेरे जीवित और सार्थक होने का अहं अपना भोजन पाता है। लेकिन जो कुछ है, वह सार्थक और प्रासंगिक नहीं है, इस अनुभूति से अपने को मुक्त नहीं कर पाता। लगता है सभी कुछ एक सार्थकता की शुरुआत पर आकर रुक गया है। तीन उपन्यास समाप्ति की अन्तिम सीमा पर आकर अधूरे पड़े हैं। पूरे भी हो जायेंगे तो कहाँ मैं अपने को सार्थक मान पाऊँगा ? इसी असन्तुष्टि ने उन्हें एक की जगह तीन होने का अवसर दिया है—हो सकता है तीन की जगह यह संख्या दस होती ! लेकिन उन्हें पूरा न करने के पीछे सिर्फ समय न मिलने की बाहरी मजबूरियाँ या महानगर का खण्ड-खण्ड में बिखरा देनेवाला जीवन ही है ? भीतरी अवरोध नहीं है ? मान लीजिए मेरी अपनी बनावट में कहीं कुछ घपला है, मैं सनकी और शंकाविद्ध हो गया हूँ . . . मगर उन्होंने, उन्होंने, उन्होंने ही ऐसा क्या लिखा है ? मैं अपनी पीढ़ी का एक-एक नाम अलग करके सोचता हूँ : पिछले दस-पन्द्रह सालों से वे क्या सिर्फ इसीलिए 'कुछ भी विशिष्ट' नहीं लिख पाये हैं कि अफसर, सम्पादक या प्राध्यापक बन गये

हैं ? जो लिखते हुए लग रहे हैं, वे क्या किसी 'सार्थक क्षण' की प्रतीक्षा में होने की निरन्तरता ही तो नहीं सिद्ध किये जा रहे हैं ? बौद्धिकता और रचनात्मकता के ये पच्चीस-तीस वर्ष किस शुरुआत पर आकर रुक गये हैं ? क्या सभी को कहीं भीतर से यही लगता है कि अभिव्यक्ति मात्र अपनी सार्थकता खो रही है ? यह प्रतीक्षा आशा नहीं आतंक जगाती है !

अपनी असमर्थता को यों फैला देना 'जस्टिफिकेशन' तलाश करना भी हो सकता है। मगर हर रचना के साथ उभरनेवाले सवालों को व्यापक सन्दर्भ में उठाकर क्या ईमानदारी से फिर एक बार जाँचने की शुरुआत नहीं की जा सकती कि लिखा ही क्यों जाये ? हजारों सालों का अभ्यास, संस्कृति की सुरक्षा, एक महाभयानक शून्य पैदा हो जाने का खतरा, मनुष्य को मनुष्य से जोड़े रखनेवाले सूत्र का टूट जाना — ये सारी बातें मरते हुए आदमी के लिए कहाँ महत्व रखती हैं ? यही सही है कि आदमी सिर्फ रोटी से ही नहीं जीता —लेकिन जब सवाल यह हो कि आदमी सिर्फ रोटी से ही जियेगा, तो कोई भी शब्द रोटी का स्थानापन्न होगा ?

(*प्रेमचन्द की विरासत'* से, सितंबर, 74)

चोरी के माल की नुमाइश : रचना-संसार

पति-पत्नी के बीच कोई सम्बन्ध नहीं होता। जो कुछ होता है उसकी कोई संहिता नहीं है। ये सम्बन्ध दोनों अपने लिए खुद ही तलाश करते हैं, खुद ही स्थिर करते हैं। वह इतना नितान्त अपना, एकान्त, निजी और परिभाषाविहीन होता है कि उसे निकट से निकट का व्यक्ति नहीं समझ पाता —वह केवल उसकी गन्ध या दुर्गन्ध के ही सम्पर्क में आता है। कुछ महसूस कर पाते हैं सिर्फ बच्चे —लेकिन वे शब्द देना नहीं जानते . . . अपनी जिन्दगी में कहीं न कहीं अभिव्यक्ति देने के अभिशाप को जरूर ढोते हैं। देखने में बहुत बार इस तरह के जो सम्बन्ध बेहद 'अमानवीय' लगते हैं, दोनों उसी में अपना 'सुख' तलाश कर रहे होते हैं। दोनों इस सम्बन्ध को स्थगित कर सकते हैं, निकलकर बाहर आ सकते हैं, लेकिन जब भी इसे 'स्वीकार' करते हैं तो इस घुटन-भरे नितान्त अपने सम्बन्ध की नियति का वरण करते हैं। हम जिस चीज के दर्शक हैं वह है बहुत ऊपरी और बाहरी ढाँचा.. .

लेखक और लेखन के बीच का सम्बन्ध भी कुछ इतना ही निजी और व्यक्तिगत है। चूँकि यह सम्बन्ध बहुत जीवन्त और विकासशील है, इसलिए इसे पति-पत्नी की बजाय मैं प्रेमी-प्रमिका का सम्बन्ध कहना ज्यादा पसन्द करूँगा। जीवन्त सम्बन्ध हमेशा आशंकाओं और आश्वासनों से भरे होते हैं और उनमें रोज ही नया समीकरण —इक्वेशन—तलाश करना होता है। स्वीकृत और तयशुदा सम्बन्ध मृत हो जाते हैं। शायद इसीलिए मुझे उन लेखकों के प्रति एक अविश्वसनीय आश्चर्य होता रहता है जिनके सम्बन्ध और संसार, अपने लेखन में 'तय' हो गये हैं और वे बिना किसी भी अन्तर्विरोध की आशंका के परिभाषाएँ देते रहते हैं। किसी भी जीवन्त सम्बन्ध की कोई परिभाषा नहीं दी जा सकती, नहीं दी जानी चाहिए। वह किसी भी क्षण झूठी पड़ सकती है। 24-25 वर्षों बाद भी अपनी इस प्रेमिका से आज भी मेरे सम्बन्ध कुछ ऐसे सन्दिग्ध हैं कि मुझे रोज उसे 'पटाना' पड़ता है, उसी आत्मविश्वासहीनता और अविश्वास के साथ, जैसा पहले दिन हुआ था। रोज 'नयी प्रेमिका' से दो-चार होने का थ्रिल इसी प्रयत्न में खो जाता है। अगर कभी वह बड़ी आसानी से पट जाती है तो उपलब्धि का आश्वास बरसों अहं को सहलाता रहता है। नहीं पटती, तो भीतर की पराजय की कचोट

झेलता नेपथ्य से विजयी अभिनेता की तरह निकलता हूँ ताकि कोई उस 'हार' को भाँप न ले। उस समय अपने उन मित्रवीरों की याद आती है जो मूँछों पर ताव देते हुए नेपथ्य से निकलकर सगर्व घोषणा करते हैं : आज तो साली की हड्डी-पसली ढीली कर दी . . . याद करेगी बरसों कि कोई मर्द मिला था ! वह 'लड़की' भले ही व्यंग से मुस्कराकर रह जाती हो —'मेरी यह लड़की' तो गला फाड़-फाड़कर मर्दानगी की असलियत ज़ाहिर कर देती है। 'बेशर्म लड़की' और इस 'मर्द' के रिश्ते की क्या व्याख्या की जा सकती है ? दोनों ही तो अपनी-अपनी चीखों से एक-दूसरे को दबाने की कोशिश करते हैं। मर्द वक्तव्य और घोषणाएँ जारी करता है, रचना-प्रक्रिया के रहस्य समझाता है। लेकिन अन्ततः लड़की ही सही वास्तविकता का उद्घाटन करती है, ऐसा बुजुर्गों से सुना है।

हेमिंग्वे ईमानदार आदमी था : रचना-संसार के ऊपर से छूटती हुई पकड़ और फिसलती सृजन-शक्ति के अहसास ने उसे मार डाला। लेकिन कम्बख्त इसी को अपनी थीम बनाकर 'किलिमंजारो की बरफें' जैसी खूबसूरत कहानी लिख गया। हम लोग तो इस सचाई का साक्षात्कार करते भी डरते हैं। कभी-कभी तो मुझे संशय होता है कि जिसे हम लोग आत्मविश्वास कहते हैं, वह आत्मविश्वास का मुगालता ही तो नहीं है ? खैर, अगर जिन्दा रख सके तो मुगालता भी क्या बुरा है। टुच्चे से टुच्चा लेखक अगर कुछ मुगालते न पाले तो शायद आत्महत्या कर ले .. इसीलिए हर लेखक को —मुझे भी —ऐसे लेखों से कतराना चाहिए जहाँ ईमानदारी का तकाजा इस मुगालते के रग-रेशे उधेड़कर सचाई देखने-दिखाने की मजबूरी पैदा करता है।

'ये गलियाँ थीं, जिनसे होकर मैं गुज़र चुका' भारती की पंक्तियाँ मुझे कई अर्थों में अपने लिए सही लगती हैं। अपने मित्रों की उस विकासहीनता पर सचमुच मुझे आश्चर्य होता है जो अक्सर और चाहने पर ही अपने 'रचना-संसार' में लौट जाते हैं। यानी दसियों बरस पहले लिखी किसी भी चीज को उसी धरातल पर लौटकर लिखने लगते हैं। मुझे तो ऐसा लगता है कि मेरा रचना-संसार रचनाओं में इस तरह बिखर कर मुझसे छूट गया है कि फिर से उसे पकड़ पाना सम्भव नहीं है। अगर दुहराने की कोशिश भी करूँ तो भोंडी रूप-रेखा के सिवा कुछ भी नहीं बता पाऊँगा। नाटक समाप्त हो जाने पर सारी मंच-सज्जा की पृष्ठभूमि में अभिनेताओं का कतार में खड़े होना —निर्देशक द्वारा एक-एक का परिचय देना —इस सारी औपचारिकता की परिपाटी क्या आपको कभी भी अटपटी नहीं लगती ? इस नाटक के नायक, सफल अफसर, सार्थक अभिनेता और बड़े सुन्दर मिलनसार व्यक्ति रहे होंगे, लेकिन निर्देशक ने तो अपने पूरे नाटक के ढाँचे में उनका इस्तेमाल ही किया है। उनके जिस सहज उत्साह और अध्यवसाय को निर्देशक अपने लिए 'उभारकर' तैयार कर पाया है, वही उसके नाटक की सफलता है। यानी उनके व्यक्तित्व की कमजोरी और अभिनय

की शक्ति को अपने लिए 'खींचकर' लाने का श्रेय जरूर निर्देशक को है। और यह एक बड़ी बारीक, दुतरफा मनोवैज्ञानिक लड़ाई है, जो बाहर के अलावा अपने भीतर भी लड़ी जाती है। जब निर्देशक तालियाँ लूटता हुआ अभिनेताओं की तारीफ़ कर रहा होता है, नाटक की सफलता के आश्वासन से भरा पुलक गद्गद विनय से आकण्ठ खीसें निपोर रहा होता है, तब भी उसके भीतर बैठा दाँत पीसता 'राक्षस' जानता है कि किस जगह वह किस अभिनेता को कच्चा चबा जाता। इस्तेमाल करने और न कर पाने के इस दंश को हर कलाकार जानता है।

लेखक और रचना के बीच का द्वन्द्व कुछ इसी निर्देशक का मानसिक संसार है। जेबकट की तरह लेखक भी 'तीसरी आँख' विकसित कर लेता है कि किसकी जेब में माल है। वह जासूस की तरह 'सम्भावनाओं' वाले पात्रों की खोज में भटकता है, उन्हें शक न होने देने के लिए उनसे झूठे-सच्चे रिश्ते कायम करता है, उन्हीं का होकर साथ-साथ चोरी से लेकर प्यार तक के अभिनय करता है और हमेशा उनकी असलियत जानते ही भाग निकलने की ताक में लगा रहता है। मगर कभी-कभी रिश्ते सचमुच सच्चे होने लगते हैं तो भाग निकलने की स्थिति समाप्त हो जाती है। तब 'सम्भावनाएँ' और 'लेखक' दोनों मर जाते हैं। कैसी ट्रेजेडी है सेंध लगाकर घुसनेवाले चोर की कि 'अभी कुछ और मिलेगा' का लालच और चैलेंज उसे एक के बाद दूसरे कमरे की भूलभुलैया में ठेलते जाते हैं और 'किसी भी क्षण भागना पड़ सकता है' की आशंका-भरी तटस्थता, चौकन्नी निगाह से भागने के रास्ते तलाश करती रहती है। और जब भागने का रास्ता नहीं मिलता तो उसी घर का होकर रह जाता है। यानी तब 'चोर' नहीं रहता।

तब क्या लेखक का अपना रचना-संसार वही है जहाँ वास्तविक जीवन में वह सबकी आँखें बचाकर भाग आया था ? उसकी सफलता क्या उसकी अपनी पराजयों, धोखों, विश्वासघातों और अमानवीयता की ही कहानी नहीं है ? यानी उन क्षणों और मोड़ों की कहानी, जहाँ रिश्तों में गहरे उतरकर भी वह किसी न किसी बहाने अचानक तटस्थ और मुक्त हो पाया है, या किसी न किसी मानसिक स्तर पर उसने तय कर लिया है कि इनमें अब नया कुछ भी मिलनेवाला नहीं है, इसलिए किसी रचना के माध्यम से उसका जायज़ा लिया जा सकता है, उसके अर्थ खोजे जा सकते हैं ? उसकी उपलब्धियाँ कुशल जासूस की उन सफलताओं से अलग कहाँ हैं जब दुश्मन-देश का भेद लेकर वह वापस अपने अड्डे पर भाग आया है। मोह-माया में फँसकर दुश्मन-देश में ही जा-बसना, वहाँ का नागरिक हो जाना, 'अपने साथ' देशद्रोह और विश्वासघात दोनों हैं।

जिन्हें मैं अपना रचना-संसार कहता हूँ, वे सब 'दुश्मन-देश' के ही महत्वपूर्ण नक्शे, मोर्चे और वहाँ के प्रमुख अपराधियों की तस्वीरें ही तो हैं —जिन्हें मैं वहाँ का विश्वासपात्र बनकर उड़ा लाया हूँ। सारा लेखन क्या उन्हीं सम्बन्धों और सन्दर्भों का बखान ही तो नहीं है जो मुझे बाँधे नहीं रख सके, या जहाँ से

छूटकर मैं वापस अपने में, या लिखने की मेज पर लौट आया ? यानी 'अपने रिश्ते' और 'अपने व्यक्ति' मैं चालाकी से अभी भी बचाये हूँ ताकि उन पर आँच न आये . . . मानवीय ऊष्मा की आड़ में की गयी चोरियों के माल की नुमायश लगाकर लेखक खूबसूरत गर्व से कैसे अपनी पीठ थपथपा लेता है कि 'देखिए, एक भी चीज खराब नहीं हुई है, सब ज्यों की त्यों सही-सलामत उठा लाया हूँ' ...

चोर घृणा पाता है और जासूस पुरस्कार . . . लेखक, उनसे जो कभी 'अपने' थे, घृणा पाता है और पाठकों से प्यार-पाठकों के निराकार और एब्स्ट्रेक्ट प्यार के लिए अपनों का ठोस और साक्षात् विश्वास खोते चले जाने की हिमाकत का नाम है लेखकीय सार्थकता, रचना करने का सन्तोष; मनुष्य और लेखक के बीच के पैंतरों, दाँवों और उठा-पटक की तलछट (बाई प्रोडक्ट) है लेखक का रचना-संसार.. .

'मैं' और 'दूसरे'

एक आदमी ने बीस साल की उम्र में नौकरी की। नौकरी बिल्कुल-बिल्कुल उसकी पसन्द की नहीं थी, उसका दम घुटता था— उसे वह गुलामी लगती थी और अक्सर ही वह झल्ला उठता और मानसिक रूप से नौकरी के पहलेवाले दिनों की जुगाली किया करता था। कभी वह बीवी-बच्चों को मारता, कभी घर की चीजें तोड़-फोड़ देता और भरसक दफ्तर के काम का नुकसान करने की कोशिश करता। लेकिन नौकरी नहीं छोड़ सकता था। घर की, बाहर की, अपनी मजबूरियाँ थीं। वह तो नौकरी ही नहीं करना चाहता था। इसलिए उसे उससे घृणा थी। हर साल छोड़ने का पक्का इरादा करता, लेकिन मजबूरियाँ थीं कि उसे धकेले लिये जा रही थीं और इस तरह इरादा करते रहना अब उसका अभ्यास बन गया था। उधर घर में नयी-नयी चीजें, सुविधाएँ और प्राणी आते रहे, अफसरों और साथियों से सम्पर्क बनते रहे। दौरे की तरह कभी भीतर की तड़प जागती और वह जब-तब नौकरी को कोसता और गालियाँ देता। बीस-तीस साल बाद किसी तरह उसकी इस नौकरी से जान छूटी, वह रिटायर हो गया या निकाल दिया गया या नौकरी उसने छोड़ दी . . .

वह मानता था कि यह सारा समय, गुलामी का सारा दौर निहायत ही गलत था। उसका बस चलता तो इन सारे दिनों को वह जिन्दगी से धो-पोंछ देता। वह आज भी अपनी उम्र के बीस साल तक के दिन ही मधुर-भाव से याद कर सकता था। नौकरी के समय तो उसने जो भी कुछ किया, अनिच्छा और मजबूरी में ही किया। मगर इन सारे दिनों, यानी तीस सालों का वह क्या करे ? चाहे जितने नापसन्द हों, ये दिन भी तो उसी की जिन्दगी के कीमती दिनों में से हैं। इन दिनों उसके घर बहुत कुछ आया है, बहुत कुछ गया है जो उसका 'अपना' है। क्या वह इस सारे 'अपने' को छोड़ सकता है ? नहीं ! लेकिन उसे तो हमेशा ही लगता रहा है कि उसने 'अपनी' जिन्दगी अभी नहीं जी, एक दिन उसे वह जीनी है। शुरू के, यानी नौकरी से पहले के बीस साल तो केवल तैयारी के थे।

अब अगर मान भी लीजिए कि उसे नये सिरे से ऐसी जिन्दगी जीनी है, जो उसकी 'अपनी' है, उस पर कोई बाहरी-भीतरी दबाव नहीं है, हर चीज में उसका अपना चुनाव है —ऐसी हालत में क्या उसे अपने इन सारे पुराने दिनों को

धो-पोंछ नहीं देना होगा ? नौकरी के तीस साल और पहले के बीस साल, जब उसने अपनी समझ में केवल तैयारी की थी--सभी कुछ भूल जाना होगा ? क्योंकि उन 'अपने' दिनों के बीच, तीस साल नौकरी के दिनों की दूरी आ गयी है। न तो वह इस दूरी को ऐसे बेदाग-भाव से फलाँग सकता है, और न यही जाँच सकता है कि 'शुरू के वे अपने' साल वास्तव में कैसे थे ? उन दिनों के लिए वह मन में रोमांटिक सपने भले ही पाले रहे, लेकिन वह भी जानता है कि ये सपने, अपनी गुलामी के दिनों से पलायन ही थे। वह पलायन करता रहा और गुलामी के ये दिन उसकी जिन्दगी के सर्वश्रेष्ठ समय की एक-एक ईंट चुनते रहे।

नयी जिन्दगी, या 'अपने चुनाव' की जिन्दगी के पीछे क्या इन तीस सालों का अपना कोई भी हाथ नहीं होगा ? ये गुलामी के दिन उसके अपने व्यक्तित्व के भीतरी और बाहरी भाग हैं या नहीं ? इन्हें वह 'अपना' कह सकता है या नहीं?

व्यक्ति की ही नहीं, यह हमारे सारे राष्ट्र की कहानी है। जिसे हम 'अपना' या भारतीय कहते हैं, उससे गुलामी के हजार बरस बड़ी सफाई से धो-पोंछ देना चाहते हैं— वह हमारा नहीं है, बाहरी है, दूसरों का है; जो कुछ हमारा है उसे तो इन हजार बरसों ने बरबाद ही किया है। यानी जो भी अच्छा या महान् है, वह सब इस समय से पहले का है। वह हमारा अपना है। हम भारतीय संस्कृति में इन हजार बरसों को नहीं गिनते। यानी नौकरी से पहले की जिन्दगी को ही हम रूमानियत से चिपकाये फिरते हैं, और गाहे-ब-गाहे उसे ही 'अपना' कहते हैं। इतना भी नहीं मानना चाहते कि गुलाम होने की चेतना आदमी को पकाव, गहराई और मेच्योरिटी देती है। खैर, न मानें, यही स्वीकार कर लें कि पिछली कोई भी जिन्दगी हमारी अपनी नहीं थी, अपनी हमें अब से, और आज से शुरू करनी है। नहीं, शायद इतनी हिम्मत और साफगोई भी हममें नहीं है, फिर पिछले कुल पचास सालों (व्यक्ति की जिन्दगी के हिसाब से 20 + 30 साल) का क्या हो ? वे तो हमारी विरासत हैं . . .

चाहे तीस साल की गुलामी हो या हजार साल की, या उससे पहले का स्वर्ण-काल . . . एक झूठा, रोमानी, नकली दृष्टिकोण लिये हम आज की जिन्दगी के सामने आ खड़े हुए हैं . . .

यह स्कीजोफ्रेनिया हम सबकी बीमारी है जिसने हमें मूलतः कायर और ढोंगी बना दिया है . . . राष्ट्र की, व्यक्ति की और सबसे ऊपर लेखक की . . . जो नौकरी, जो सम्बन्ध, जो परिवेश, जो समय हमें दिया गया है —वह हमारा 'अपना' नहीं है, अपना कहाँ है, पता नहीं . . . लेकिन एक दिन वह अपना तलाश करना है, शुरू करना है।

और हम सब इस दिन की मौन-निष्क्रिय प्रतीक्षा कर रहे हैं।

जो सम्बन्ध, जो परिवार, जो परिवेश, जो समय हमें मिला है, वह किसी 'अपने' के बदले दिया गया है, वह एक 'कामचलाऊ स्थिति' है, सब्स्टीट्यूट है। और चूँकि सब्स्टीट्यूट है, इसलिए हम केवल उसे 'निभा' रहे हैं, प्रतीक्षा के काल को काट रहे हैं! न वह हमारा है और न हम उसके हैं। हम कहीं भी उसे बिलांग नहीं करते और 'यह सैंस ऑफ नो-बिलांगिंग' हमें जिन्दगी का हिस्सेदार (पार्टिसिपेंट) नहीं, केवल दर्शक बनाये रखती है, हमें उससे बाहर रखती है, 'भीतर का आदमी' नहीं रहने देती। दर्शक को 'अपनी' बस आने तक का समय काटना है, वह क्यों दूसरों के झगड़े-टंटे में पड़े ? हम तो 'आउटसाइडर' हैं। हमारे लिए बाकी सब 'दूसरे' हैं। और ये दूसरे हैं कि हमारे रेशे-रेशे में गहराई तक समा गये हैं। हम न इन्हें 'अपना' समझ पाते हैं, न निर्ममता से निकाल पाते हैं। कोशिश भी करें तो समझ में नहीं आता कि शुरुआत कहाँ से हो ? मेरे व्यक्तित्व में 'दूसरे' कहाँ-कहाँ से और कितने आ गये हैं, यह मैं कैसे पता लगाऊँगा ? ऐसा भी तो हो सकता है कि यह सब 'मैं' नहीं सोच रहा, मेरे भीतर समाये 'दूसरे' ही सोच रहे हों ? बस, इतना मैं जानता हूँ कि ये दूसरे बड़े ही 'भयानक मायावी' हैं—हजारों सालों के इतिहासों में तैरते चले आ रहे हैं और साँस के साथ कीटाणुओं की तरह भीतर उतरते चले जा रहे हैं—हवाई जहाजों से, रेलों से, समुद्रों से, किताबों और अखबारों और सिनेमाओं और पुरातत्व की मूर्तियों से—मालूम नहीं, कैसे-कैसे वेश बनाकर बेरोक-टोक, बेखबर-बेआहट आ जाते हैं और खून की बूँद-बूँद में लाखों 'दूसरों' की तह पर तह जमती चली आ रही है। अच्छा, मान भी लीजिए कि कुछ मेरे अपने भूगोल में जन्मे हैं, मगर सिर्फ इसीलिए मैं कैसे उन्हें 'अपना' मान लूँ ? और आज भूगोल किसके आड़े आता है?

एक प्रतीक्षा, एक सब्स्टीट्यूट . . . और यह आशा कि एक दिन ये मेरे भीतर के दूसरे कहीं तिरोहित हो जायेंगे, और तब केवल 'मैं' रह जाऊँगा ... तब तक इन्हीं से काम चलाओ! लेकिन तब तक मेरा कुछ बचेगा ? क्या पता, अभी ही न बचा हो और केवल मैं शुद्ध 'दूसरा' रह गया होऊं . . . यानी आउटसाइडर के साथ-साथ मैं खुद अपना सब्स्टीट्यूट भी हूँ . . . बाहरी आदमी या दर्शक मैं बना रहूँ, लेकिन खुद अपना सब्स्टीट्यूट होना मैं कैसे स्वीकार करूँगा ?

अविश्वास, घृणा, तिरस्कार, तटस्थता . . . दूसरों के प्रति—यानी अपने प्रति... और इन सबके बीच जो सही है वह है एक अतार्किक, बेबुनियाद, भाग्यवादी प्रतीक्षा . . . मैं हर चीज अस्वीकार करता हूँ और हर सप्ताह अपना भविष्य देखता हूँ , हाथ दिखाता हूँ , ज्योतिषियों के पास जाता हूँ और लॉटरियों के टिकट खरीदता हूँ —शायद एक दिन मैं अपने-आप चुनी हुई, अपनी जिन्दगी शुरू कर सकूँ ... तब तक जो कुछ है वह गलत है, झूठ है और अविश्वसनीय है—यानी अस्वीकार्य है। और इस बीच प्यार है, परिवार है, दोस्त-अहबाब हैं,

नौकरी-पैसा और मकान हैं, कॉफी-हाउस, बहसें और पढ़ना है, ध्यान-साधना और कला-लेखन है . . . लेकिन असली कुछ नहीं है, असली तो एक दिन होगा. . . साथ ही इस सबमें लिप्त होते चले जानेवाले 'मैं' को मैं ऊँचाई से देखता हूँ और इस कमीनेपन के लिए उस पर थूकता हूँ . . . रोज भाग-दौड़कर कुछ पाता हूँ और इस पाने को धिक्कारता हूँ . . . लेकिन 'मैं' बेचारा भी क्या करे ? मैं 'मैं' कहाँ है, वह तो 'दूसरे' हैं—'मैं' तो अपनी सलीब खुद ढोनेवाला अभिशप्त प्राणी है जो दूसरों के बीच 'लास्ट सपर' (मृत्यु-भोज ?) ले रहा है—

आत्मधिक्कार . . . आत्मदया . . . आत्ममुग्धता, सेल्फ-ग्लोरीफिकेशन।

दयनीय . . . शहीद . . . और अभिशप्त, पवित्र-बर्बर।

कहीं भी तो कोई क्षण नहीं है जो मेरा अपना हो, असली सच्चा और जैनुइन हो . . . सब दूसरे हैं, दूसरों के या दूसरों की दया पर हैं, इसलिए झूठे, नकली और दिखावटी हैं . . . इन भूखे भेड़ियों के बीच मैं नंगा और निरस्त्र खड़ा हूँ। दर्शन, भाषण, वक्तव्य, आश्वासन, बजट, प्लान, किताबें, रेडियो, फिल्म, अखबार, बेस्ट-सेलर सब हमारी भाषा के सुन्दरतम शब्दों को खा गये हैं, दूसरों का खूँखार झूठ वहन कर रहे हैं, दिखावे के हैं और हमारे आसपास धुएँ के पर्दे-दर-पर्दे बनाये चले जा रहे हैं। जो कुछ असली है वह तो इनके पीछे है,. . . हर सुन्दर, शिव और सत्य के पीछे एक घिनौना, राक्षसी भयंकर चेहरा छिपा है जो केवल हमें बहकाने के लिए इन सुन्दर-सुन्दर मुखौटों को सामने कर रहा है . . . जो दीखता है, सामने लाया जाता है, बोला और लिखा जाता है, वह कतई-कतई सच नहीं है, जरा उसके पीछे झाँको, थोड़ा सतह को कुरेदो, रीड बिटवीन द लाइन्स तिब पता चलेगा कि असली मन्तव्य, स्वार्थ और मुद्दा कहाँ है . . .

हम भीड़ में अकेले पड़ गये हैं, क्योंकि भीड़ के एक-एक आदमी को अच्छी तरह समझते हैं . . .

मगर आदमी को, स्थिति को समझकर ही क्या होगा ? जो कुछ आज है वह कल रहेगा ? हो सकता है, हर आदमी इन शब्दों के बहाने, इस दिखावे के जरिये आज की स्थिति को कल पर टाल ही रहा हो। क्योंकि कल पता नहीं क्या होगा ? टालो . . . टालो . . . इस आज के दिन को जैसे हो कल टाल दो... यह मैं, ये दूसरे, ये परिवार, यह फ्लैट, यह नौकरी, यह नगर, यह अर्थ-व्यवस्था, यह मिनिस्टर, यह शासन, यह देश . . . पता नहीं, इन सबकी शक्लें कल क्या होंगी ? . . . हम सोकर उठेंगे और पायेंगे कि जो कल था वह आज बिल्कुल नहीं रह गया है . . . मैं एक एक्सीडेन्ट का शिकार हो गया हूँ . .. बीवी कोर्ट में तलाक की अर्जी दे बैठी है, बॉस डिसमिस हो गया है, फाइलें गायब हो गयी हैं, पी.एम. की हार हो गयी है, सरकार गिर गयी है और मिनिस्टर, ने दल बदल लिया है, बाहर से कर्जा नहीं मिला, वियतनाम ध्वस्त हो गया है और रूस-अमरीका ने एटम-बम छोड़ दिये हैं . . .

एक निराकार-सी प्रतीक्षा, साथ ही हर आनेवाले दिन का आतंक . . . गहरी होती जाती असुरक्षा और हर चीज के अस्थिर हो जाने का नासूर . . . सब मिलाकर एक असुरक्षा और भविष्यहीनता का संत्रास . . . यहाँ केवल सच है यह क्षण, इस क्षण का उपयोग, भोग या अपनी एकमात्र नियति . . . मृत्यु! हाय भगवान, किस माया-जाल में फँसा दिया है हमें . . . हरे रामा, हर कृष्णा, हरे-हरे... दम लगाओ, देखो कैसी रंग-बिरंगी दुनिया आपस में एक-दूसरे के ऊपर से तैरती निकल जाती है . . . न कोई अपना . . . न दूसरा . . . सभी कुछ सोहम् ... अनहद नाद —ओं शान्ति . . . ड्रॉप-आउट . . .!

लेकिन इस ड्रॉप-आउट से हासिल क्या होगा ? ये 'दूसरे' समझते हैं कि यों आसानी से हमें बेवकूफ बना लेंगे और सभी कुछ समेट लेंगे ? मैं क्या जानता नहीं हूँ कि रातोंरात ये कोठियाँ कहाँ से खड़ी हुई हैं ? लम्बी-चौड़ी गाड़ियाँ कहाँ से आयी हैं, सौ-सौ रुपयों की बख्शीशें कैसे दी जाती हैं, नौकरियाँ कैसे मिलती हैं, पुरस्कार कैसे भिड़ाये जाते हैं, अखबारों में हेड-लाइनें कैसे बनती हैं, लाइसेंस कैसे मिलते हैं, रुपया कैसे दिया और लिया जाता है . . . ? मैं भी तो यही सब कर सकता हूँ . . . मेरा भी तो चाचा डायरेक्टर है, ताऊ का दोस्त सेक्रेटरी है, परिचित मिनिस्टर है . . . कल ही लो . . . कल भी क्यों, कल किसने देखा है ? अगर ये सब, सारा कुछ कर सकते हैं तो मैं भी . . . हाँ, आज ही 'वन्दना के इन स्वरों में एक स्वर मेरा मिला लो' . . .

कल किसी ने नहीं देखा, जो भी है अभी और आज ही कर डालना है . . . भागो, भागो . . . इस दफ़्तर से उस दफ्तर . . . एक मन्त्रालय से दूसरे मन्त्रालय, इस होटल से दूसरे होटल; टैक्सी, कार, टेलीफोन, लाइसेंस, टेंडर, पासपोर्ट, ग्राण्ट, रिकमेंडेशन, दबाव, शराब, सेंट, लिपस्टिक, पेट्रोल-गन्ध . . . ड्राइवर और तेज और और तेज... बोर्डर-चैक पर तीन बार डिपर . . . और तेज . . . मरने दो जो सामने आता है... गाड़ी धीमी मत क़रना . . . एक चक्कर में बीस हजार की बचत . . .

हाँ साहब, कोई मजाक है कि दूसरे ही सबकुछ करते चले जायें . . .! मैं भी दिखा दूँगा . . . फोन का रिसीवर नीचे रख दो, सोने की गोलियाँ दो, एक सफेद दो काले . . . सौदा पक्का . . . तुम्हारे देश के प्रेसीडेण्ट क़ी सालभर की तनख्वाह मेरी एक दिन की कमाई है. . . मुनीम जी, बताना ज़रा इस बार पार्लियामेंट में कितने एम.पी. अपने हैं . . . कितने राइट, कितने लैफ्ट . . . अरे, चलने दो इनक्वायरी, बैठने दो कमीशन . . . हम भी देख लेंगे, कोई पार्टी आये... होगी तो आदमियों की ही न . . . वे खरीदे नहीं जा सकते क्या ?

हाय, यह गद्दी, यह पार्टी, यह मिल, यह नौकरी, यह फ्लैट, यह कार, यह प्यार, यह यश और कला, यह मौलिकता और नये से नये विचार-आन्दोलन--सभी कुछ 'दूसरों' के पास है। मेरे पास कुछ नहीं है, हमारा कुछ नहीं है . . . कुछ करो

भाई. . . कुछ करो . . . हम लोग मिलकर नहीं करेंगे तो सभी कुछ दूसरे ले भागेंगे . . . हम क्या मुँह ही ताकते रहेंगे, कभी भी पहल नहीं करेंगे . . ? जिन्दगी-भर नकल और प्रतीक्षा में समय गँवाते जायेंगे . . .? मैं कहता हूँ, दूसरों को ठोकर मार दो, उनके घरों में आग लगा दो, उन्हें बदनाम करो, उनके बच्चों को उठवाओ, उनके खिलाफ जुलूस निकालो, हड़तालें कराओ, गोलियाँ चलवाओ, सरकारें गिराओ, पार्टियाँ फोड़ लो, खरीदो-बेचो, खरीदो . . . छूम छनन, छूम छनन. . . जन मन गण अधिनायक . . .

दूसरे . . . दूसरे . . . दूसरे . . . ये दूसरे कहाँ हैं ? किधर से आते हैं, कैसे आते हैं . . . ? मैं ही जब अपने भीतर होता हूँ तो दूसरा होता हूँ . . . बाहर होते ही दूसरों में होता हूँ . . . मगर मैं कहाँ हूँ ? मैं एक साथ दूसरा हूँ और दूसरों के खिलाफ हूँ . . . मेरे व्यक्तित्व और मूल्यों का वह कौन-सा हिस्सा है जो केवल मेरा 'अपना' है, दूसरा या दूसरों का नहीं है . . .

और जब तक मैं इस अपने को न खोज लूँ, जो कुछ कहूँगा, लिखूँगा, सिरजूँगा, सभी कुछ दूसरों का, दूसरों की अनुगूँज, प्रतिक्रिया नहीं होगी ? दूसरों की इस भीड़ और आपाधापी में अपने को खोजने की फुरसत नहीं है और जो 'अपना' लगता है, उस पर विश्वास नहीं है, कहीं 'अपने' जैसा कोई दूसरा तो नहीं है। वह कहाँ है जो केवल मेरा है, मैं हूँ ? सभी कुछ तो इस तरह टूट-फूटकर बिखर गया है कि भागती भीड़ के पैरों और धूल में कुचल-मसल गया है . . . अब उसे पहचानना और खोज पाना मुश्किल है। बैठकर जोड़ने और कुछ अपना जैसा बनाने की तो बात ही दूर है . . . लेकिन कहीं कुछ मिले तो सही जिसे अपना कहा जा सके, अपनापन कहा जा सके . . . चाहे वह एक किरच, एक टुकड़ा ही हो . . . मैं उसे ही सँभालकर रखूँगा।

और इस बिखरन और 'स्टैंपीड' (भगदड़) में लिखने की बात, कला-संस्कृति की बात, भाषा की नफ़ासत और लताफ़त की बात कितनी बेमानी, बेईमानी और फिजूल, एब्सर्ड लगती है . . . इसके जरिए हम क्या कर लेंगे ? किससे संवाद स्थापित करेंगे . . . किसे बेवकूफ बनाकर कहेंगे कि तुम बैठकर इसके साथ कम्यूनिकेशन बनाओ और भागते घोड़ों की टापों और कीलदार बूटों को अपनी पीठ पर से गुजरते चले जाने दो. . . और क्या ठीक है इस सारी भाग-दौड़ में हमारी रचना, कल एक बड़े झूठ का खूबसूरत विज्ञापन नहीं बना दी जायेगी ? सारे ऋषि-मुनियों की उक्तियाँ क्या आज अपना स्वार्थ, प्रचार और मतलब साधने के लिए नहीं इस्तेमाल की जा रहीं ? क्या इसी के लिए आज अपनी पीठ पर टापों और बूटों के आघात बर्दाश्त करें और कल जब कोई मलहम भी न लगाये तो पागल होकर दम तोड़ दें ?

इस भगदड़ को भौंचक्की आँखों से मुँह फाड़े देखता, लेकिन साथ ही हर दूसरे के साथ भागता व्यक्ति ही आज का लेखक है, मैं हूँ . . . और मैं सचमुच

नहीं जानता कि वह क्या है जो मैं हूँ और जिसे मुझे दूसरों को देना चाहिए ? क्यों देना चाहिए . . . ? क्या मैं इसी के लिए अभिशप्त हूँ कि लेनेवाला कोई न हो और मैं अपने उस अंश को काट-काटकर फेंकता रहूँ जिसे 'अपना' समझता हूँ, लेकिन नहीं जानता, वह कितना अपना है और कितना दूसरों का . . .

और मैं तय करता हूँ कि एक निहायत व्यक्तिगत प्रेम-कहानी लिखूँगा जो केवल दो व्यक्तियों के आसपास हो, केवल उनकी अपनी समस्याएँ ही वहाँ हों. . . सब कुछ ऐसी बौद्धिक ऊँचाई से कि हीनता का मारा आलोचक उसके रेशे-रेशे में गहराई और युगबोध निकाल-निकालकर दिखा सके . . .।

(*'प्रेमचंद की विरासत'* से)

लेखकीय प्रासंगिकता का प्रश्न

पिछले सौ-डेढ़ सौ साल के इतिहास को मनुष्य-जाति की सारी परम्परा से काट देने का श्रेय मुख्य रूप से तीन व्यक्तियों को दिया जाता है—डार्विन, फ्रॉयड और मार्क्स।

हम भगवानों, देवताओं और विराट्-पुरुषों की ऐसी सन्तानें हैं जो दिनो-दिन छोटी, बौनी और कमअक्ल होती चली जा रही हैं, हमारे पुरखे महान मेधा और प्रचण्ड शक्तियों के स्वामी थे, अद्वितीय प्रतिभाशाली देवपुरुष थे —इस धार्मिक अन्धविश्वास का खण्डन करते हुए डार्विन ने स्थापित किया कि हर जीव की तरह हमारा भी विकास हुआ है और हमारे पुरखे बन्दर या उनके आसपास के कोई जीव थे। . . . हमारे भीतर भगवान है, हमारी आत्मा परमात्मा का ही अंश है और अपने अन्दर के ब्रह्म-साक्षात्कार द्वारा ही हम ईश्वरीय शक्तियों से जुड़ते हैं, सिद्धियों को प्राप्त करते हैं--इस धारणा का ध्वंस किया फ्रॉयड ने। उसने कहा, हमारे भीतर अथाह नरक है, अचेतन में दमित और कुण्ठित वासनाओं के जहरीले साँप फुंकार रहे हैं और भीतर ईश्वर नहीं, यौन-भावना भरी है —हाँ, उसके उदात्तीकरण की सम्भावना भी है . . . सांसारिक दुःख-सुख, अमीरी-गरीबी या बाहरी भौतिक परिस्थितियों के लिए कोई विधाता या भाग्य नहीं, हम खुद जिम्मेवार हैं और अपनी परिस्थितियों के साथ अपने प्रारब्ध को भी खुद ही बदल सकते हैं--यह दृष्टि हमें दी मार्क्स ने।

इन तीनों विचारकों ने सम्पूर्ण मानव-नियति पर पुनर्विचार की वैज्ञानिक सम्भावना ही नहीं दी, बल्कि मनुष्य को सब तरफ से ईश्वरीय और अदृश्य शक्तियों से काटकर अपने और अपनी स्थितियों के प्रति खुद जिम्मेवार बनाने के ये इनके त्रि-आयामी प्रयास ही हमें झटके से आधुनिक युग में ला खड़ा करते हैं। निस्सन्देह ये तीनों मनीषी तीन विचार-क्रान्तियों के जन्मदाता हैं और जिस तरह इन्होंने हमारे हजारों सालों के सोच को ही नहीं; सारी स्थितियों को बदल डाला है, वैसा बड़ी से बड़ी लड़ाइयाँ, तख्ता-पलट राज्य-विद्रोह या शहंशाहों की शक्तियाँ, हत्याएँ और मौतें कभी नहीं कर पाई।

अब अगर महावीरप्रसाद द्विवेदी होते, तो फुटपाथी मजमे को ललकारकर छाती ठोक इश्तहारी अन्दाज में कहते—ये सारी विचार-क्रान्तियाँ किसने की हैं. . . ?

साहित्य ने, साहित्य ने, साहित्य ने।' दुर्भाग्य से मैं उस तरह नहीं कह पाता। विचारक ये तीनों थे, लेकिन साहित्यकार तो इनमें से एक भी नहीं। यही क्यों, 'कांदीद्' उपन्यास या 'कन्फ़ेशन्स' जैसी विश्वप्रसिद्ध रचनाओं के बावजूद वाल्तेयर और रूसो साहित्यकार नहीं, राजनैतिक चिन्तक थे। ठीक वैसे ही, जैसे बेहद खूबसूरत कविताएँ लिखने के बावजूद माओ त्से-तुंग कवि नहीं। हाँ, अगर विचार-मात्र ही साहित्य की बपौती हो तो सुकरात-प्लेटो से लेकर भगवान रजनीश तक सभी साहित्यकार हैं। लेकिन हम जानते हैं कि अत्यन्त 'काव्यात्मक' गद्य लिखनेवाले चर्चिल और नेहरू तक साहित्यकार नहीं हैं। बल्कि मैं तो इस नतीज़े पर पहुँच रहा हूँ कि साहित्य कभी कोई दिशा नहीं देता, कभी कोई क्रान्ति और परिवर्तन नहीं करता—वह तो औरों द्वारा किये गये विचारों और कर्मों से खुद दिशा लेता है, अपने को पैना और प्रभावशाली बनाता है—और आगे जाकर अपने-आपको जीवित रखता है।

जिन्दगी के अन्य अन्धविश्वासों की तरह अगर हम, समय रहते इस प्रश्न पर भी पुनर्विचार कर लें कि 'साहित्य की प्रासंगिकता आज है क्या ?' तो शायद बहुत-से जाले साफ हो सकेंगे। ज्ञान और विज्ञान के हर क्षेत्र में इतने व्यापक और गहरे शोध-कार्य हो चुके हैं कि लेखक और साहित्यकार न तो उनमें नया कुछ बता सकता है, न इजाफा कर सकता है। उन सबको खुद जान ले, यही उसकी बहुत बड़ी उपलब्धि है।

अपनी हर पंक्ति लिखते हुए, न जाने मैं कब अपने-आपसे एक सवाल करता हूँ—यह मैं क्यों लिख रहा हूँ ? यह सब न लिखूँ तो क्या अधूरा रह जायेगा ? किस समाज, मनुष्य या उसकी नियति को बदलने की दिशा में मैं यह सब लिख रहा हूँ ? पूरी मनुष्य-जाति के इतिहास में कब किसी कविता, कहानी, उपन्यास ने समाज को बदला है ? मनुष्य की तकदीर पर जो शासन करते हैं, वे कब किसी कविता-कहानी से प्रभावित हुए हैं ? कौन-से युद्ध, कौन-सी हत्याएँ और कौन-से शोषण साहित्य ने रोके हैं ? व्यक्ति-मन के चेतन-अवचेतन की गुत्थियाँ सुलझाते, उसकी भीतरी तहों का अनुसन्धान करते हुए क्या हमने उसकी नियति के साथ खिलवाड़ करनेवाले षड्यन्त्रों के प्रति उसे उदासीन ही नहीं किया ? या मानवीय मनोविज्ञान को ढालने के दम्भ में लिखा गया हमारा सारा साहित्य क्या सिर्फ कुछ पेट-भरे, ऊबे लोगों के पलायन और मनोरंजन का खिलौना होने के लिए ही अभिशप्त है ? अगर साहित्य की ऐसी कोई भी सार्थक-प्रासंगिकता नहीं है, तो क्या हम-जैसे लोगों ने आपस में एक खूबसूरत मिलीभगत तो नहीं कर रखी है कि हमें रोजी-रोटी के साथ 'महान' होने का सम्मान भी मिलता रहे ?

प्रेमचन्द की रचनाएँ पढ़कर किन समस्याओं के निदान निकाले गये ? आश्रमवादी हृदय-परिवर्तनों के समाधानों को समय ने झूठा कर दिया और 'होरी' को शायद पता भी नहीं है कि उसकी ट्रेजेडी पर किसी ने 'गोदान' लिखा है। पता

है हमें, जो विवेचन-विश्लेषण-अध्ययन और चरित्र-निरूपण लिखते हैं, उसमें से 'रस' और अमरत्व निचोड़ते हैं, ताकि हमारी विद्वत्ता और वेतन बने रहें। हो सकता है, गोर्की लेनिन के मित्र रहे हों, और पाब्लो नेरूदा अलैंदे के साथ उठते-बैठते हों, लेकिन व्यक्तिगत सम्बन्धों के आधार पर नहीं, साहित्य के धरातल पर दोनों ने लेनिन और अलैंदे के निर्णयों को कहीं प्रभावित किया हो—मुझे नहीं पता। तब क्या यही मान लिया जाये कि लेखक की वास्तविक स्थिति या तो मानव-नियति का निर्णय करनेवालों के बीच तीसरे दर्जे की है (दूसरे दर्जे में तो उनके वे 'हाथ' हैं जिनके जरिए वे अपने निर्णयों का कार्यान्वयन कराते हैं), या फिर सबसे हटकर व्यक्ति-मन की गहराइयों में डूबकर अज्ञात-अज्ञेय हो जाने की ?

ये सवाल अपने लेखन को गम्भीरतापूर्वक लेनेवाला ऐसा हर लेखक अपने आपसे करता है, जो अपने आपसे, अपने आस-पास और अपने लेखन से सन्तुष्ट नहीं है। शायद हर समय करता रहा है। अक्सर मैं शंका करता हूँ कि लेखक की महिमा-गरिमा का जयघोष करनेवाले सारे उद्धरणीय वाक्य, या हमारे सारे संस्कार कहीं योगीश्वरों और सन्तों के ढोंग जैसी कोई महीन जालसाजी तो नहीं है ? हर सन्त-योगीश्वर पुराने भजन, साखी, श्लोक, चमत्कार-कथाओं और न जाने किन-किन खूबसूरत तरीकों से 'गुरु-महिमा' या 'गुरु में भगवान के वास' की बात जरूर कहता है। वह मुँह से चाहे न कहे, लेकिन बहुत स्पष्ट है कि सैकड़ों सालों की यह गुरु-महिमा अपनी ही प्रतिष्ठा में निवेदित होती है। 'आरती करो गुरुवर की' गानेवाला महान योगी, भक्ति-विह्वल, भाव-लीन होकर अपने किसी दिवंगत गुरु की वन्दना नहीं करता, भक्तों में खुद अपनी आरती कराने की सांस्कारिक और भावनात्मक विवशता पैदा करता है। . . . क्या हमारे द्वारा लेखक-मात्र की महानता के गुण-गान के पीछे यही मनोवृत्ति तो नहीं है?

सत्य कहने और सत्य की खोज के लिए प्रतिबद्ध लेखक अपनी 'महानता' को एक बार क्रूर और बेबाक होकर जाँचता क्यों नहीं है ? इस जाँच की शुरुआत यहाँ से होनी चाहिए कि आज समाज में लेखक की अपनी स्थिति क्या है और वह अपने लेखन में किस हद तक 'स्वतन्त्र' है ? दूसरा यह कि वह लेखन से क्या चाहता है ?

अगर विचारक-सन्त और ऋषि के कार्यों और व्यक्तित्वों को आपस में घाल-मेल न कर दिया जाये, तो मैं कहूँगा कि भारतीय समाज में लेखक की स्वतन्त्र सत्ता कभी रही ही नहीं। आज जिसे हम रचनात्मक लेखन कहते हैं, उसे लिखनेवाले या तो दरबारों से जुड़े थे, तनख्वाहें और वजीफ़े पाते थे, या सन्त और ऋषि बनकर समाज से कटे रहे। वाल्मीकि-व्यास-तुलसीदास तक व्यक्तिशः ऋषि-सन्त-भक्त के रूप में ही सम्मानित थे, समाज की जीवन्त इकाई या नागरिक के रूप में नहीं ... बस्ती से अलग किसी कुटी में धूनी रमाये ये सब भगवद्‌भजन के साथ-साथ अपनी रचनाएँ भी करते रहे होंगे और भगवान के नाम पर, उनकी

कथाओं के गायक होने के नाते, समाज उनके खाने-पीने की व्यवस्था भी कर देता होगा। कबीर की वाणी की कड़क के पीछे क्या यह सत्य नहीं है कि वे कपड़े बुनकर जीविका चलाते थे और उन दबावों से मुक्त थे, जो बहुत-सी बात चबा या पचा जाने की अदृश्य मजबूरी पैदा करते हैं ?

राज्याश्रय स्वीकार कर लेने या घर-फूँक साधु हो जाने के बीच, समाज का एक जीवन्त अंग बनकर मैं जिस तरह एक स्वतन्त्र-लेखक के रूप में आर्थिक-सुरक्षा, मान्यता, सम्मान और स्थान चाहता हूँ, वैसा मुझे अपने पिछले इतिहास में कहीं नहीं दिखाई देता .. भगवान का नाम जोड़कर 'स्वतंत्र' रहनेवाले साधु-सन्तों की परम्परा हजारों साल पुरानी हो सकती है, लेकिन उपन्यास-कहानी-कविता-नाटक लिखनेवाले के रूप में स्वतन्त्र लेखक की धारणा इसी शताब्दी की देन है।

वकील, डाक्टर और आर्किटेक्ट स्वतन्त्र होकर भी सम्मानित हो सकते हैं, (शायद इसलिए भी कि वे बदले में तत्काल और ठोस कुछ दे सकने की स्थिति में हैं), लेकिन विचार-जगत् से जुड़े--साधु, राजनेता और लेखक--तीनों की स्थिति काफी सन्देहास्पद है। इसीलिए तीनों अपने कार्य-क्षेत्र और व्यक्तित्व तय नहीं कर पाते। साधु को अँगूठी पैदा करने से लेकर बीमारियाँ दूर करने और भविष्य बताने तक सभी तरह के चमत्कार करने पड़ते हैं, राजनेता को दुनियाभर के काम कराने पड़ते हैं; और लेखक को पत्रकारिता से लेकर अध्यापन या गुमनाम-लेखन तक सभी कुछ करना पड़ता है। मौका पड़ने पर तीनों एक-दूसरे के क्षेत्र में घुसपैठ भी करते हैं।

इन तीनों में सबसे कम स्वतंत्र है लेखक। स्वतन्त्र रहने के निर्णय के साथ ही उसे अपनी आधी से अधिक शक्तियाँ वह सब करने या लिखने में लगानी पड़ती हैं जो वह नहीं चाहता। हाँ, वह गुलशन नन्दा होकर सन्तुष्ट हो रहे यह दूसरी बात है। देवकीनन्दन खत्री से लेकर मैथिलीशरण गुप्त, यशपाल, वृन्दावनलाल वर्मा या अश्क तक का, लेखन के साथ प्रकाशन का संघर्ष; सिर्फ लेखक का साहित्येतर दबावों से अपने-आपको स्वतन्त्र रखने का संघर्ष है। साधु या राजनीतिज्ञ के अनुयायियों के विपरीत, लेखक के पाठक उसे स्वतन्त्र रख सकने के लिए नाकाफ़ी हैं। इसलिए यह या तो सत्ता की ओर देखता है या दूसरे प्रतिष्ठानों की ओर। हेमिंग्वे, सार्त्र या शोलोखोव जैसी जिन्दगी हमारे लिए कल्पनातीत है। हममें से कुछ ने उसी ढंग से रहने के प्रयत्न किये, लेकिन वे पाठकों के बल पर नहीं थे —परिणामतः अन्य प्रतिष्ठानों और सत्ता के बीच भटकने या एक के आधार पर दूसरे के सामने अपनी कीमत बढ़ाने को ही उन्होंने 'स्वतंत्र' होना मान लिया . . .

सत्ता की ओर से दिये जानेवाले पुरस्कार, फैलोशिप या दूसरे 'सार्थक' सम्मान गणतंत्र-दिवस या परिवार नियोजन पर रचना लिखने की मजबूरी चाहे न पैदा

करें; लेकिन एक दूसरी शंका मन में जरूर जगाते हैं। चोरी करने जाता हुआ चोर कुत्तों को चुप कराने के लिए रोटियाँ फेंकता है। हमारे स्वर में स्वर न मिलाओ, मगर चुप तो रहो . . . हमें अपना काम करने दो, यानी एक दूसरे के काम में हस्तक्षेप न करो--अर्थात् लेखक को राजनीति से अलग रहना चाहिए . . . (तो क्या सत्ता सचमुच इस कुत्ते से भीतर-ही-भीतर डरती है ?)

हिन्दी में 'कुत्ता' शब्द सुनने में बुरा लगता है--अंग्रेजी शब्द अच्छा है, वॉच-डॉग . . . वह कुत्ता कैसे अपने होने को सार्थक करेगा जो गाँव-भर की रोटियाँ खाकर संकट के समय खतरे से आगाह नहीं करता ? . . . वह खुद खतरे का सामना नहीं कर सकता, सिर्फ गाँववालों को जगा सकता है। जन्मोत्सव, विवाह-शादियों में भले ही वह इधर-उधर मुँह चुराता फिरे, लेकिन मौत, भूचाल, हमले और चोरी-डकैती को सूँघकर ही उसे गाँववालों को सचेत करना होगा . . .

मगर लेखक कुत्ते की नहीं, शेर की स्थिति चाहता है। क्योंकि साधु और राजनेता की इज्जत शेर की इज्जत है। साधु अगर व्यक्ति को एक स्वर्णिम-परलोक, आध्यात्मिक शान्ति और ईश्वरीय साक्षात्कार का आश्वासन दे सकता है, तो राजनेता समाज की भौतिक अवस्था को बदलने का । ... लेखक समाज को ऐसा क्या आश्वासन दे ? सिर्फ मनोरंजन का ? हमारी स्थिति क्या सिर्फ यही है कि जिन्दगी की भाग-दौड़ में फँसे आदमी को पल-भर को प्रसन्न करें, उसकी नसों के तनाव को ढीला कर दें, या फिर उसे ऐसी काल्पनिक दुनिया में घुमाते रहें जो उसकी न है और न कभी हो सकती है ? मैं समझता हूँ कि एक से एक खूबसूरत वाक्यों और बड़े-बड़े निराकार गरिमामय शब्दों की निरर्थकता में पड़े बिना, यही वह जगह है जहाँ लेखक की रचनात्मकता वास्तविक सन्दर्भ में अपनी प्रासंगिकता तलाश कर सकेगी . . .

पहली बात तो यह कि लेखन-मात्र व्यवस्था से विद्रोह है, हर स्थापित संस्था के आगे एक प्रश्न-चिह्न है। हमारे आस-पास जीवन और जगत में जो कुछ भी घटित होता है उसकी न कोई संगति है, न युक्ति। जो कुछ मेरी जिन्दगी में रोज होता है, उसके पीछे क्या युक्ति और तर्क हैं-- मैं नहीं समझ पाता। शायद कोई भी नहीं जानता। अस्तित्ववादियों के शब्दों में यह मूलतः तर्कातीत या एब्सर्ड स्थिति है। 'माया' कहकर मैं इस एब्सर्ड का अपमान नहीं करूँगा, क्योंकि यहाँ भारतीय मानस बेहद अवैज्ञानिक है और 'भगवान की इच्छा' या 'भाग्य' कहकर हर घटना का 'तर्क' तलाश कर लेता है। लेकिन भगवान की इस 'अविगत गति' वाली तर्कातीत व्यवस्था के बरखिलाफ मेरी हर रचना के पीछे मेरी अपनी युक्ति और संगति है। मैं अपने पात्र के जीवन का स्रष्टा ही नहीं, मैं उसकी हर स्थिति और नियति का नियामक भी हूँ। सब मिलाकर उसकी जिन्दगी से जो अर्थ ध्वनित होता है, वह भी मेरा अपना है। जिन्दगी में जो कुछ होता है, उसके पीछे की संगति मैं भले ही न जानता होऊँ, लेकिन मेरे पात्रों की जिन्दगी में कोई बात

क्यों होती है, इसे मैं जरूर जानता हूँ। और इस तरह मैं प्रकृति या भगवान की व्यवस्था के खिलाफ एक ज्यादा युक्ति-संगत संसार की रचना करता हूँ। 'एक दुनिया : समानान्तर' में मैंने विश्वमित्र के माध्यम से और ज्यादा गहराई में जाने की कोशिश की है. . .

मनुष्य को एक अधिक युक्ति-संगत और बेहतर जिन्दगी मिले—इसके लिए मुझे हर स्वीकृति या 'शाश्वत' मूल्य, विचार, संस्था या व्यवस्था में उसकी स्थिति को नये सिरे से जाँचना होता है। जो कुछ (टेकन-फॉर-ग्राण्टेड) है, उस सब पर प्रश्नचिह्न लगाना होता है। मनुष्य को बाँधकर रखनेवाली ये संस्थाएँ धार्मिक हो सकती हैं, नैतिक हो सकती हैं और राजनैतिक हो सकती हैं। यानी मैं यह मानता हूँ कि दिशा और काल में आदमी अपने सन्दर्भों से बँधा ही नहीं है, उनसे छूटने, उन्हें लाँघने या उन्हें बदलने की कसमसाहट और छटपटाहट भी महसूस करता है। और यहाँ मेरा काम विचार-क्षेत्र के दूसरे मनीषियों ने आसान कर दिया है। मैं उस छटपटाहट के स्वरूप को अनुभव खुद करता हूँ, लेकिन उसे दृष्टि और दिशा कोई दर्शन ही देता है।

लेकिन दर्शन और विचार के क्षेत्र में यह मनुष्य निरन्तर एब्स्ट्रैक्ट या निराकार होता चला गया है। इसलिए उसे जीवित, ठोस और साकार मनुष्य की संवेदनाओं और धड़कनों की कसौटी पर बार-बार जाँचने का काम मेरा है। जब विचारक हवाई मानवता की कल्याण-कामनाओं और राजनैतिक योजनाओं के युटोपिया में बहुत ऊँचा उड़ने लगता है, तो अपने आस-पास के मनुष्य की वास्तविक जिन्दगी पकड़कर मुझे ही अपने-आपको और उन्हें असलियत बतानी होती है कि यह दृष्टि और दर्शन क्या सचमुच हमारे अनुभव की अपनी आन्तरिक और अनिवार्य परिणति है ?

मैं संस्था और व्यवस्था नहीं हूँ, लेकिन आदमी और व्यवस्था के बीच का वह 'संवाद' जरूर हूँ, जो दोनों को अपनी-अपनी या एक-दूसरे की स्थिति बताता है। और चूँकि व्यवस्था या संस्था की निगाह में मनुष्य शीघ्र ही आँकड़ों या 'एब्स्ट्रैक्ट' आइडिया में बदल जाता है, इसलिए उसकी दयनीय वास्तविकता और संवेदनात्मक स्तर पर जीनेवाले तनावों का सन्देश लेकर बार-बार मुझे ही जाना पड़ता है। ये छोटी-छोटी प्रेम-प्यार या आशा-निराशाओं की कहानियाँ इस सन्दर्भ में मुझे कम महत्वपूर्ण नहीं लगतीं—क्योंकि वे ईमानदारी से आदमी के हारने-जीतने, टूटने-बदलने, थकने-जीने को रेखांकित करती हैं। यानी मेरी रचना बार-बार उसी मनुष्य की बात करती हैं, जिसे संस्थाएँ और व्यवस्थाएँ भूल चुकी हैं, लेकिन जिसके कल्याण की योजनाएँ वे हर क्षण प्रचारित करती हैं।

निश्चय ही व्यवस्था में लगे हुए अफसर ऐसे व्यक्ति को बहुत पसन्द नहीं करते जो हमेशा इस-उसका दुखड़ा ही रोता रहे। बड़ी-बड़ी व्यवस्थाओं के बीच छोटी-छोटी और निहायत गैरमहत्वपूर्ण बातें करना कहीं उनकी व्यर्थता को उजागर

और रेखांकित करना है। इसलिए व्यवस्था और संस्था की निगाह में लेखक कभी भी 'अच्छा आदमी' नहीं होता। धार्मिक, नैतिक और राजनैतिक सभी स्तरों पर वह उन्हें हमेशा अनकम्फर्टेबल या बेचैन-सा महसूस कराता है। कभी सोचकर देखिए, वाल्मीकि, व्यास और कालिदास इत्यादि की रचनाएँ मनु और याज्ञवल्क्य का सीधा-सीधा विद्रूप और विरोध नहीं हैं ? यही क्यों, संसार का सारा कथा-साहित्य उन्हीं सम्बन्धों और लोगों की कहानियों से भरा है, जिन्हें तात्कालिक नैतिक और धार्मिक मान्यताएँ 'अनुचित' और अवांछित कहती हैं। जिन अनुभवों और व्यक्तियों को अस्वीकृत, तिरस्कृत और अनुपयोगी मानकर संस्थाएँ और व्यवस्थाएँ कचरे की तरह ठिकाने लगा देती हैं, साहित्य में वे ही सब सशक्त और जीवन्त होकर सिर उठाते हैं।

संस्थाएँ मनुष्य को नियन्त्रित, नियोजित और व्यवस्थित करती हैं। अपनी द्वन्द्वात्मक प्रक्रिया में ये संस्थाएँ कभी एक-दूसरे के हित में निकट आ जाती हैं और कभी एक-दूसरे के खिलाफ। मध्यकाल हमारे यहाँ मोटे रूप से धार्मिक आस्थाओं का युग था। जिन्दगी की नियामक शक्तियाँ धर्म से ही अपनी प्रेरणाएँ ग्रहण करती थीं। लेकिन शासक और शासित अक्सर दो अलग धार्मिक अनुशासनों से बँधे थे। यहाँ हम देखते हैं कि व्यवस्था और शासकीय कारणों से एक-दूसरे के निकट आने की भरसक कोशिश है, लेकिन मूलतः विश्वासों के स्रोत दो अलग दिशाओं में हैं। मुखर रूप से शासन-व्यवस्था को चुनौती दे सकने की स्थिति नहीं है, लेकिन अपने विश्वासों और धर्म पर दृढ़ तो रहा ही जा सकता है। यहाँ धर्म, कहीं अपनी अस्तित्व-रक्षा का पर्याय बन गया है। और हमारे सामने इस मध्यकाल के दोनों साहित्य उपलब्ध हैं—दरबारों में रचा गया साहित्य, और जनता का साहित्य। तत्कालीन समय और समाज को समझने के लिए प्रासंगिक दोनों हो सकते हैं, लेकिन यह देख सकना हमारे लिए मुश्किल नहीं है कि सार्थक प्रासंगिकता किसकी है।

अपने समय के सही आदमी की वास्तविक मानसिकता से जुड़े होना या उसे ही 'आर्टिक्युलेट' करना तुलसीदास को न केवल प्रासंगिक बनाता है, बल्कि ऐसी प्रामाणिकता भी देता है कि उस युग को समझने के लिए ज्ञान के अनेक क्षेत्रों से उन तक पहुँचा जा सकता है। दर्शन, धर्म, साहित्य, भाषाविज्ञान, समाज-मनोविज्ञान, इतिहास, समाजशास्त्र—अनेक दृष्टियों से उस काल के लिए तुलसी अनुपेक्षणीय हैं। समय की सही मानसिकता और उसे अभिव्यक्ति देनेवाले मनुष्य को पकड़ना ही प्रामाणिक होना है। मुझे लगता है कि इस अर्थ में ज्ञान के अनेकानेक क्षेत्रों के लिए प्रासंगिक और प्रामाणिक होना कालजयी होना भी है।

मूलतः संवेदना के गहरे स्तरों पर तुलसी ने उस मनुष्य के साथ तादात्म्य किया था, जो तत्कालीन व्यवस्था में छटपटा रहा था। राम का चरित्र उसी घुटन, छटपटाहट और दारुण असहायता में साँस लेती मानसिकता की 'विशफुल थिंकिंग'

हो सकती है–जैसे उत्तर-सामन्ती व्यवस्था में जगह-जगह की लोककथाओं में रॉबिन हुड जैसे नायक हुए हैं। राम कभी थे या नहीं, मैं नहीं जानता। लेकिन 'राम जैसा कोई आकर हमें इस नरक से बचाए' की घुटती गुहार जरूर सच थी! तुलसी की शक्ति या प्रासंगिकता साहित्य-शास्त्रीय महानता में नहीं, इसी सही मानसिकता से जुड़े होने में है।

संवेदना की तहों में बिखरी जीने की आकांक्षा को शब्दों में बीनकर जब हम अपने पात्रों के माध्यम से तत्कालीन परिवेश में साँस लेते हैं, उसे अतिक्रान्त करते हैं, या इस प्रयास में टूटते हैं, तो सार्थक रचना जन्म लेती है। अगर हमने नब्ज को सही जगह पकड़ा है, तो मनुष्य को समझने का दावा लेकर आनेवाला कोई भी ज्ञान-विज्ञान शास्त्र या दर्शन उसकी उपेक्षा कैसे कर सकता है ?

जब साहित्य सही मानसिकता या सही आदमी की नियति से न जुड़कर, ऊपरी संस्थाओं, व्यवस्थाओं या खुद अपने आपसे प्रेरणा लेने लगता है तो नकली, झूठे और अप्रामाणिक लेखन का जन्म होता है। सारा रीतिकालीन साहित्य चूँकि इस सही मनुष्य से कटा हुआ है, इसीलिए पुराने साहित्य और लक्षणशास्त्रों से प्रेरणा लेता है–परिणामतः बेजान और अप्रासंगिक होता चला जाता है। अपने चरित्र मे, वह मनोरंजन और पलायन का साहित्य है। मैं आज इसीलिए शास्त्रीय और रसवादी साहित्य को व्यर्थ मानता हूँ कि वह किसी साहित्य को समझने की कोई दृष्टि नहीं देता। जो आज भी उसी सामन्तीय जहनियत से नहीं निकल पाये हैं, वे ही उसमें रस लेते हों तो लेते हों।

मैंने अनेक जगह दुहराया है कि आज साहित्य को सिर्फ शास्त्रीय या साहित्यिक मूल्यों से नहीं समझा जा सकता। हमारे यहाँ के अधिकांश प्राध्यापक चूँकि साहित्य को साहित्य की दृष्टि और परम्परा से समझना चाहते हैं, इसलिए असफल होते हैं। यह 'फ्रस्ट्रेशन' उन्हें और अधिक शास्त्रीयता में लौटा देता है। डॉ. नगेन्द्र जैसों की ट्रैजेडी यही है। जिन्दगी के और क्षेत्रों की तरह सामन्तवादी मूल्यों को शाश्वत मूल्य मानने की भ्रान्ति यहाँ भी ऐसों को अप्रासंगिक बनाती चली जा रही है। किसी भी समय के साहित्य को और विशेष रूप से आज के साहित्य को तो सिर्फ अपने समय के सन्दर्भों में ही समझा जा सकता है, यानी उसे समझने के लिए राजनीति, समाजशास्त्र, आर्थिक ढाँचे और सारी सामाजिक बनावट को समझना जरूरी है।

पिछले बीस-पच्चीस वर्षों के साहित्य ने जो अचानक समाजशास्त्रियों को आकर्षित करना शुरू कर दिया है, वह आकस्मिक ही नहीं है। कारण यह कि अपने सम्बन्धों और सन्दर्भों में जीनेवाले आदमी का वह एक प्रामाणिक दस्तावेज है। आज के सम्पूर्ण समय के संघातों के बीच साँस लेते मनुष्य की कुण्ठाओं, आकांक्षाओं, प्रयत्नों और हताशाओं को अगर हम ईमानदारी और कलात्मक प्रभविष्णुता से आँक सकें तो हमें किसी शास्त्रीय प्रामाणिकता की आवश्यकता नहीं

है। बल्कि शास्त्र अपनी प्रामाणिकता इस रचना से तय करेगा।

हर समय का अपना एक मुख्य और नियन्ता स्वर होता है। मध्यकाल का मुख्य स्वर धर्म था और बिना धर्म को समझे न उस समय के साहित्य को समझा जा सकता था, न जीवन को। आज की वह केन्द्रीय शक्ति राजनीति है. .. बिना राजनैतिक चेतना के न आज साहित्य लिखा जा सकता है, न समझा जा सकता है। जिन्दगी को निर्धारित और नियन्त्रित करनेवाली शक्ति आज न नैतिक मूल्यों के हाथ में है, न धार्मिक विश्वासों के–साहित्य के हाथ में तो है ही नहीं। मार्क्सवादी शब्दावली में, साहित्य और कला वैसे भी सामाजिक ढाँचे के बहुत ऊपरी हिस्से में आते हैं। साहित्य को भी अपना आदमी इसी परिवेश से उठाना होगा, जो राजनीति द्वारा निर्धारित होता है। हाँ, यह उसे खुद तय करना है कि उसे व्यवस्था की राजनीति के साथ होना है, या व्यवस्था बदलने को व्याकुल मनुष्य की राजनीति के साथ .. बहरहाल उसे अपनी प्रासंगिकता और प्रामाणिकता इसी मनुष्य के हाथों मिलेगी।

(प्रेमचन्द की विरासत' से)

विज्ञान को चाहिए साहित्य की 'प्रोग्रामिंग'

पिछले ढाई महीने से मैं 'अतिथि लेखक' के रूप में यहाँ, कानपुर आई.आई.टी. में रह रहा हूँ। विज्ञान और टैक्नोलोजी का देश का सबसे बड़ा और उन्नासिक (स्नॉब) संस्थान; देश के सर्वश्रेष्ठ दिमागों के बीच रहने का संतोष, गौरव और चुनौती। आई.आई.टी. भारत सरकार का लाड़ला और बिगड़ैल बच्चा है। यहाँ से निकले हुए सीधे अमेरिका में प्रतिष्ठा, यश और पैसा पाते हैं . . . यानी बहुत बारीक रूप में यह अमरीका या समृद्ध देशों के लिए देशी प्रतिभाओं का 'रिक्रूटिंग सेंटर' है। अपना गरीब और अविकसित देश उन्हें क्या दे देगा ?

सुनकर अजीब लगता है : विज्ञान टैक्नोलोजी के संस्थान में रचनात्मक लेखन-केंद्र, अतिथि-लेखक या साहित्य-कला की तुक क्या है ? क्यों है ? यहाँ के लोगों के लिए यह सवाल कुछ सैद्धांतिक रूप लेकर उठता है : विज्ञान और प्रौद्योगिकी के इस उन्नत युग में साहित्य की प्रासंगिकता क्या है ? 'प्रासंगिकता' की जगह अकसर 'उपयोगिता' शब्द का भी प्रयोग होता है। यहाँ की दुनिया में प्रासंगिकता का अर्थ ही होता है उपयोगी, तत्काल फलदायी या सुनिश्चित परिणाम देनेवाला। यही यहाँ के सारे 'अनुसंधान और विकास' (आर. एंड डी.) की प्रेरणा और परिणति है। हाँ, कुछ हद तक उस सबको भी उपयोगी और प्रासंगिक मानने की रियायत दी जा सकती है जो 'मानव हित' में लगे इन मेधावियों को ताजगी और मनोरंजन दे सके ताकि वे और भी नये उत्साह और ऊर्जा से 'मानव-मस्तिष्क का सर्वश्रेष्ठ' दे सकें, यानी हर नये फल द्वारा पुराने को पिछड़ा हुआ और व्यर्थ सिद्ध करते रह सकें ...

जाहिर है कि इस मानसिकता के माहौल में नये-पुराने साहित्यकारों, विचारकों के उद्धरण, रचना की शाश्वत प्रासंगिकता और महानता की आत्म-मुग्ध दलीलें सिर्फ एक शिष्ट उदारता से सुन ली जा सकती हैं —पुराने रईसों और नवाबों की गौरव-गाथाओं और अजायब-घरी दुर्लभ वस्तुओं की जिज्ञासु-दया के साथ . . . "ये बेचारे अभी भी उसी दुनिया में रहते हैं"।

"हम समाज और सभ्यता को गतिमान रखने के साधन उपकरण देते हैं, गति देते हैं; वर्ना आप लोग तो अभी भी सोलहवीं शताब्दी में ही पड़े होते ..." का विज्ञान-दंभी-उद्घोष, सारे समाज को 'अपने लिए उपयोगी और सहायक' होने की

दृष्टि में बदल देता है, ताकि वैज्ञानिक अधिक से अधिक उन्नत और विकसित फल देता रह सके। इस दावे के खिलाफ कुछ भी बोलना, विकास और उन्नति के खिलाफ बोलना है; अपने को पिछड़ा हुआ और बेचारगी की कुंठा में डूबा हुआ सिद्ध करना है। मगर यह सवाल भी तो बार-बार उठता ही है कि "इस गति की दिशा क्या है ? गति की रफ्तार और दिशा कौन तय करता है ? वैज्ञानिक किस समाज को गति देता है ? उस समाज की अपनी जरूरतें और बनावटें क्या हैं ? या सब मिलकर इस वैज्ञानिक की प्रासंगिकता और उपयोगिता पहले किस समाज के लिए है ?"

सच्चाई यह है कि धरती से टूटे या उठे हुए इस वैज्ञानिक की चिंता न 'गति की दिशा' को लेकर है, न इन दोनों को नियंत्रित करनेवालों को लेकर। जिसके लिए वह अपना खून-पसीना एक किये है उन विशिष्ट समाजों की तस्वीर भी उसके सामने साफ नहीं है —सिर्फ एक अंधी दौड़ और अनियंत्रित उड़ान है; ध्रुवहीन, निर्लक्ष्य . . . शायद एक दूसरे से आगे निकलकर पिछले को पछाड़ देने की होड़ को ही यहाँ नाम दिया जाता है प्रतिभा . . . यानी अंतर्राष्ट्रीय प्रतियोगिता... देश और काल से ऊपर उठे इस वैज्ञानिक के लिए सारा विश्व एक ऐसी अमूर्त इकाई है जिसे वह बहुत ऊँचाई से देखता है— अलग-अलग भौगोलिक और ऐतिहासिक सीमा-रेखाएँ पहचान में नहीं आतीं —उसे तो सिर्फ दुनिया नाम के इस दूर और निरंतर छोटे होते गोले पर अपनी उपलब्धियाँ बरसानी हैं। विज्ञान-- इतिहास, राष्ट्र और भूगोल से ऊपर होता है— वह मानवमात्र का है. . . अपनी इस स्थापना को वह एक अंधविश्वास की तरह स्वीकार किए हुए है। अपने आपसे करने के लिए न उसके पास कोई सवाल हैं, न देश और दुनिया की बदलती स्थितियों पर उसके अपने कोई विचार ... सारी दुनिया उसके लिए सिर्फ दो खानों में बँटी है; 'हम' और 'वे'। ज्यादा सही कहा जाये तो हमारे खिलाफ 'वे लोग' —हाँ, 'उन लोगों' के दो वर्ग जरूर हैं; 'देसी वे' जो न हमारी प्रतिभा को समझते हैं, न हमें . . . दूसरे हैं 'विदेशी वे' जो कद्रदान हैं, प्रतिभा की पहचान और सम्मान जानते हैं, वे उदार हैं, समृद्ध हैं —इसलिए वे ही हमारे हैं . . ." और ये ? हम तो इनके लिए, संपूर्ण मानवता के लिए इतना कुछ कर रहे हैं और ये साले अहसान-फरामोश, टुच्चे, और दरिद्र ... हम इस जलालत में नहीं रहेंगे, हम वहाँ चले जायेंगे जहाँ हमारी कद्र है ... मजे की बात यह है कि यह वैज्ञानिक जब 'हम' कहता है तो इसका अर्थ होता है 'मैं'।

गुरुत्वाकर्षण से कटे या छूटे हुए इस वैज्ञानिक के लिए अपना समाज या देश, दिमाग के किसी एक कोने में पड़ी एक ऐसी निराकार और हवाई चीज है जिसके कल्याण, हित-कामना की बातें करके वह खुद अपनी पीठ ठोकता है, अपने बड़ा और ऊँचा होने का आश्वासन निचोड़ता है। मूलतः उसके लिए यह समाज या तो कहीं नहीं है या सब जगह है। इस निराधार खला या शून्य में पाँव

टिकाने की अगर उसे कोई ठोस जगह दिखाई देती है तो वह 'मैं' और 'मेरा भविष्य'। शायद यहाँ वह अपने आपसे ये भी नहीं पूछता कि इस 'मैं' का क्या अर्थ है ? —स्वरूप क्या है ? —या वह भविष्य कैसा, कौन-सा और कहाँ है जहाँ ले जाकर वह इस 'मैं' को विश्रांति देगा ? क्या यह भविष्य, अनजाम, अपरिचित, अजनबी और संवादहीन लोगों के बीच किसी प्रयोगशाला के तहखाने में है या फैक्टरी के वातानुकूलित कक्ष में ? उसका परिचय या संवाद जीते-जागते व्यक्तियों से होगा या मशीनों और लाल-पीले टेलीफोनों से ? तब फिर इस 'मैं' का क्या होगा ? या तो वह वहीं कहीं अपनी कोई गुमनाम समाधि बनायेगा या विश्व-विजय की पराक्रमी मुद्रा में थका-टूटा लौटकर आयेगा और पायेगा कि इस बीच अपने देश, समाज और परिवार में भी वह उतना ही अपरिचित, अजनबी, अनजाना और अवांछनीय हो गया है— यानी यहाँ भी वह सिर्फ एक साँस लेती समाधि से अधिक कुछ नहीं है। तब फिर क्या उसकी यह सारी दौड़ यहाँ या वहाँ की दो समाधियों तक पहुँचने की दौड़ है ?

पैगंबरी अहंकार में उड़ते हुए इस वैज्ञानिक को शायद खुद यह पता नहीं है कि ऊर्जा खत्म होने पर वह किस खेत, शहर या देश में गिरेगा ? —या उतरेगा? और यही हम चाहते हैं कि वह गिरे या उतरे नहीं, ऊँचाइयों से अपने देश और समाज का जायजा लेकर वापस लौटे। अपने यहाँ . . . अपनों के यहाँ... ऊर्जा खत्म होने पर नहीं; नई ऊर्जा पाने के आत्मविश्वास के साथ।

और शायद यही साहित्य की प्रासंगिकता और उपयोगिता है कि वह इन सवालों को अपने वैज्ञानिक के सामने या उसके भीतर उठाता रहे कि वह समाज कहाँ है, जिसके कल्याण की कसमें वह खाता रहा है ? वह भविष्य कौन-सा है ? जहाँ वह हमें या अपने 'मैं' को ले जाता है ? — कि यह 'मैं' क्या है ? कैसा है और क्यों है? क्या यह 'मैं' कटी-छँटी अकेली और इकलौती वस्तु है जिसकी जड़ें कहीं नहीं हैं या जिसे सिर्फ सँभाले या सुरक्षित रखने की जिम्मेदारी उसकी है ? – या यह 'मैं' कोई जिंदा, बढ़ती-घटती, सिमटती और फैलती चेतना है जो कहीं और से मिली है और अपने आसपास से जीवन और शक्ति लेती है ? कोई इस 'मैं' का अपना भी है या सभी दुश्मन और हमलावर ही हैं ? वे अपने कौन हैं और किस देशकाल से बंधे हैं ? क्या यह 'मैं' ईश्वर, धर्म या संस्कृति से भी जुड़ा है ? क्या प्रेमिका, पत्नी, संतान, मित्र, परिवार इसके हिस्से नहीं हैं ? और ये सब क्या एक देश-समाज या शासन और व्यवस्था के बीच नहीं रहते ? इस 'मैं' के उन सबसे अलग-अलग या सब मिलाकर रिश्ते क्या हैं ? क्या ये रिश्ते और संदर्भ जड़, मृत और स्पंदनहीन हैं ? वे बढ़ते-घटते बदलते या टूटते नहीं हैं? क्या इन्हें, किसी भी एक वैज्ञानिक प्रयोग मानकर 'टेकिन फॉर ग्रांटेड' लिया जा सकता है कि कभी भी और कहीं से भी इन्हें समझने या अपनाने की शुरुआत कर दी जाये ? या इनके साथ जुड़े रहकर सुख-दुख में भागीदारी करके

इनके साथ ढलने और ढालने की भी जरूरत है ?

इन्हीं सवालों के माध्यम से साहित्यकार, वैज्ञानिक को समाज और देशकाल से जोड़ता है, उसे एक संवेदनशील और भावना-स्पंदित प्राणी बनाता है, यानी निष्प्राण मशीन-मानव होने से बचाता है। वरना आज का 'हम' कल का 'मैं' बन जाता है। और 'मैं' के बीच की दूरी, अपरिचय और कटुता बढ़ती चली जाती है। याद रहे कि 'वे लोग' यहाँ के हों या वहाँ के 'मैं' और 'हम' के विश्वासघात को माफ कभी नहीं करते। यहाँ के 'वे' कालांतर में अपनी सूची से इस 'मैं' का नाम काट देते हैं, उसे राइट-ऑफ कर देते हैं और वहाँ के 'वे' इस 'मैं' को पूरी तरह अपने ऊपर निर्भर बनाकर सिर्फ इस्तेमाल करते हैं, फिर उसे बाकायदा 'रोबो' या मशीनँ-मानव बनाकर अपना काम निकालते हैं— उसकी प्रतिभा और अहंकार को बढ़ावा देने का अभिभावकाना भ्रम देकर . . . क्योंकि 'रोबो' चाहे जितना उन्नत, विकसित और कुशल हो —उसकी प्रोग्रामिंग, और नियंत्रण तो 'वे लोग' ही करते हैं, यानी इस मशीन-मानव का अस्तित्व और नियति उन्हीं के हाथों में है, उन्हीं के लिए है। उन्होंने सिर्फ मशीन और कलपुर्जों को ही नफ़ीस, सूक्ष्म, बारीक, और अचूक बनाने की तकनीकें विकसित नहीं की हैं; आदमी को भी परंपरा, परिवार, परिवेश, देश और हर तरह के गुरुत्वाकर्षण से काटकर अपना 'रोबो' बनाने की प्रक्रिया और कला में भी अद्वितीय *महारत* हासिल की है, उनका सॉफ्ट वेयर, उनके हार्ड वेयर से ज्यादा जटिल और संश्लिष्ट है। आदमी की पहले मानसिकता नियंत्रित की जाती है, काम तो वह खुद करेगा।

और चूँकि दोनों ही धरातलों पर यानी हार्ड और सॉफ्ट वेयर के धरातलों पर सब कुछ इतनी तेजी से विकसित हो रहा है कि हर रोज कुछ-न-कुछ नया खोज और जोड़ लिया जाता है और यहाँ भी मैं अपनी पहली बात दोहराने को मजबूर हूँ कि विज्ञान और तकनीक की हर नयी उपयोगिता; पुराने को व्यर्थ कर देती है, अस्वीकार करके कबाड़ की तरह एक ओर फेंक देती है। इसी तकनीक के परिणामस्वरूप आया वैज्ञानिक या मशीन-मानव स्वयं भी इसका अपवाद नहीं है। हर नया 'रोबो' पुराने को व्यर्थ कर देगा . . . शायद इसीलिए हर विशिष्ट 'मैं' अपने आपमें एक डरा हुआ और असुरक्षित 'मैं' है। उसके लिए हर दूसरा 'मैं' अपने पद और अस्तित्व के लिए खतरा है, यानी 'वे लोग' हैं, बदले में वह खुद उनके लिए 'वे' हैं . . . कितनी बड़ी त्रासदी है कि विज्ञान और प्रौद्योगिकी की पहचान आज सिर्फ नाश और संहार के प्रभावशाली तरीकों में सिमट गयी है और उसे चलानेवाले खुद आपस में असुरक्षित, संशयग्रस्त और डरे हुए लोग हैं . . . मशीनें बनाते और खुद मशीनों में बदलते . . . हर नयी मशीन बनाने के साथ खुद पुराने होते जान के दंश और आशंका से पीड़ित . . .

इन खोये और छूटे हुए, मशीन-बनते लोगों को वापस पुनर्प्राप्त (रिक्लेम) करने, या पुनर्स्थापित (रिहैबिलिटेट) करने का काम सिर्फ और सिर्फ कला और

साहित्य करेंगे . . . इसीलिए औरों से अधिक साहित्य ही वैज्ञानिक के लिए सबसे अधिक प्रासंगिक और उपयोगी है . . . बल्कि अपने समाज के संदर्भ में साहित्य ही खुद उनकी प्रासंगिकता तय करेगा . . . मशीनों और भौतिकी के इन इंजीनियरों की सबसे पहली जरूरत (गोर्की के शब्दों में) मानव-आत्मा के इंजीनियरों की है . . .

वैज्ञानिक के पास आज सिर्फ एक ही चुनाव है : उसे हमारी 'प्रोग्रामिंग' चाहिए या उनकी ...

(*'मेरी तेरी उसकी बात', हंस,* नवंबर, 1988)

स्वप्न और स्मृति का अंत

आर्थिक, राजनैतिक, सामाजिक और बौद्धिक —सभी धरातलों पर व्यापक ध्वंस के आतंक में सारा जनमानस जिस भविष्यहीनता से गुजर रहा है, उसकी साहित्यिक अभिव्यक्ति हुई है सपनों और विज़न के समाप्त हो जाने के रूप में। कीलों भरी खूंखार दीवार जैसे इस सिरे से उस सिरे तक सामने खड़ी हो। नये-नये अर्थशास्त्री बता रहे हैं कि इस गड्ढे से हमें उत्पादन नहीं, स्पैकुलेशन (सट्टा बाजार) ही बाहर निकालेगा, इसलिए वर्ल्ड बैंक से पैसा लो और शेयर-बाजारी करो। उसी कर्ज़े को दिखा-दिखाकर बताओ कि हमारा मुद्राकोश पहले के मुकाबले कितना बढ़ गया है। उत्पादन का काम मल्टी-नैशनलों को करने दो, इसलिए तुम खुद अपने उद्योगों की बजाय उनका व्यापार करो और पूँजी बढ़ाओ। आत्महत्या के हताश-बिंदु पर लगायी जानेवाली यह अंधी छलाँग अनुत्पादक स्पैकुलेशनों में ही नहीं, दूसरे स्तरों पर धर्म और भगवान की शरण में जाने, और साहित्य में वायवी आध्यात्मिक सवाल उछालने में ही सार्थकता खोजती है। सटोरियों, जगद्‌गुरुओं, दुस्साहसी-अपराधियों की मिलीभगत इस अर्थ में बेहद दिलचस्प है कि ये सब रातोंरात दुनिया बदल डालने के सपनों से आक्रांत होते हैं —कम से कम इस विश्वास के तो मारे हुए हैं ही कि तांत्रिक अनुष्ठान, भगवत्कृपा या ज्योतिष के चमत्कार पलक झपकते ही इनके लिए निजी लाटरियाँ खोल देंगे . . . बहुत हाथ-पाँव पटकने या उत्पादन-मेहनत के चक्करों में पड़ने से कुछ नहीं होना। कर्मजगत के इन शॉर्टकटों को बौद्धिकता देने का काम करते हैं आध्यात्मिक सवालों के ये उत्साही अन्वेषी . . . आसमानी मुद्रा में सार्वभौमिकता (अंतर्राष्ट्रीयताओं) के विचरण-माहिर ये 'महान चिंतक' वास्तविकता या अपनी समस्याओं को घृणा से नाम देते हैं टुच्ची या पैटी बातों में फँसना। "साहित्यकार का काम इस रोजमर्रापने में फँसना नहीं, समय और इतिहास के शाश्वत प्रश्नों से मुठभेड़ करना है!" यानी देश के नाम पर अंतर्राष्ट्रीयता और समय के नाम पर 'शाश्वतता' ही हमें 'नाउ एंड हियर' (अभी और यहीं) के फंदे से मुक्त कर सकती है। सचमुच ऊँचाई के इस आनंद-बिंदु पर खड़े होकर, भूख, गरीबी, बेरोजगारी, शोषण, सांप्रदायिकता, संघर्ष, सामाजिक न्याय, समानता, परिश्रम, उत्पादन इत्यादि-इत्यादि कितने ओछे और घटिया सवाल लगते हैं। वस्तुतः वे हैं भी कहाँ—सिर्फ आपका विकृत मानसिक एटीट्यूड है। हे भगवान, किस कीचड़ में

फँसा दिया है तुमने? हमें भी वह आत्मा की ऊँचाई दो कि कर्म के इन बंधनों से मुक्ति मिल सके।

यह सही है कि न आदमी अपने रोग-शोक, दारिद्र्य-दयनीयता से बँधा रह सकता है न समाज—दोनों इनसे ऊपर भी उठते हैं। अगर न उठें तो न मूल्यों की तलाश और स्थापना कर सकते हैं, न 'विज़न की परिकल्पना। यह भी कह सकते हैं कि मूल्य और विजन दोनों ही हमें ऊपर उठाने के कारक हैं। हाँ, उदात्त और विराट की यह तलाश हमेशा प्रक्रिया की परिणतियाँ हैं —यहाँ मुक्ति और अतिक्रमण में अंतर किया जाना चाहिए। शरीर और दुनियादारी के रोजमर्रापने से मुक्त होकर अमूर्तन के वायवी शून्य में विचरण, प्रेत नर्तन हो सकता है—मगर उदात्त और विराट का स्वप्न तो दुनिया से मुठभेड़ के दौरान, या उसे अतिक्रमित करते हुए ही प्राप्त होगा। अतिक्रमण शरीर के साथ और शरीर के माध्यम से होता है तो मुक्ति शरीर छोड़कर। अब अगर शरीर है तो समाज भी है और उसके साथ शोषण, गरीबी, अन्याय, अत्याचार जैसी 'मण्डेन' या (मुक्त लोगों की भाषा में) टुच्ची समस्याएँ भी हैं। जीवन और साहित्य इन सबसे गुजरे बिना न अतिक्रमण कर सकते हैं, न मुक्त हो सकते हैं —हाँ, अकाल मृत्यु को प्राप्त हो जाने का तो किसी के भी पास कोई इलाज नहीं है।

जैसा कि दुहराता रहा हूँ, मेरी दृष्टि में लेखकीय संवेदना के पास केवल दो ही उपकरण हैं जिनसे वह 'यहीं और अभी' की यंत्रणादायक-कारा के परे जाता है, वे हैं स्मृति और स्वप्न —दोनों ही निजी सीमाओं से उठकर जातीय-स्मृति या संस्कृति और जातीय स्वप्न यानी यूटोपिया के रूप लेते हैं। मगर रचनाकार—विशेष रूप से कथाकार के लिए इस 'नाटक' का लिटिमस-टैस्ट बिंदु व्यक्ति ही है—अपने भीतर लौटते और अपने से बाहर जाने की द्वंद्वात्मकता में साँस लेता हुआ। मुझे लगता है कि इधर हिंदी-कहानी, यथार्थवाद की पत्रकारिता और सैद्धांतिकता के अमूर्तनों के चलते एक ऐसे अवरोध-बिंदु पर आ गयी थी कि उसे ठोस आदमी और निजी संस्पर्श की प्रामाणिकता के खून की जरूरत थी—और यह कमी अचानक पूरी होती दिखायी दी संस्मरणों में—यहाँ स्मृति और संवेदना दोनों का फैलाव है। उसी तरह भविष्य की दिशा में कल्पना को मुक्त करने का एक छोटा-सा प्रयोग 'हंस' ने किया आत्मतर्पण के बहाने—यानी बेहद निजी सीमाओं के भीतर अपने वर्तमान को भविष्य में प्रक्षेपित करके अपने और आसपास को देखने की कोशिश . . . मैं मानता हूँ कि न यह कोई इलाज है, न निदान—बस स्मृति और कल्पना की संध-भर खोलने का हल्का-फुल्का प्रयास है। खिलवाड़ भी कह सकते हैं। मगर जब इस तरह के प्रयोगों को श्रीलाल शुक्ल 'मार्बिडी' का नाम देते हैं, या गिरिराज किशोर आक्षेप करते हैं कि जैसे ही उन्होंने आत्मतर्पण लिखने का फैसला किया—तभी उन्हें निःशब्द (साइलैंट) हार्ट-अटैक हुआ—तो सुनकर आश्चर्य हुआ। दोनों ही आस्थावान प्राणी हैं, इसलिए उन्हीं के शब्दों में

कहूँ तो वे साहित्य की मूल प्रतिज्ञा को ही झुठला रहे हैं, क्या हमारी सारी रचनाएँ अमरत्व की खोज नहीं हैं—हम रचनाओं में मरकर अमर होने की आकांक्षा नहीं पालते ? बड़े-बड़े ऋषि-मुनि समाधि में मरकर अमृत का 'दर्शन' नहीं करते ? कभी-कभी अपने शरीर को छोड़कर—या उससे दूर हटकर खुद उसे देखना क्या बहुत 'मॉर्बिड' है ? फिर सब्जैक्टिविटी और ऑब्जैक्टिविटी की द्वंद्वात्मक स्थानापन्नता को रचना-प्रक्रिया का नाम देने का क्या अर्थ है . . . ? एक छोटे-से कथा-प्रयोग के लिए ये सारी भारी-भरकम शब्दावली शायद बड़बोलापन है—अपने लिए नहीं, अपने लेखकों के लिए—मगर जिन बड़े-से-बड़े लेखक ने ऐसे आत्मतर्पण किये हैं, मैं नहीं समझता कि वे सभी मॉर्बिड थे—यह दूसरी बात है कि मरकर वे चंद हसीनों के खुतूत और चंद तस्वीरें बुताँ ही छोड़ गये हों—या जले जिस्म की राख कुरेदने में उन्हें कुछ न मिला हो और जुस्तजू बेकार ही गयी हो, मगर कल्पना के थोड़े-से खिलवाड़ में आखिर बुराई भी क्या है ? जिस साहित्य में प्रयोग के खिलवाड़ और भाषा का खिलंदड़ापन, दोनों ही एक सिरे से गायब हो गये हों वहाँ थोड़ी-सी 'बदपरहेजी' इतनी बुरी बात तो नहीं है।

(*'मेरी तेरी उसकी बात', हंस,* मई 1992)

लेखक को सत्ता से नहीं, व्यवस्था से लड़ना चाहिए !

'पांचजन्य' नहीं, 'जागरण' के संपादक आचार्य कमलेश्वर ने कुछ वर्ष पहले अलीगढ़ में एक बड़ा सारगर्भित नारा दिया था, "लेखक को सत्ता से नहीं, व्यवस्था से लड़ना चाहिए।" इस नारे में लेखक के 'लड़ाकू' या संघर्षशील-चरित्र को सहलाते हुए उसे किस दिशा में मोड़ा जा रहा है, यह बहुत साफ है। व्यवस्था अमूर्त है, लगभग ईश्वर की तरह निराकार, मुट्ठियां तान-तानकर उसे गालियाँ सुनायी जा सकती हैं, "हम इस व्यवस्था को चकनाचूर कर डालेंगे। इसे जड़ मूल से बदल डालेंगे। जब तक यह व्यवस्था नहीं बदलेगी—कुछ भी नहीं होगा।" इस तरह के उद्घोषों से क्रांतिकारिता भी बनी रहती है और 'व्यवस्था' नाम की निराकार शक्ति आपसे जवाब माँगने भी नहीं आती। हाँ, सत्ता ठोस चीज है, उसके हाथ-पाँव-दाँत सभी कुछ हैं। इससे लड़ना खतरनाक है, इसे तो पटाया, सहलाया और पगरुआया जाता है, सेंध और सूराख तलाश करके इसमें घुसने की कोशिश की जाती है, प्रशस्तियाँ और विरुदावलियाँ गायी जाती हैं। पद, प्रतिष्ठा और पैसा देनेवाली इस शक्ति से लड़ना, खुद लहूलुहान हो जाने का खतरा मोल लेना है ! इसलिए सत्ता से नहीं, व्यवस्था से ही लेखक को लड़ना चाहिए . . . इस सूक्ति में दूसरा अंतर्विरोध यह है कि सत्ता और व्यवस्था को दो अलग शक्तियाँ मानकर चला गया है—मानो वे एक दूसरे का विस्तार नहीं, विरोधी तत्व हैं। क्या सत्ता, व्यवस्था का ही प्रतिनिधित्व नहीं करती ? या बदले में उसे संरक्षण नहीं देती ? सत्ता में बैठे लोग क्या एक विशेष व्यवस्था के स्थायीकरण की नीति नहीं अपनाते? मनुष्य-मनुष्य को बराबरी का दर्जा, सुविधाएँ और सम्मान देनेवाली लोकतांत्रिक प्रणाली को हमने आयात जरूर कर लिया—मगर क्या सामंती व्यवस्था को बचाये रखने की जिद में उसका सत्यानाश नहीं कर डाला ? उसे जी-हजूरी और हिंसा के खुले खेल के रूप में नहीं बदल डाला ?

आइए, इस अमूर्त व्यवस्था को कुछ आकार देने की कोशिश की जाए।

मन या बाहर के द्वीप में बैठे अकेले आदमी के न कोई मूल्य होते हैं न मान्यताएँ। वही अस्तित्ववादी अर्थों में भी 'परम स्वतंत्र' हो सकता है। मूल्यों और

मान्यताओं की जरूरत या अनुभूति उसे ठीक उसी क्षण होनी शुरू होती है जब वह अपने अलावा दूसरों से जुड़ता है या अपनी चेतना में दूसरों का 'होना' महसूस करता है। बिना इन दूसरों की चेतना के वह अपना होना भी महसूस कर सकता है या नहीं, फिलहाल इस पहेली को छोड दें। दूसरों से जुड़ना ही संबंध बनाने और फिर इन संबंधों की संहिता विकसित करने की शुरुआत है। मोटे और मूलरूप में आदमी तीन जगहों पर जुड़ा होता है—स्त्री के साथ, प्रकृति के साथ और साथी मनुष्य के साथ। यही जन्म, जीवन और समाज के स्रोत हैं। इनके साथ संबंधों की जो संहिता बनती है वही कालांतर में व्यवस्था का रूप लेने लगती है। कह सकते हैं कि व्यवस्था के यही तीन आयाम हैं। ये तीनों ही अन्योन्याश्रित हैं क्योंकि स्त्री के साथ परिवार बनता है; प्रकृति संसाधनों और जिज्ञासाओं का कोश है; और समाज सुरक्षा और प्रगति देता है। व्यवस्था जब भी बनेगी या बदलेगी तो आधारभूत रूप से आदमी के रिश्ते इन्हीं तीन बिंदुओं पर बनेंगे या बदलेंगे—इन तीनों के आपसी रिश्ते भी बदलेंगे। व्यवस्था कोई भी हो, वह शाश्वत और जड़ रह ही नहीं सकती। क्योंकि आदमी गतिहीन नहीं है। वह बार-बार व्यवस्थाएँ बनाता और बदलता है। मगर व्यवस्थाएँ एक बार अस्तित्व में आने पर अपना स्थायीकरण करती हैं। इसी द्वंद्वात्मकता का नाम है विकास!

हर समाज के पास अपना एक 'एंटीना' होता है जो इन मूलभूत बदलावों या इसकी जरूरत को सबसे पहले 'सूँघता' है, और वह है लेखक!

व्यवस्था में कहाँ आदमी घुट या टूट रहा है, इसे सबसे पहले संवेदनात्मक स्तर पर वाणी लेखक या रचनाकार ही देता है। उधर स्थापित व्यवस्था या यथास्थिति से जिनके हित, स्वार्थ और सुरक्षाएँ जुड़ी होती हैं वे बदलाव या असंतोष की इन आवाजों से प्रसन्न नहीं होते। लंबी चलनेवाली व्यवस्थाएँ चूँकि परंपरा, संस्कार और आस्था का रूप लेने लगती हैं इसलिए आदमी आसानी से उन्हें बदलने के लिए भी तैयार नहीं होता। सामंती व्यवस्था में धर्म केन्द्रीय शक्ति का रूप ले लेता है, इसलिए बाकी सारे संबंध धर्म की रोशनी में ही निर्धारित, संचालित होते हैं और जीवन-मूल्य बनकर चेतना में संस्कार और आस्था का रूप ले लेते हैं। उन्हें आसानी से मानवता के शाश्वत मूल्यों के रूप में भी स्वीकृति मिल जाती है। इनके खिलाफ उठनेवाली हर आवाज समाज को अपने अस्तित्व का संकट लगने लगती है, इसलिए सिरफिरों की बकवास लगती है।

कहा जा सकता है कि यथास्थिति या स्थापित व्यवस्था को कोई भी साहित्यकार या रचनाकार प्रायः केवल इन्हीं तीन स्तरों पर झकझोर पाता है, यानी उसके लिए 'आपत्तिजनक' होता है। एक है 'मैटाफिजिकल' और धार्मिक, दूसरा राजनैतिक और तीसरा 'नैतिक'। कहा यह भी जा सकता है कि सांस्कृतिक विद्रोह की यही अनिवार्य शर्त भी है कि उसने जिंदगी के इन तीनों स्थापित मूल्यों या आदर्शों के सामने कहाँ-कहाँ नये प्रश्नचिह्न लगाये हैं; घुटती और घोटती

मान्यताओं को तोड़ने या बदलने की मानवीय तड़प को रेखांकित किया है। मुझे हिंदी में यशपाल उन अकेले लेखकों में लगते हैं जिन्होंने व्यापक दृष्टि और गहराई से समाज की इस त्रिआयामी सच्चाई को समझा है। उनकी रचनाएँ 'व्यवस्था' के इन तीनों पक्षों पर फिर से विचार करने को प्रेरित करती हैं। यशपाल राजनैतिक रूप से विद्रोही, धार्मिक रूप से नास्तिक और 'नैतिक' रूप से अश्लील होने की प्रशस्तियाँ और भर्त्सनाएँ पाते रहे हैं। वस्तुतः किसी भी सामाजिक बदलाव या व्यवस्था-परिवर्तन की बात इन तीनों मूलभूत विश्वासों को बदले बिना संभव ही नहीं है। यह हो ही नहीं सकता कि व्यवस्था बदल जाये और राजा-प्रजा के संबंध वहीं बने रहे, ईश्वर और भक्त उन्हीं नवधा भक्तियों में जीते रहें और नारी-पुरुष उन्हीं आर्य-समाजी लक्ष्मण-रेखाओं को ढोते रहें।

इन बदलावों को कथाकार समाज या व्यवस्था के अमूर्तन में नहीं, मूलतः व्यक्ति की चेतना और मानसिकता में ही 'पढ़ता' है क्योंकि अपने अनजाने ही धर्म, राजनीति और नैतिकता की घुटन के दबाव सबसे पहले व्यक्ति ही अपनी संवेदना में वहन करता है। वह इनके खिलाफ आवाज उठा सकता है, इनकी घुटन में टूट और बिखर सकता है या हताश होकर अपराध-बोध के चलते हत्या-आत्महत्या कर सकता है। व्यक्तिगत कुंठाएँ ही आगे चलकर सामाजिक परिवर्तन की माँग करती हैं, इसलिए अगर मैं 'हंस' में मंडल-कमीशन का समर्थन या सामाजिक अन्याय, गैर-बराबरी और विषमता को सही ठहरानेवाले किसी भी कदम का विरोध करता हूँ, साम्प्रदायिकता पर खुली बहसें आमंत्रित करता हूँ, नारी-शोषण और स्त्री-पुरुष संबंधों में आये परिवर्तन की 'अश्लीलता' पर पुनर्विचार करना चाहता हूँ तो मुझे अपने 'स्टैंड' में कहीं अंतर्विरोध नहीं दिखायी देता ! परिवर्तनकामी चेतना की ये त्रिआयामी अभिव्यक्तियाँ नहीं, तो क्या है ? इसी दृष्टि से मुझे तो गांधी की राजनीति और सेक्स-प्रयोग भी कहीं अंतर्विरोधी नहीं लगते।

चाहें तो कथा-साहित्य में उन रचनाओं की लंबी सूची दी जा सकती है जिन्होंने धार्मिक आस्थाओं, राजनैतिक व्यवस्थाओं और नैतिक मान्यताओं को तोड़ा, झकझोरा या उन्हें पुनर्परिभाषित किया है, और इसीलिए ये रचनाएँ कुफ्र, विद्रोही या आपत्तिजनक और अश्लील मानी गयीं। डार्विन, फ्रॉयड और मार्क्स ने मानव-जाति के इन्हीं तीन आधारों को बदला था—विचार की दुनिया की यह सबसे क्रांतिकारी त्रिमूर्ति थी।

(*'मेरी तेरी उसकी बात'*, *हंस*, फरवरी, 1991)

न लिखने का कारण

प्रेमचंद जयंती और 'हंस' के पुनर्प्रकाशन की वार्षिक गोष्ठी पर इस बार का विषय था 'न लिखने का कारण'। यह बात मैंने 'हंस' की पहली गोष्ठी और 'प्रेमचंद की विरासत' जैसे लेखों में अनेक बार स्पष्ट की है कि किसी भी विशिष्ट व्यक्ति की जयंती या अभिनंदन का अर्थ व्यक्ति-पूजा से अधिक उन सरोकारों की पड़ताल करना है जिनके कारण वह व्यक्ति हमारे लिए महत्वपूर्ण है। न हम व्यक्ति को छोटा करना चाहते हैं, न उसे कम करके आँकना चाहते हैं। लेकिन किसी भी ऐसे आयोजन की सार्थकता इसी में है कि व्यक्ति की तिलक-पूजा, अर्चन-माल्यार्पण की औपचारिकताओं के बाद हम उसके मानसिक व्यक्तित्व का सम्मान करें। अंतिम समय तक प्रेमचंद जिन साहित्यिक-सामाजिक समस्याओं से जुड़े रहे, 'हंस' को लेकर जैसी चिंता महसूस करते रहे (देखिए, जैनेन्द्रजी का संस्मरण) वहीं तो वे 'प्रेमचंद' थे। अपनी शारीरिक सीमाओं को अतिक्रमित करकें रचना और विचारों की जिस दुनिया में लेखक साँस लेता है, सिर्फ वही तो हम तक आती है। इसलिए मुझे इसमें कुछ भी असंगत नहीं लगता कि प्रेमचंद जयंती पर हम उन लेखकीय और सामाजिक मुद्दों पर बात करें—जो प्रेमचंद से लेकर आज तक लेखकों-रचनाकारों की सोच का केंद्र रहे हैं। बल्कि यह उस सूक्ष्म व्यक्तित्व या यशःकाय का अधिक गहरा और आत्मीय सम्मान है।

मगर सवाल यहीं यह भी उठता है और अनेक लेखक-मित्रों ने खुलकर इसे उठाया भी कि 'न लिखने का कारण' आपका अपना हो सकता है, उसे सारे लेखकों का मुद्दा कैसे और क्यों बनाया जा सकता है ? हिंदी में बहुत कुछ लिखा जा रहा है, अच्छा लिखा जा रहा है। हम लिख रहे हैं, अमुक-अमुक लिख रहे हैं। आप नहीं लिख रहे हैं इसलिए यह समस्या सारे साहित्य की हो गयी ? डॉ. श्यामाचरण दुबे जैसे विद्वानों ने तो मेरी अधिकांश बातों से सहमत होते हुए आशा और आशीर्वादी भाव से यही कहा कि स्थिति इतनी बुरी नहीं है, इन दिनों बहुत अच्छा लिखा जा रहा है।' नई पीढ़ी (या पीढ़ियों) की रचनात्मक ऊर्जा के प्रति असम्मान और अन्याय मैं नहीं करना चाहता, मगर अब एक पत्रिका से जुड़े होने के नाते और साहित्य के एक लंबे पाठक की हैसियत से इस लिखे हुए की स्तरीयता पर सवाल तो कर ही सकता हूँ कि पिछले चालीस-पैंतालीस वर्षों में सचमुच ऐसा क्या लिखा गया है (इसमें मेरा अपना लिखना भी शामिल है) जैसा

या उससे अच्छा कहीं और नहीं आया है ?

रहा सवाल अपने व्यक्तिगत रूप से न लिखने का . . . पहली बात तो यह कि मैंने विषय को लिखने तक सीमित न रखकर पूरी रचनात्मकता की पड़ताल के लिए साथी लेखकों को आमंत्रित किया था। दूसरी बात यह कि मैं आज नहीं पिछले तीस सालों से यह महसूस करता और लिखता रहा हूँ कि हम कहीं गहरे अवरोध के शिकार हो गये हैं, देश में छाये रचना-विरोधी माहौल का जहर हमारी शिराओं में घुल गया है। सवाल व्यक्तिगत नहीं, पूरे पर्यावरण का है। (हालाँकि यह बात भी मैंने लेखों, वक्तव्यों और संपादकीय टिप्पणियों में ही कही है, यानी लिखकर)। मैं सचमुच शिद्दत से महसूस करता हूँ कि क्या कोई भी इस यातना को अपने स्तर पर नहीं देख पाता कि आज न लिखने या रोज हजार शब्दों को व्याकरण-सम्मत भाषा में कागज पर उतारते चले जाने में कोई फर्क है ? "गहरा सार्थक मौन . . . मृषा से . . ." की आत्मस्वीकृति कहाँ से आती है ? क्या हममें से अधिकांश अपनी सर्वश्रेष्ठ, पहली-दूसरी रचनाओं में ही नहीं दे चुके और अब सिर्फ 'लिखते चले जाने की नियति से पीड़ित' या अभिशप्त हैं ? अपने को छापे में देखने और चार मित्रों की वाहवाही से ही रचना महान हो जाती है ? वह कौन-सी अंतर्दृष्टि है जो न हमें अंतर्साक्षात्कार की अनुमति देती है न आत्मविश्लेषण की ...? सैकड़ों कालजयी रचनाएँ सालजयी तक नहीं हो पातीं। माना कि मेरा सड़क ऐक्सीडेंट में मर जाना मेरी ही मूर्खता और असावधानी है, मगर दिल्ली में अगर दो-तीन हजार मौतें सालभर में होती हैं तो वह शहर या व्यवस्था की कोई समस्या नहीं है ? गोष्ठियों पत्रिकाओं में घोषित हर रोज महान और महत्वपूर्ण रचनाओं का मरते चले जाना किसी के मन में कोई प्रश्न नहीं उठाता ?

ये कौन लोग हैं जो हमें समझा रहे हैं कि व्यक्तिगत समस्याओं के सामाजिक आयाम नहीं होते ? चूँकि हम रोज बच आते हैं इसलिए ऐक्सीडैंट महानगरों की समस्या नहीं है ? पानी-बिजली दूसरों की समस्या होगी—मेरे यहाँ तो बाकायदा आते हैं। उस सपाट दृष्टि से देखें तो आधी रात में ट्रेन से सामान फेंक दिया जाना, गांधी की व्यक्तिगत समस्या थी—क्यों चढ़ा वह 'गलत' डिब्बे में? हॉस्टल में जूठे बर्तन मँजवाना या दूर बैठाकर खिलाना—जगजीवन राम, अम्बेडकर और फुले के व्यक्तिगत अपमान ही थे, उन्हें सामाजिक अन्याय के रूप में देखने की जरूरत क्या है ? गरीबी मार्क्स की अपनी समस्या थी भाईजान ! जिस बीमारी की जड़ें, सारे माहौल में होती हैं वह बीमारी व्यक्तिगत नहीं होती। हाँ, उससे कुछ समय बचे रहने या आँखें मूँद लेने का कौशल व्यक्तिगत हो सकता है, वर्ना आप कब तक बाहर नहीं खायेंगे, कब तक उबला पानी पियेंगे, कब तक दूसरे के संपर्क में नहीं आयेंगे ? लेखन में इस 'व्यक्तिवाद' की प्रशस्ति को ही तो हम अज्ञेय जैसों का 'एलिटिज्म' (आभिजात्य) कहते हैं जिन्हें जीवन और

जगत की गति व्यापती ही नहीं है . . . रचना-विरोध की जो समस्या अपने हर आयाम में सामाजिक है उसकी व्यक्तिगत अभिव्यक्ति के प्रति यह तिरस्कार कैसी लेखकीय संवेदना है ? स्वतंत्रता के बाद की दो-तीन पीढ़ियाँ प्रारंभिक दो-चार पुस्तकों में ही अपना सर्वश्रेष्ठ देकर चुप / चुक गयीं—या उनमें से कुछ सिर्फ दयनीय दुहराव को ही सक्रियता मानते रहे—यह क्या हमारी चिंता बिल्कुल नहीं है? भगवतीचरण वर्मा, यशपाल, वृंदावनलाल वर्मा, अमृतलाल नागर, हजारीप्रसाद द्विवेदी के पास ऐसा क्या था कि वे अंतिम समय तक लिखते रहे ? स्वतंत्रता के पहले और बाद की पीढ़ियों में इतना अंतर क्यों है ? साठ के बाद की पीढ़ी के पास अपना उपन्यास क्यों नहीं है ? क्या ये हमसे भी थोड़ी ऊर्जा लेकर आये थे? क्या इस सन्नाटे के पीछे सिर्फ इतना ही तर्क काफी है कि बड़ी रचनाएँ संस्कृतियों के समापन बिंदु पर खड़े होकर उनके पुनरावलोकन और समाकलन में ही लिखी जाती हैं ?

हममें से अधिकांश यह कहकर अपनी पीठ ठोक सकते हैं कि यह बहुत निराशावादी दृष्टिकोण है और हम वैसे द्वितीय श्रेणी या छोटी साँस वाले नहीं हैं जैसा कि बताया जा रहा है, देखिए यूरोप-अमेरिका में हमारी रचनाएँ कैसी सराही जा रही हैं, अमुक-अमुक भाषाओं में रोज अनुवाद होते हैं। मगर यहीं रुककर सोचने की जरूरत है कि सचमुच यह मान्यता, साहित्यिक और कलात्मक उत्कृष्टता के लिए है या तीसरी दुनिया में पश्चिम की बढ़ती दिलचस्पी के कारण ? . . . उन्हें हमारे रीति-रिवाज, संस्कार, सोच, गरीबी और सामाजिक विषमताएँ ज्यादा दिलचस्प बनाती हैं या रचनात्मकता ? कहीं हमारी अभिव्यक्तियों में उन्हें सोशो-एंथ्रॉपॉजिकल सामग्री तो नहीं मिल रही ? क्यों साहित्य से कई गुना अधिक काम भारत को लेकर इन क्षेत्रों में हुआ है, सैकड़ों किताबें और अध्ययन रोज आ रहे हैं। यह लगभग उसी तरह का केस है जैसे हमारी या सारी दुनिया की दिलचस्पी इधर अफ्रीकी और काले साहित्य में हुई है। जाहिर है यहाँ हम रचनात्मक उत्कृष्टता की खोज कम करते हैं—वहाँ देखते हैं उनके स्वतंत्र होने के यातना और संघर्ष . . . गोरी दुनिया में अपनी पहचान बनाने के उनके प्रयास... औपनिवेशिक जुए को उतार फेंकने की जद्दो-जेहद।

हर विधा के चार-छः अत्यंत विशिष्ट नाम और दस-बीस महत्वपूर्ण, उत्कृष्ट रचनाएँ मैं भी गिना सकता हूँ, मगर क्या वे सचमुच ऐसे हैं जिन्हें गर्वपूर्वक विश्व स्तर पर रखा जा सके ? नहीं, मैं मैकाले के उस उपनिवेशवादी अहंकार या अपनी आत्महीनता का शिकार नहीं हूँ। जहाँ वह कहता है कि भारत या एशिया का सारा ज्ञान-विज्ञान, साहित्य यूरोप की किसी लाइब्रेरी के एक खाने को भी पूरा नहीं भर पायेगा . . . मगर विश्व के पूरे परिप्रेक्ष्य में यह बात तो मन में आती ही है कि पिछले पचास वर्ष में हमने क्या दिया है ? हो सकता है हम विकास की अपनी ही उलझनों, समस्याओं और नयी दुनिया के डगमगाते जहाज पर पाँव

जमाने के नस-तोड़ प्रयासों में लगे रहे हों, कभी मुद्रित शब्द के समाप्त होने की बात करते हों, कभी भयानक आर्थिक बोझ, मुद्रास्फीति, महँगाई, अवमूल्यन और सिर से पाँव तक कर्जों में डूबे होने की—कभी राजनैतिक भ्रष्टाचार, घूसखोरी, हिंसा, आतंकवाद, सवर्ण अत्याचारों के जिम्मे सारा बोझ डाल देते हों तो कभी दृश्य और श्रव्य माध्यमों के टिड्डी दल द्वारा सारे आसमान को भयानक शोर और अँधेरे से छा लेने को . . . कभी किसी दर्शन, उद्देश्य और आदर्श के शून्य को उपभोक्तावाद और अंधसांप्रदायिकता से भरने को इस सबका कारण ठहराते हों, तो कभी भविष्य-हीनता को . . . कभी भाषा को . . .

सही है कि चारों तरफ रचनाविरोधी वातावरण बनाने में लगभग सारा योगदान इन कारणों का है और कभी समाजवाद के सपने को हथियार बनाकर हम इनसे लड़े तो कभी अस्तित्ववादी मुहावरे से इस यातनाप्रद स्थिति की व्याख्याएँ की गयीं। मगर क्या कारण सिर्फ यही है ? ऐसा समय तो अभी डेढ़-दो सौ साल पहले भी आया है—जब व्यवस्था और सत्ता दोनों ही बदल रहे थे और अंग्रेजों के माध्यम से एक औद्योगिक-पूँजीवाद हमें बाकायदा अपना उपनिवेश बना रहा था। हजारों सालों का सामाजिक-प्रशासनिक-आर्थिक ढांचा टूट रहा था और भविष्य के लिए थी एक निर्विरोध गुलामी . . . भारतीय किले के सारे बुर्ज और प्राचीर एक-एक करके ढह रहे थे—नये-नये हथियारों और मशीनों के सामने जो भी कुछ अपना था वह भुस की दीवारों की तरह भहरा रहा था . . . मगर शायद उर्दू-शायरी और भारतीय संगीत-नृत्य का वही सर्वश्रेष्ठ काल भी था . . . बंगला और मराठी मानस वैचारिक और रचनात्मक स्तर पर आंदोलित हो उठा था . . . सैकड़ों साल बाद शायद वही हमारा बौद्धिक पुनर्जागरण था . . . आज क्या हम छाती ठोककर कह सकते हैं कि यह हमारी रचनात्मक ऊर्जा, या साहित्य-सृजन का सर्वश्रेष्ठ काल है ?

मगर आज का संकट कहीं उससे भी इतना गहरा है कि सारी नींवें खोखली हो गयी हैं। पराजय और हताशा की बाढ़ के आगे एक-एक द्वीप और किनारा धसक रहा है। सिर्फ हत्याओं और आत्महत्याओं को जीनेवाली 'डैथ-विश' (अभिनिवेश) कैसे हमारी आधारभूत संस्कृति हो गयी ? यह व्यापक और अनियंत्रित कैंसर कहाँ से आया है ? कहीं ऐसा तो नहीं हुआ कि स्वतंत्रता के बाद नयी चुनौतियों और अपने आपको नये युग के लायक बनाने के लिए हमने गलत हथियार उठा लिये ? मुझे लगता है बीमारी की जड़ यहीं कहीं होनी चाहिए.. हो सकता है जो कुछ हमने किया, उसके अलावा कोई और विकल्प ही न हो—मगर हुआ वह गलत ही था। नये भारत को बनाने के लिए हमें डाक्टरों, इंजीनियरों, वैज्ञानिकों, टैक्नोक्रैटों, अर्थशास्त्रियों, उद्यमियों की जरूरत सबसे बड़ी प्राथमिकता लगी, क्योंकि यही मूलभूत जरूरत थी। शिक्षा, साहित्य, कला या मानविकी के अन्य क्षेत्र स्वयं अपने आप विकसित होने के लिए या अपनी मौत

मरने के लिए छोड़ दिये गये . . . मॉडल पश्चिमी थे और भाषा अंग्रेजी—देश के लगभग सारे संसाधन इसी 'आधुनिक वर्ग' को बढ़ाने में झोंक दिये गये . . . पिछले चालीस साल में देखते-देखते एक ऐसा 'पैम्पर्ड' (लाड़-भ्रष्ट ?) द्विज-वर्ग उदित हुआ जिसके सामने सिर्फ पश्चिम खुला था—वहीं अनत अवसर थे। घर-घर की सर्वश्रेष्ठ मेधा सिर्फ इन्हीं क्षेत्रों में लगी थी। बाकी सिर्फ दूसरी श्रेणी के नागरिक माल लिये गये और पिछड़ गये। बिना राष्ट्रीय संस्कार, शिक्षा और संस्कृति के हमने अपनी प्रतिभाशाली पीढ़ियों के सामने परम विकसित समृद्ध और कर्मठ संसार के दरवाजे खोल दिये और सारा समाज एक अजीब भगदड़ में शामिल हो गया। गाँव, कस्बों की ओर भाग रहा था, कस्बा शहर की ओर, शहर महानगर की ओर, महानगर अमेरिका-यूरोप की ओर . . . शुरू में राष्ट्र-प्रेम या अपनी जमीन के खिंचाव रहे, फिर वह भी समाप्त हो गये . . . जहां ज्यादा सुविधाएँ, संपन्नता और अवसर होंगे—मध्यवर्गीय युवक वहीं जायेगा। एक निस्संकोच और निर्विरोध 'ब्रेन-ड्रेन' या प्रतिभा-पलायन पिछले चालीस वर्षों की संस्कृति बन गयी। मुझे तो कहीं भी, एक भी घर ऐसा नहीं नजर आता जहाँ से दो-चार लोग विदेश में जाकर न रहने लगे हों। अपने सारे साधन, सुविधाएँ और स्रोत हम उन्हीं के लिए झोंकते रहे और प्रारंभिक प्रशिक्षण के बाद उन्हें वहाँ भेजते रहे . . . सारा देश एक ऐसा रिक्रूटिंग-केंद्र बन गया जहाँ से युवक-युवतियाँ बाहर भेजे जाने हैं। कोई भी देश जब वस्तुएँ निर्यात करता है तो अपने लोगों को चाहे भूखा मारता हो, मगर बदले में मुद्रा कमाता है—बाकी सारे परिवार को वंचित रखकर किए जानेवाले इस प्रतिभा-निर्यात में हमें कुछ भी नहीं मिलता, वे स्वेच्छा या हमारे माँगने पर कुछ भेज दें—यह उनकी कृपा है—हमारी कोई शर्त या उनकी मजबूरी नहीं है। हम तो अपने सारे साधनों, खर्चों, कर्जों पर भविष्य बनाने के लिए उन्हें प्रशिक्षित कर रहे हैं। उन्हीं के लिए हैं राष्ट्र और परिवारों की सारी सुविधाएँ और सम्मान।

मगर जब बाज़ार या दूसरों की जरूरत के हिसाब से आप माल तैयार करते हैं तो मूलभूत 'निजता' को स्थगित करते हैं—आप 'मौलिक' या ओरिजनल नहीं होते। आपके स्तर और स्वरूप को खरीदार तय करता है। आप इधर-उधर से कलपुर्जे, उधार कर्जे लेकर उनके हिसाब से उसे तैयार करते हैं। मगर हमारी ट्रैजेडी यह है कि अपनी 'निजता' की कीमत पर तैयार किया गया 'माल' गुणवत्ता में हमेशा दूसरे-तीसरे दर्जे का होता है। बड़े और उन्नत देशों को छोड़ दें, हमारा सर्वश्रेष्ठ माल कोरिया और हांगकांग जैसे पिद्दी देशों के मुकाबले भी घटिया ही माना जाता है, क्योंकि आधारभूत 'शोध और विकास' के सारे तंत्र भी तो उन्हीं के पास हैं . . . वहीं नयी से नयी चीजें खोजी जाती हैं और वहीं आविष्कृत होती हैं। वे ज्यादा से ज्यादा उन्हें बना लेने का 'नो-हाउ' ही दे सकते हैं . . . असली 'गुर' नहीं।

अब आइए प्रतिभा या बौद्धिक क्षेत्र पर . . . हमारे यहाँ के बड़े से बड़े दिग्विजयी वैज्ञानिकों और टैक्नॉलॉजी विशेषज्ञों की महानतम उपलब्धियाँ यही हैं कि जो कुछ दूसरों ने पहले ही बना लिया या प्राप्त कर लिया है उसे या तो ऐक्सप्लेन (खुलासा) कर सकते हैं या रि-एसैम्बुल (पुनर्रचना) कर लेते हैं। बाहरी मदद से किया हो या स्वतंत्र रूप से, मगर भाभा, साराभाई, भटनागर सभी ने वही किया जो दूसरे पहले कर चुके थे। वे प्रथम श्रेणी की प्रतिभा थे, बाकी तो द्वितीय श्रेणी में ही गर्वित होने को अभिशप्त हैं जिनकी हैसियत किसी बड़े मिस्त्री के साथ लगे हैल्परों या डाक्टरों की मदद करनेवाली कुशल नर्सों से अधिक नहीं है। इससे भी ज्यादा दयनीय स्थिति भारतीय अंग्रेजी साहित्य की है, वह तो शुद्ध पश्चिमी खपत के लिए लिखा जाता रहा। पचासों वर्ष वे भारतीय गरीबी और दर्शन निर्यात करते रहे, अब अनिवासी भारतीयों की मानसिकता बेच रहे हैं. . . सलमान रूशदी, भारती मुखर्जी, अमिताभ घोष, उपमन्यु चटर्जी जैसे लोगों की एकमात्र उपलब्धि यह है कि उन्होंने अंग्रेजी पर पहली बार वही रचनात्मक अधिकार हासिल कर लिया है जैसे कोई अमेरिकन या अंग्रेज रखता है। सब मिलाकर उनकी हैसियत दूसरे-तीसरे दर्जे के विदेशी लेखकों जैसी है . . . मैंने जानबूझकर साइंस, तकनीक, अंग्रेजी साहित्य जैसे उदाहरण इसलिए चुने कि अभिव्यक्ति का माध्यम वही अंग्रेजी भाषा है। भाषा हो या ज्ञान, जिन खेलों को पश्चिम दो-चार सौ सालों से खेल रहा है उन्हें जब आप उन्हीं की तरह और उन्हीं के नियमों के हिसाब से खेलेंगे तो अंतिम सर्टिफ़िकेट यही मिलेगा कि हाँ, अब इसे बॉल, बैट और पिच हैंडिल करना आ गया, करीब-करीब हमारी तरह खेल लेता है। गाँव से आये मेरे नौकर का दिल्ली के घरों और चीजों में कोई योगदान नहीं है, हाँ, दस-पांच साल साथ रहकर वह सारी चीजें हैंडिल करना खूब सीख जाता है, ए.सी., वी.सी.आर., टी.वी., मिक्सी, फोन या कुछ और भी वह उन्हें बिना तोड़े-फोड़े कौशल से इस्तेमाल कर लेता है। अपने गाँव, घर, परिवार के लिए वह कितना उपयोगी-अनुपयोगी है, मुझे नहीं मालूम . . . मतलब भी नहीं है, मेरा सरोकार यह भी नहीं है कि वापस घर जाकर वह कितना दुखी-सुखी (मिज़रेबल) होगा—हाँ, वह यहाँ घर की सारी व्यवस्था बड़ी दक्षता और खूबी से चला रहा है। पहली बात तो वह अब वहाँ जायेगा ही नहीं, हमने उसे आधुनिक सुविधाओं की जैसी लत लगा दी : वह सब उसे वहाँ मिलेगा ? अपनी खुद की आमदनी में तो उसकी सात पीढ़ियाँ नहीं खरीद सकतीं . . . दो-चार चीजें यहाँ से ले भी जायेगा तो उन्हें चलाने की वहां सुविधा नहीं होगी। टूट-फूट गयी तो मरम्मतवाला नहीं मिलेगा . . . मगर साब, ये नेपाली लोग हर काम सीखते बहुत फुर्ती से हैं, अधिकांश ईमानदार और सिंसियर होते हैं . . . वहाँ पैसा उतना नहीं मिलता, इसलिए भागकर आते हैं।

तो जनाब, ज्ञान-विज्ञान, आर्थिक, राजनैतिक, साहित्य-कला में यह है हमारी

हैसियत, स्थिति और निर्यात . . . सारे खेल उनके हैं। वही उन्हें तराश और पॉलिश देते हैं, नियम और कायदे उनके हैं, हमें तो जी-तोड़ मेहनत से उन्हीं के बनाये हुए खाँचों में कौशल से उन्हें खेलना है, शायद हम कभी उनकी प्रतियोगिता में नहीं खेल पायेंगे—जैसे ही उन्हें लगेगा कि हम बराबर आ रहे हैं, वे खेल के सारे नियम और स्वरूप बदल देंगे। क्या यही सब साहित्य और रचना के क्षेत्र में नहीं हुआ है ? सारी अभिरुचियाँ उनकी हैं, सौंदर्यशास्त्र उनके हैं, कला के मानदंड उनके हैं, उपलब्धियाँ उनकी हैं और वे उन्हें अपनी जरूरत या सनक के हिसाब से रोज तोड़ते-बनाते हैं . . . हम तो भौंचक भाव से सिर्फ उन्हें देखते रहते हैं, उलटा-सीधा समझकर अपनों पर रोब गालिब करते हैं कि यह 'स्ट्रक्चरलिज्म्' है, यह 'डि-कांस्ट्रक्शन' की थ्यॉरी है, यह स्टाइलिटिक्स की . . . और जब तक हम वहाँ तक पहुँचें-पहुँचें कि वे हमसे सौ कदम आगे पहुँच जाते हैं. . . "दुनिया कहाँ से कहाँ पहुँच गयी है, हम क्या यहीं गड्ढे में पड़े रहेंगे?" की हीनता के मारे हम सिर्फ उनके पीछे-पीछे दौड़ लगा रहे हैं—हाय, वे कितना आगे पहुँच गये . . . शायद हमने यह सोचना भी छोड़ दिया है कि वह सब हमारी अपनी जरूरत है भी या नहीं . . . या परमविकसित, समृद्ध, फुरसती देशों की ये सारी दिमागी ऐयाशियाँ क्या हमारी अपनी तीसरी दुनिया के देशों की अपनी प्राथमिकताएँ हैं ? जैसे पिछले दिनों शास्त्री और ज्ञानी होने का अर्थ था जाने हुए को जाननेवाला, यानी जो वेद-शास्त्रों को घोटकर पी चुका है और सही अवसर पर सही श्लोकों, या उद्धरणों की झड़ी लगा सकता है। आज हमारे यहाँ प्रकांड विद्वान, मेधावी और पढ़े-लिखे होने का अर्थ है नामवरसिंह और निर्मल वर्मा हो जाना—क्योंकि 'दुनियाँ' के (यानी पश्चिम) साहित्य-कला क्षेत्रों में कहाँ-क्या हो रहा है—उसकी 'जानकारी' उन्हें है। चूँकि विकास और उन्नति की दिशाएँ कुछ इस तरह 'उनके द्वारा' और उनके नियमों के हिसाब से तय कर दी गयी हैं कि 'जानकारी' होना ही बहुत बड़ी बात है', पैठ और योगदान' का तो सवाल ही नहीं उठता . . . जब ज्ञान, उसे पाने की पद्धति और उसकी उपलब्धि, तीनों उनकी हों तो वर्चस्व भी उन्हीं का रहना है।

इस रचनाविरोधी माहौल में हम जो कुछ भी थोड़ा बहुत कर पाये हैं, वह 'काफी कुछ' संतोषजनक तो है, मगर अब यह शिद्दत से महसूस होने लगा है कि दिशाएँ, मानदंड, प्रत्याशाएँ और शर्तें कहीं आधारभूत रूप से गलत हो गयी हैं—इसमें हम कभी भी न अपना 'विशिष्ट' दे पायेंगे—न मौलिक—सारी कसरत, कलाबाजियों और उलटबासियों के बाद उन जैसा कोई उपन्यास, कहानी, कविता, नाटक कभी लिख पाये तो बहुत बड़ी उपलब्धि होगी—मगर तब तक क्या वे वहीं बैठे रहेंगे ? पता नहीं, आगे कहाँ निकल चुके होंगे . . . वे कोई नया 'फ्यूचर शॉक' लिखकर तहलका मचा चुके होंगे।

फिर क्या अपने और निजी के नाम पर हम वापस उसी अंधकार युग में

लौट जायें जिसे संप्रदायवादी और फंडामेंटलिस्ट, भारतीय, राष्ट्रीय, स्वसंस्कृति कहकर गौरवान्वित कर रहे हैं ? कहते हैं "ठहरे हुए पानी और ठहरे हुए दिमाग में सँपोले पलने लगते हैं" तब क्या 'अपने' के नाम पर हमें वही सड़ा, गंदा, बदबू और कीड़ों से बजबजाता, काहिया पानी पीना होगा जिसे अपने देवता का चरणामृत कहकर पेश किया जा रहा है ? (कभी आप बनारस, पुरी के मंदिरों में गये हैं ?) या फिर गहराई में ऐसा तो नहीं है कि 'हाईजीन' की यह चेतना भी उन्होंने इसीलिए हमारे भीतर कूट-कूटकर भर दी है कि हम कभी अपने देवता की तरफ झाँकने की बात ही न सोचें ? विकल्प समझ में नहीं आता . . कितना आसान है निर्मल वर्मा के लिए अब तक का सारा बौद्धिक द्वंद्व और संघर्ष विसर्जित करके भारतीय जनता पार्टी द्वारा प्रस्तावित (परोसित ?) 'भारतीय संस्कृति' की गोद में कूदकर आत्मा की शांति उपलब्ध कर लेना या अंततः अरबिंदो, कृष्णमूर्ति और रजनीश को अपना त्राता स्वीकार कर लेना।

कहीं मैं पढ़ रहा था कि लातिनी-अमरीकी देशों ने किस तरह 'इस तुमुल कोलाहल, कलह' के बीच अपने निजी मुहावरे और रचनात्मकता के नये क्षेत्रों का अनुसंधान आविष्कार किया है। उपनिवेशी शासकों ने सदियों अत्याचारों, शोषण और दमन द्वारा उनके सारे मूल्यवान को नष्ट-भ्रष्ट कर दिया और उन्हें पाशवीकरण की ऐसी प्रक्रिया में डाल दिया कि वहाँ से निकलना लगभग असंभव ही था। उनकी कलाओं में मूल निवासी घृणा और उपहास की मानसिकता के साथ रीछ-भालू, बंदर-कुत्तों के रूप में ही चित्रित होते थे। मगर देखते-देखते ही देसी लोगों की कलाओं में यही रीछ-कुत्ते, बंदर खूंखार, आक्रामक और दैत्याकार होकर उभरने-दहाड़ने लगे . . . कहने की जरूरत नहीं है कि फ्रांस-इटली या यूरोप की आतंककारी विश्वव्यापी, प्रयोगधर्मा, महानतम चित्रकला के सामने अगर कोई दूसरा उससे अधिक ऊर्जा और शक्ति से खड़ा हो पाया तो वह मैक्सिकन कला थी—सारे यूरोप को चुनौती देती, मौलिक और कद्दावर . . . सारी दुनिया को अपने प्रभाव-वृत्त में लेते हुए . . . जिस चेतना और यथार्थ को उपनिवेशवादियों ने तोड़-फोड़कर विकृत और विरूप कर दिया था, उसे ही अपने ढंग से इस्तेमाल करके खड़े हुए लातिनी कथाकार, कवि और चित्रकार . . . जैसे मेरे महलों-घरों को कोई आक्रमणकारी तोड़-फोड़ डाले और उसी ईंट-मलबे को मैं अपनी गुरिल्ला रणनीति के साथ उनके मुँह पर दे मारूँ .. उसी टूटे और विखंडित यथार्थ को उन्होंने बिल्कुल अलग देसी ढंग से इस्तेमाल करते हुए नया मुहावरा दिया है। हो सकता है प्रारंभ में वे लोग भी हमारी तरह विकास के उसी दुश्चक्र में फँस गये हों और यूरोप-अमरीका के दिग्गजों की मरियल नकलों, या कैरिकेचरों को ही महानतम प्रतिभाओं के रूप में स्वीकार करके गौरवान्वित होते रहे हों .. आज कम से कम कलाओं और साहित्य के क्षेत्र में तो वे उन खाँचों को तोड़ चुके हैं।

हो सकता है मैं गलत होऊँ, मगर न जाने क्यों मुझे भारतीय संगीत-नृत्य ही

ऐसे क्षेत्र लगते हैं जो परंपरा और लोक दोनों के संपर्क द्वारा आज तक बचे और विकसित ही नहीं हुए—अपनी एक निजी और अलग पहचान स्थापित कर सकने में भी सफल हुए हैं . . . वहाँ सचमुच अपनी देसी रचनात्मकता की झलक दिखाई देती है क्योंकि मूलतः रचनात्मक होना मुक्त (लिबरेटेड) होना है, ईमानदार—यानी स्व-भाव में होना है, तभी मौलिक होना है और यही मौलिकता नवोन्मेष परिणामतः आविष्कार की जननी है। हम जब तक इस प्रक्रिया को नहीं समझेंगे तब तक शायद न सच्चे अर्थों में रचनाशील होंगे न मौलिक . . . मौलिक और ऊँचे हमेशा दूसरे होंगे और हम उनके घुटनों तक ही पहुँचने के लिए अपने पंजों पर उचक-उचककर हलकान होते रहेंगे . . .

यह नयी मौलिकता आयेगी, टुकड़े-टुकड़े समेटकर बनाये गये अपने 'विजन' से, शुद्ध अपनी जीवन-स्थितियों और अस्तित्व के संघर्ष से आयेगा अपना और निजी मुहावरा, जो साहित्य के सारे मानदंड और सौंदर्यशास्त्र को अपने ढंग से बदलेगा।

इस सबके बावजूद जिन्होंने महत्वपूर्ण लिखा है, वे प्रणम्य हैं।

(*'मेरी तेरी उसकी बात'*, *हंस*, सितंबर 1991)

साहित्य की मेरी पहचान

कुछ सवाल हैं जो हमारे लिए हमेशा नये रहेंगे। हर युग उनकी अपनी परिभाषाएँ देगा और हर बार हमें लगेगा कि जिस विशिष्ट, अछूते और निहायत निजी ढंग से हम इन्हें देखते हैं, इनसे जूझते हैं या इनका जो रूप हमारे सामने खड़ा होता है वह सब पहले नहीं हुआ है। जन्म, मृत्यु, ईश्वर, जीवन, नियति, प्यार, संयोग, संस्कृति, कला, विद्रोह आदि ... यानी कुछ मूलभूत सवालों के स्वरूप को ही नहीं, उन सवालों के प्रति अपने रवैये को भी हम बार-बार समझते, सुधारते और बदलते जाते हैं। जब हम इनमें से कुछ के जवाब तलाश करने की जिद करते हैं तो निराकार, रहस्य, अध्यात्म के लोक में पहुँच जाते हैं, और परिणति मठों या सम्प्रदायों में होती है। कारणों की छानबीन करते हैं तो विज्ञान और दर्शन का जन्म होता है और जब इनके स्वरूप, प्रभाव और प्रक्रिया की दिशा अपनाते हैं तो संस्कृति, साहित्य की दुनिया में होते हैं।

जो समाज जितनी गहराई और लगन से इन सवालों से जूझते रहे हैं वे उसी अनुपात में सभ्यता, संस्कृति और साहित्य में बड़े या छोटे हुए हैं। लेकिन यह भी सच है कि इन सवालों के उत्तर खोजनेवालों ने जब-जब अपने आपको अन्तिम और आत्यन्तिक सत्य नाम के निहायत घपलेवाले अन्धे कुएँ में डाल दिया है तब-तब समझ और संवेदना के द्वार भी अन्तिम रूप से बन्द कर लिये हैं। तलाश का थककर चूर-चूर हो जाना ही अन्तिम सत्य की उपलब्धि घोषित किया जाता रहा है। थककर बैठ जाने की नियति को स्वीकार करना विरक्ति, वितृष्णा और वैराग्य जगाता है; इसे ही अन्तिम सत्य मानने की दृष्टि, सारी तलाश के व्यर्थ, निरर्थक, माया और 'एब्सर्ड' होने की अनुभूति देती है। यानी विश्व-विजय की सारी भागदौड़ दो गज़ जमीन पर जाकर दम तोड़ देती है। क्षोभ और खिन्नता से तब हम या तो झल्लाकर कहते हैं, जिन्दगी किसी बेवकूफ द्वारा बयान की गयी कहानी है, जिसमें तड़क-भड़क, शोर-शराबा तो बहुत है, सार बिल्कुल नहीं है; या फिर हताश होकर हाथ-पांव पटक देते हैं कि गमों, दुःखों और निराशाओं की इस कैद से नजात सिर्फ मौत में है।

हजारों सालों से देश और काल के पार, दार्शनिकों, अध्यात्मवादियों ने चाहे जितनी बाल की खाल निकाली हो, चाहें जो भी नतीजे निकाल रखे हों, हम हैं

कि अपनी जिन्दगी को अपने ही ढंग से जीते हैं, रोग-शोक, हर्ष-विषाद भोगते हैं, मरते और मारते हैं, या जीने के संघर्ष करते हैं। सारे बौद्धिक संस्कारों, प्रशिक्षण के बावजूद मुझे लगता है मूल रूप से हम शायद ही कभी किसी दूसरे से कुछ सीखते हों सिर्फ अपने अनुभवों का खण्डन या समर्थन करते हैं। वर्ना जिन्दगी का कौन-सा ऐसा मसला है जिस पर हजारों-लाखों लोगों ने ईमानदारी से कुछ न कुछ विचार नहीं किया ? फिर हम हर बार नये सिरे से क्यों उन पर सिर खपाते रहते हैं ? साहित्य और कला की ही ऐसी कौन-सी समस्या रह गयी है जिस पर भरपूर चिन्तन नहीं हुआ ? मुझे लगता है यह अजीब जगह है, जहाँ न एक, दूसरे को काट पाता है, न छोटा और बड़ा कर पाता है। एक की तलाश को दूसरा आगे ले गया हो, ऐसा भी प्रायः हुआ नहीं है। सबकी समानान्तर दौड़ है : धरती से आसमान की तरफ छोड़े गये हवाबाजों की तरह, जो जितना ऊंचा चला जाये। कॉसस्लर ने शायद इसीलिए इसे 'एरो इन द ब्लू' कहा था।

मुझे लगता है कि चाहे जितना पढ़ लें, चिन्तन-मनन कर लें या गुरुओं और उस्तादों से ज्ञान घोट लें, घुड़सवारी, तैराकी और गाड़ी चलाने की तरह साहित्य या कला को हम सिर्फ अपने ढंग पर ही हैंडिल कर पाते हैं। झिरियों और सूराखों से पाया हुआ सारा ज्ञान, एकान्त अंधेरों की नीली-पीली तस्वीरों का सांस रोक अनुभव, हैवलॉक ऐलिस, किन्से से लेकर वात्स्यायन और कोका के सारे निष्कर्ष, हथकण्डे, दाँव-पेंच और दोस्तों की सारी सलाहें, सब कुछ एक तरफ धरा रह जाता है और हमें अपनी नियति का सामना सिर्फ अपनी ही तरह करना होता है। हर व्यक्तिगत सम्बन्ध इतना जीवंत, निजी, निहायत अपना और अद्वितीय होता है कि उसे किसी भी दूसरे को तो आप तभी बता पायेंगे जब खुद अपने लिए भी साफ-साफ समझ पाये हों। उसका अधिकांश तो सिर्फ चेतना और अहसास के स्तर पर होता है, और जितना बोध या ज्ञान की पकड़ में आता है, वह सब भाषा का रूप पाते ही इतना सामान्य, साधारण और सार्वजनीन हो जाता है कि उसके बासीपने से आप खुद झुंझला उठते हैं : यह सब तो वह नहीं है जिसे आप अपने अस्तित्व के रेशे-रेशे में महसूस कर रहे हैं। कैसी मुसीबत है कि जिसे आप रूप, रस, गंध, स्वर, स्पर्श, सभी के माध्यम से एक उद्‌भास या विस्फोट की तरह महसूस कर रहे हैं उसे सिर्फ भाषा की इकलौती, इकहरी अभिव्यक्ति में बताया जाये, जो शब्दों की छोटी-छोटी बूंदों में बंटकर एक दिशा से दूसरी दिशा में बहती रहती है या ज्यादा सही कहें आगे से पीछे की ओर बहती है। जो कुछ आपके भीतर घटित हुआ है, वह सब क्या व्याकरण-सम्मत खण्डों में इस तरह बताया जा सकता है कि सामनेवाले तक भी ठीक उसी तरह पहुँच सकें ? विडम्बना यह है कि मेरे भीतर जो कुछ घटित हो रहा है उसका दावेदार भी मैं अकेला नहीं हूँ। वहाँ भी कई हैं, कम से कम तीन को तो मैं पहचानता ही हूँ। एक वह जो उस घटित का नायक था या जिसके साथ यह सब हुआ था, दूसरा

वह जो पास खड़ा महीन से महीन बात को देख और समझ रहा था और तीसरा वह जो आप तक उसे पहुँचाने के लिए भाषा या दूसरे औजारों से जूझ रहा है। इन तीनों में भी तो आपस में कोई ताल-मेल नहीं है : पहले दोनों मिलकर तीसरे की हमेशा लानत-मलामत करते रहते हैं। पहला दूसरे की भर्त्सना करता है कि जो कुछ हुआ है, वह वैसा नहीं है जैसा देखा या समझा गया है। जब तीसरे की बारी आती है तो दोनों उस पर चढ़ बैठते हैं कि जो कुछ हुआ था जैसा देखा-समझा गया है, वह सब तो बिल्कुल भी वैसा सम्प्रेषित नहीं हुआ है; कि असली स्थिति का दस प्रतिशत भी नहीं बताया जा रहा, कि उसका सारा 'विशिष्ट' सामान्य कर दिया जा रहा है; कि सब कुछ बेहद अधूरा, सपाट और जूठा या बासी है।

अगर बात उसी ट्रैजेडी, पराजय या हताशा पर खतम हो जाती तो सारा झगड़ा ही मिट जाता। भोक्ता और साक्षी मिलकर इस तीसरे की वह गत बनाते कि हारकर वह हाथ-पांव पटकना भी छोड़ देता; यही कहता कि जो कुछ नेपथ्य में हो रहा है उसे न तो मैं बता सकता हूँ न आपके भीतर जगा सकता हूँ। मैं मजबूर हूँ। और अब मौन से बढ़कर कोई भाषा नहीं है जो मुझे आप तक पहुँचा सके। आप कल्पना कीजिए कि एक कमरे में पन्द्रह-बीस लोग समाधि लगाये बैठे हैं, और मौन की भाषा में एक दूसरे से 'संवाद' कर रहे हैं। संवाद भी कहाँ, बैठे हैं और अपने भीतर के घटित के साक्षी हैं। परम तृप्ति से जुगाली करती भैंसों के बीच आपस में कोई 'मौन संवाद' होता है या नहीं, मुझे नहीं पता।

मगर मेरे भीतर का यह तीसरा इतनी जल्दी हार नहीं मानता : वह बहुत शातिर और समझदार है। वह अच्छी तरह जानता है कि आपके भीतर भी तो साक्षी और भोक्ता नाम के ये दो मौजूद हैं। क्यों न इन्हें ही छुआ और जगाया जाये? अगर किसी तरह उन तक पहुँचा जा सके तो ये जरूर अधूरी या सामान्य लगनेवाली बात को अपनी विशिष्ट या पूरी बात से जोड़ सकेंगे . . . । अपने को प्रभावशाली, बेधक और अप्रतिरोध्य बनाने के लिए इसके पास देश-विदेश में हजारों सालों से घिस-घिसकर पैने किए हुए असरदार हथियार हैं; यानी धारदार अभिव्यक्ति है, भीतर लड़ते हुए दो साथियों का दबाव बढ़ाती दस्तकें हैं . . . अभिव्यक्ति दूसरे को सम्बोधन है, अपने भीतर झांकने का आमंत्रण है। चाहे जैसे अंधेरों में मारी गयी चीख हो, वह किन्हीं देखे-अनदेखे, चेहरे-बेचेहरे, साकार-निराकार तक पहुँचने का सफल-असफल प्रयास ही है।

एक बार भीतर नेपथ्य में लड़ते उन दोनों को भी जरा गौर से देख लें जो इस तीसरे को धक्का देकर मंच पर आने को मजबूर करते हैं, मगर डोरियाँ अपने हाथ में रखते हैं और कहीं जरा-सी भी चूक को बर्दाश्त नहीं करते। वह इस तीसरे की शक्ति भी है और नियन्त्रण भी। जहाँ अपनी मनमानी से इसने अपने 'भीतरी संवाद' को तोड़ा कि यह अपने आप निष्प्राण हो जाता है। कब भीतर

संवाद टूट गया है, वह खुद और तेज दर्शक की निगाह फौरन ताड़ लेती है। कहाँ अभिव्यक्ति में प्राण और ऊर्जा है और कहाँ सिर्फ अभ्यास-लब्ध सक्रियता का आभास—इसे खुद अभिव्यक्ति ही सबसे अधिक उजागर और उद्‌घाटित करती है क्योंकि अभिव्यक्ति खुद जिन भीतरी दो का विस्तार 'एक्सटेंशन' है उनकी भी तो अपनी शर्तें हैं। मुझमें जो कुछ घटित हो रहा है उसका मैं साक्षी तो हूँ, मगर मैं उतना तटस्थ और निर्विकार नहीं हूँ जैसे गवाह होते हैं। साक्षी हो सकने की यह निगाह मुझे बाहर से मिली है; अपने आपको देखना-मात्र, दूसरे की निगाह से देखना है, अन्य होकर देखना है; यानी साक्षी होने की चेतना अपने भीतर औरों की उपस्थिति की स्वीकृति है – समाज की आँख है। यह आँख सिर्फ देखती ही नहीं है, अपने नैतिक निर्णय भी देती है, हमें कुचलती और छूटें भी देती है। अगर रचनाकार होना अपने भीतर भोक्ता और द्रष्टा दोनों को साथ पाना है तो इस सचाई से कहीं कोई छुटकारा नहीं है कि यह द्रष्टा—या यह आँख मैं खुद नहीं, कोई और है और यह 'कोई और' समाज या सामाजिक संस्कार है। मुझे अजीब लगता है ज़ब रजनीश कहते हैं कि मानसिक शान्ति और विकारों के शमन के लिए अपने को खुद देखनेवाली आँख बहुत जरूरी है। यानी अपने भीतर इस साक्षी भाव को पाना ही योगी होना है। यहीं वे दहलीज पर खड़े इस तीसरे को बिल्कुल भूल गये हैं जो मुझे समाज तक पहुँचाता ही नहीं, इस आँख के बहाने समाज को भी निरन्तर मेरे भीतर उंडेल रहा है। और भोक्ता क्या इतना कमजोर है कि द्रष्टा की इस आँख के सामने दुम दबाये कुत्ते की तरह बैठा रहेगा ? चुपचाप अपने को यों देखा जाने देता रहेगा ? उलटकर झपट्टा मारकर वह इस द्रष्टा को मजबूर करता है कि अपनी सही-गलत की निगाहों को बदले, नैतिक निर्णयों में संशोधन-परिवर्धन करे। अगर वह द्रष्टा के मूल्यबोध को बदल नहीं पाता तो खुद भोक्ता होने की स्थिति से इनकार कर देता है, या मर जाता है। योग की भाषा में, इस साक्षी की निगाह में मेरे अपने 'मैं' के मर जाने को ही आध्यात्मिक शान्ति और विकारों का शमन कहते हों तो मुझे कुछ नहीं कहना।

रचना इसी अर्थ में योग से आगे की स्थिति है कि वह भीतरी द्वन्द्व और तनाव को जीवित रखते हुए अभिव्यक्ति में अपनी सार्थकता पाती है। मौन के शून्य में ही छीज नहीं जाती। मेरे भीतर का साक्षी मुझे अपने आपको दूसरों की निगाह से और दूसरों को मेरी अपनी निगाह से देखने की दृष्टि देता है। वह एक साथ और संवाद की स्थिति में दूसरों को अपने भीतर और अपने को दूसरों के भीतर उपस्थित पाता है। रचना 'सिम्पैथी' और 'ऐम्पैथी' को जुड़वाँ बना देती है। वह प्यार की वह आत्मीय और घनिष्ठ अनुभूति है जो मुझे दूसरे के साथ और दूसरे को मेरे साथ एकाकार करती है, जो नैतिक-अनैतिक से ऊपर उठकर शुद्ध मानवीय धरातल पर स्पन्दित होती है . . .

यानी साहित्य हमेशा और बार-बार उन नैतिक मूल्यों पर उंगली रखता है जो

इस आत्मीय संवाद में कहीं भी आड़े आते हैं। नैतिक मान्यताओं के आधार पर समाज कुछ विधि-निषेधों को जिन्दा रखता है और उनके बोझ के नीचे खुद मर जाता है। सुरक्षा के नाम पर लाये गये ये राक्षस (बॉडीगार्ड्स) सबसे पहले उन्हें ही मारते हैं जो अपनी सुरक्षा के लिए इन्हें लाये थे। मलबे के नीचे दबे इन टूटे-फूटे मनुष्यों को अगर साहित्य ही नहीं निकालेगा तो कौन इसका पुरसा हाल होगा ? साहित्य कभी भी सामाजिक मूल्यों के समर्थन में मनुष्य को अनदेखा नहीं करता। बल्कि मनुष्य का पक्षधर होकर वह सामाजिक मान्यताओं या मूल्यों का विरोध करता, व उन्हें बनाये रखनेवालों को एक्सपोज करता है। अगर ऐसा न होता तो क्यों वेश्याएँ, अपराधी, शोषित, दलित, अ-सामाजिक यानी समाज की नैतिक परिधियों से बाहर फेंके गये लोग ही रचनाकार की संवेदना के एकमात्र वारिस होते ? चूँकि वह मानवीय नैतिकता या मनुष्य की नियति से प्रतिबद्ध है, इसलिए यथास्थिति, और उसे कायम रखनेवाली शक्तियों के लिए विद्रोही है। रचना-मात्र प्राकृतिक नियमों या ईश्वरीय-विधान से विद्रोह करना है। मानवीय तर्क-वितर्क, युक्ति-संगति से परे प्रकृति सिर्फ होती है, आप उसे या तो अपने ढंग और तर्क से समझ सकते हैं, परिभाषित कर सकते हैं या उसका उपयोग कर सकते हैं। इधर रचना सिर्फ होती ही नहीं, अभिव्यक्ति और सम्प्रेषणीयता में होने की सार्थकता भी वहन करती है। क्यों और कहाँ तक के प्रश्नों को भी झेलती है।

कभी-कभी मैं अपने से पूछता हूँ कि मान लीजिए दुनिया में कहीं कोई साहित्य न होता तो हमें कहाँ, क्या परेशानी थी ? क्यों हम पोथे-पर-पोथे अपने ऊपर लादे चले जा रहे हैं ? तभी जवाब आता है कि तब शायद हम सिर्फ 'होते' नदी, पहाड़, पेड़ की तरह। हम क्यों हैं ? कहाँ तक हैं और इस सबका क्या कोई अर्थ है, जैसे सवालों के बिना अपनी स्थिति को समझने या नियति को बदलने की बात भी कहाँ उठती ? किसी के भी सुख-दुख से जुड़ते ही क्यों ? साहित्य का जन्म तो उसी दिन हो गया था, जब किसी एक ने दूसरे से निश्छल आत्मीयता में अपनी बात कही थी, सुख-दुःख बाँटा था या दूसरे को गवाह बनाकर अपने को खोला था। दूसरे के लिए महसूस करना, हिस्सेदार होना भी है। सुख की हिस्सेदारी हो सकता है, उस क्षण के साथ ही समाप्त हो जाये, दुःख-यातना-पीड़ा की हिस्सेदारी हमें दूसरों के साथ गहरी परतों में लम्बे समय तक जोड़ती है। यातना की यह हिस्सेदारी और स्वानुभूति न होती तो हम अपने और दूसरों को कहाँ गलत और सही कहते ? यह नैतिक बोध सामाजिक बोध से अलग है। दूसरे के साथ जुड़कर, उसकी नियति में हिस्सेदार होने के माध्यम से ही हम अपनी व्यक्तिगत सीमाओं को अतिक्रमित करते हैं। जिस दिन मैंने दूसरे को प्यार किया था, उसके सुख-दुःख को अपने साथ जोड़ा था उसी दिन अपने को अतिक्रमित किया था—अपनी संवेदना को विस्तार दिया था। चाहे अपने को दूसरे के रूप में रखकर हो, या दूसरे को अपने रूप में देखकर, संसार का सारा साहित्य

अपनी व्यक्तिगत सीमाओं का अतिक्रमण है। अतिक्रमण की यह क्षमता अगर मेरे अस्तित्व की मौलिक शर्त न होती तो क्यों मैं सीता और शकुन्तला के दुःख से विगलित होता, क्यों हीर और राँझा के आँसू मुझे छूते और क्यों अन्ना या बोवेरी की तकलीफ मेरी अपनी पीड़ा बनती ? यह पीड़ा और यातना ही तो मुझे देश और काल फलाँगकर अपने साथ एकाकार करती है। कोई फर्क नहीं पड़ता, अगर मैं यह महीन विभाजन न कर सकूँ कि हैमलेट के अन्तर्द्वन्द्व में ही वह शक्ति और वे तत्त्व थे जिन्होंने मुझे व्यक्तिगत कैद से निकालकर अपने साथ तदाकार किया, या वह मेरी अपनी पीड़ा थी जो हैमलेट के माध्यम से व्यक्त होने लगी थी। मैं दूसरों के बहाने कहूँ या दूसरों में अपने आपको पाऊँ, बात तो वही है कि मैं अपने को फलाँग सकने के लिए मजबूर हूँ।

खुद अपना साक्षी होना, जहाँ मुझे दूसरों को अपनी और अपने को दूसरों की स्थिति में रख सकने की क्षमता देता है वहीं मुझे रोकता भी है कि दूसरों को सही और गलत, काले-सफेद के खानों में न बाँट दूँ। तब अपने निर्णयों का अन्तिम न्यायाधीश मैं नहीं होता—मुझे काले-सफेद के बीच हजारों रंग और छायाएँ नजर आने लगती हैं। काले-सफेद के खाने तो मुझे बने-बनाये मिले हैं, उन्हें हर बार जाँचने की निगाह मेरी अपनी है—सिर्फ अपने को अन्तिम कसौटी मानकर नहीं, दूसरों की यातना का साझीदार बनकर। थोड़ा का निर्लिप्त 'दूर-दर्शन' भले ही मेरी आत्मा को माँजता हो, या सबको मुक्त रखने की आँख देता हो, इस पीड़ा का सहभागी नहीं बनता। जानना, सहभागी होना है और इस प्रक्रिया में बदलते जाना है! साक्षी हुए बिना मैं खुद अपनी पीड़ा को समझ ही नहीं सकता—सिर्फ भोग सकता हूँ। साक्षी होते ही मेरी संवेदना अपनी सीमाएँ फैलाती है और मैं दूसरों की पीड़ा से जुड़ जाता हूँ और वह नहीं रहता जो इस प्रक्रिया से पहले था। मैं बदलता हूँ और इस बदलने को देखता हूँ, कहता हूँ। यह देखना और कहना ही कुछ मूल्यों का विरोध या उनकी स्वीकृति है। यह स्वीकृति और विरोध कहीं मौजूदा स्थिति की आलोचना भी है। एक क्रिया भी है। इस तरह सहभोक्ता होना कहीं सक्रिय होना है। सक्रियता, यथास्थिति को चैलेंज करना है, यानी एक खास धरातल पर संघर्ष और प्रयास को स्वीकार करना है। साहित्य में जहाँ दूसरों की पीड़ा मुझे छूती है, या मुझे अपने साथ जोड़ती है, वहाँ इस प्रयास और संघर्ष में भी अपने साथ शामिल कर लेती है। बिना संघर्ष के पीड़ा शायद संक्रमण ही नहीं कर पाती। होरी की पीड़ा जितनी संघर्ष में है उससे ज्यादा संघर्ष की मुखर अनुपस्थिति में भी है; वह हमारे भीतर संघर्ष के होने की जरूरत का अहसास कराती है। यथास्थिति के प्रति जागरूक होना ही संघर्ष में होना है।

लेकिन साहित्य यातना, यानी संघर्ष की चेतना हो सकती है, खुद संघर्ष नहीं है। वह यथास्थिति का विरोध, या उसके प्रति विद्रोह का भाव हो सकता है, खुद विद्रोह नहीं होता। मेरी जानकारी में साहित्य ने न कहीं यथास्थिति को बदला

है, न क्रान्ति की है। उसने सिर्फ विरोध और क्रान्ति की चेतना को धधकाया है। मुझे साहित्य हमेशा एक ऐसे हवाई हमले की तरह लगता है जो दुश्मन के प्रतिरोध और प्रत्याक्रमण के केन्द्रों को तोड़ता है, अपने पैराशूट और जासूस उतारता है, खुद कब्जा कहीं नहीं करता। कब्जा तो जमीन की फौजें करती हैं। साहित्य यथास्थिति में 'दरारें' और शंका पैदा करके उसे बदलनेवालों की विजय को आसान बनाता है। जो कुछ है, वह मनुष्य के हित में बदला जाना चाहिए की मानसिकता और जरूरत महसूस कराने से अधिक साहित्य की कोई सार्थकता नहीं है। वह मेरी या मुझ जैसों की आत्मा का इतिहास और भूगोल दोनों है, क्योंकि मेरी ही तो आत्मा है जहाँ देश और काल दोनों मिलते हैं।

वह निरन्तर साक्षी को भोक्ता में और भोक्ता को अभिव्यक्ति में बदलता रहता है। वह अनुभूति को अभिव्यक्ति में, अन्वेषण को सम्प्रेषण में, आस्वाद को संवाद में और होने को, बनने की दुतरफा दुहरी प्रक्रिया में ढालता रहता है। वह कभी अन्दर से बाहर की ओर जाता है, कभी बाहर से अन्दर की ओर। मूर्त को अमूर्त करता है और निराकार को आकार देता है।

इस द्वन्द्वात्मकता का भोक्ता, गवाह और अधिवक्ता होना क्या हमें निरन्तर समृद्ध या दृष्टि-सम्पन्न नहीं बनाता ?

(*'युगसाक्षी'*, जुलाई-सितम्बर, 1986)

कहाँ हो रहा होगा सूर्योदय ?

आज मैं फिर अपने आपको पाठकों, लेखकों और मित्रों के सामने खोलकर रखना चाहता हूँ—एक ईमानदार आत्मस्वीकृति की तरह और एक कन्फैशन के रूप में . . .

पता नहीं, आज मेरा जन्मदिन है भी या नहीं। सही तारीख नहीं मालूम। शायद किसी लेखक को नहीं मालूम होता कि उसका वास्तविक जन्म कब हुआ था। वह अपने आपको जिस दिन से अभिव्यक्त करना शुरू करता है, शायद वहीं से अपने होने की तिथि भी मान लेता है। मगर मेरे साथ विडंबना यह है कि अभी मैं अपने जन्म की पड़ताल ही कर रहा हूँ कि मेरी मृत्यु की घोषणाएं होने लगी हैं। पिछले दसियों वर्षों से इस आरोप को सह और सुन रहा हूँ कि मैं कुछ लिखता नहीं हूँ—कि मैं गत और चुका हुआ लेखक हूँ, कि 'हंस' को निकालने के पीछे अपनी अनुर्वरता के भीतरी 'सूखे' को छिपाने की कोशिश करता हूँ। हालांकि अनेक साक्षात्कारों और लेखों में मैंने इन आरोपों के जवाब दिये हैं, मगर आज स्वीकारोक्ति के भाव से कुछ बातें समझना और समझाना चाहता हूँ . . .

सच है कि मैं अपने आपको एक अंधी गली में पाता हूँ। आगे कुछ नहीं है और पीछे लौटना सिर्फ एक व्यर्थता-बोध को तिल-तिल कर जीना है। जो कुछ इसे सार्थक बना सकता था, वह था लिखे हुए पर विश्वास, लिखने में विश्वास। शायद तभी मन में यह संकल्प भी जागता कि जो कुछ करता रहा हूँ उसका कोई अर्थ है . . . भौतिक या आध्यात्मिक कोई उपयोगिता है। ईश्वर-विश्वासी लोगों की शिशु-आस्था मेरे मन में कौतूहल, विस्मय, सम्मान और तिरस्कार जगाती है। कैसे वे संशयों, प्रश्नों और तार्किकता से कतराकर आस्था के जड़-अभ्यास को जीते चले जाते हैं ? ईश्वर और जिंदगी की खंडित और समानांतर दुनियाएं किस तंत्र से बिना एक-दूसरे को छुए दो अलग धरातलों पर चलती रह पाती हैं ? मुझे लगता है कि ईश्वर में विश्वास उनके लिए वैसी ही दिनचर्या का अंग है जैसे ब्रश करना या नहाना—जिसका व्यतिक्रम बेचैनी और अपराध-बोध पैदा करता है—होने पर सब कुछ सही और अपनी जगह सुरक्षित महसूस होता है। वह एक ऐसा निजी कर्म है जो सामाजिक व्यवहार में कहीं प्रतिबिंबित नहीं होता। मेरे लिए ईश्वर में विश्वास और सामाजिक सरोकार लगभग एक हैं। लेकिन ये यथाकथित आस्तिक, अपने किए की सारी प्रेरणाएं और जिम्मेदारियां ईश्वर पर छोड़कर

मनुष्य और समाज-विरोधी होने की छूट या जस्टिफिकेशन तलाश कर लेते हैं। इनके भीतर अपने कर्मों की विषमता, असंगतियों और अन्याय को लेकर कोई 'गिल्ट', अपराध और पाप-भावना वह स्वरूप ले ही नहीं पाती जो सामाजिक कल्याण और नागरिकता की चेतना में ही निष्कृति पाती हो! यानी जहां वह सायास नहीं, सहजभाव से अपने पड़ोसी और साथी-मनुष्य को अपने से अलग, दूर और विरोधी के रूप में नहीं, स्वयं अपने विस्तार के रूप में देख सके ! अपने किए की सारी प्रेरणा और जिम्मेदारी वह ईश्वर नाम के निराकार-प्रत्यय को सौंपकर निरात्म भाव से मनुष्य और समाज-विरोधी बने रह सकते हैं।

अगर आस्था का न होकर सिर्फ, अभ्यास का प्रश्न हो तो मैं अपने को उन सौभाग्यशाली लेखकों में पाता हूँ जिन्हें पिछले चालीस सालों में पाठकों का भरपूर प्यार और विश्वास मिला है। या भारत जैसे देश में जिसकी पुस्तकें दसियों संस्करणों और लाखों की संख्या तक बिकी हैं। इतना लिखने पर यह अभ्यास तो है ही कि सोच और गढ़कर साल में एक-दो छोटे-मंझोले उपन्यास लिख डालूं—वे मुझे यश भी देंगे और पैसा भी—सबसे बड़ी बात कि पाठकों के बीच 'सक्रिय' बने रहने का प्रभाव बनेगा ! और अगर मैं ऐसा नहीं कर पाता तो मुझे मान लेना चाहिए कि अवरोध बाहर नहीं, मेरे अपने भीतर और मानसिक हैं ! और आज मैं उन्हीं की पड़ताल करना चाहता हूँ।

मैं इस अहसास और आतंक से मुक्त नहीं हो पाता कि हम एक घोर रचना-विरोधी माहौल में रह रहे हैं। देश के निर्माताओं और संचालकों ने हमारी उत्पादन-वृत्ति को कुचला है, आयात और उधार को बढ़ावा दिया है। अन्वेषण और विश्लेषण के नाम पर आंकड़े और अनुसंधान या आविष्कार के नाम पर नकल हमारे 'मॉडल' हैं। हम अनुवाद और प्रतिलिपियों में जीने के अभ्यस्त हो गये हैं। जो कुछ करते हैं उसकी मूल प्रति पहले से कहीं रखी है। हमारा सारा कौशल उसे अपना ठप्पा लगाकर प्रस्तुत कर देने में है। अपने दबावों, अपनी स्थितियों और अपनी सामाजिक-प्रासंगिकता में जिसे हम अन्वेषित और विकसित कर सकें, वह हमारी प्राथमिकता में कहीं बहुत हाशिए पर है—चाहे वह वस्तु हो या विचार, उपकरण हो या कला . . . 'हमें अंतर्राष्ट्रीय प्रतियोगिता में खड़े होना है' के हौवे ने हमें शॉर्टकटों और विकास की असंतुलित विकृतियों में डाल दिया है। हम ऐसे दुश्चक्र में फंस गये हैं जहां न 'पिछड़े और द्वीपबद्ध' बने रह सकते हैं, न विकास की उनकी दौड़ में, उनकी शर्तों पर बराबरी कर सकते हैं। गलत चुनौतियों में पड़ जाने की निरंतर कचोट ने आत्मधिक्कार को हमारा राष्ट्रीय शगल बना दिया है। एक कर्मकाण्ड की तरह हम अपनी नैतिक गिरावट, टुच्चेपन और कमजोरियों पर 'जैनेरैलिटीज' में विलाप करते हैं और फिर उसी ढर्रे पर चलने लगते हैं। यह शायद व्यक्तिगत रूप से अपने को मुक्त करने और फिर उसी सब में लगे रहने का आध्यात्मिक इलाज है।

कैसा हौलनाक अंतर्विरोध है कि धमाकेदार पत्र-पत्रिकाओं की प्रसार-संख्या लाखों में हो और किताब हजार प्रतियां बिकने में भी पांच साल लें। यह शब्दों के विस्फोट और विचार के विलोप की त्रासदी है। पत्रिकाएं आज पैसेवालों का खेल हैं और उसी वर्ग के विज्ञापनों से चलती हैं। बड़े-बड़े तीसमारखां बुद्धिजीवी पत्रकारों की आज सिर्फ यह भूमिका रह गई है कि वे प्रभावी लोगों के वर्गहितों को ही राष्ट्रीय हित का रूप देकर परोसते रहें—ताकि राजनीति और सत्ता को अपने हिसाब से साधा जा सके। कागज की अंधाधुंध बढ़ती कीमतों ने किताब को सिर्फ सरकारी खरीद का माल बना दिया है। आज वह किसी भी पाठक की पहुंच और जिंदगी में कहीं नहीं है। सत्ता और व्यवस्था के खिलाफ खड़े होनेवाले विचार के लिए न किताब में जगह है, न प्रेस में। एक रचनाकार की तरह मुझे दो भयानक खतरों को एक साथ झेलना पड़ रहा है—एक ओर पत्रकारिता तो दूसरी तरफ दूरदर्शन . . . डर लगता है कि ये दोनों या तो मुझे निष्क्रिय पाठक और तटस्थ दर्शक में बदल डालेंगे या 'मांग-पूर्ति' का लेखक बना छोड़ेंगे . . . मेरे सामने विकल्प यही है कि या तो किराये का लेखक बनूं या सरकारी पुरस्कारों-सम्मानों का याचक . . .

मैं किसी भी तरह इस अपराध-बोध से मुक्त नहीं हो पाता कि आस-पास जो कुछ हो रहा है, उसमें न मेरी कोई भूमिका है, न हस्तक्षेप। अरण्य-रोदन की तरह आपस में ही हम रचनाकार की महानता के आश्वासन देते और निचोड़ते रहते हैं—पता नहीं किस अतीत से प्रेरणा लेते और किस भविष्य को निवेदित हो जाते हैं! क्योंकि पत्रकारिता और दूरदर्शन मेरी जिस आधारभूत मौलिक पूंजी को तिल-तिल कर खा रहे हैं वह है मेरी संवेदना। तूफानी सागर में संवेदना नाम के पतले तख्ते से चिपका मैं जिंदा बचे रहने की आशा को जी रहा हूँ और उसे ये दोनों मगरमच्छ निरंतर रेत रहे हैं—एक मेरी भाषा को लगातार निरर्थक और खोखला कर रहा है तो दूसरा मेरे अनुभव-बिंबों को। रचनात्मक भाषा अपनी अनेकार्थी अनुगूंजों और संदर्भों (एल्यूजन्स) में ही अपनी शक्ति और सार्थकता सिद्ध करती है—उधर पत्रकारी भाषा और ठोस तथ्यात्मकता इकहरेपन और सतही होने की प्रतिज्ञा से बंधी है। उसी तरह बिंब या इमेज मेरी स्मृति और कल्पना को उद्बुद्ध करते हैं—मगर फ्रेमों में बंधी दूरदर्शनी तस्वीरें, स्पंदनहीन ठस परछाइयों की संवादहीन प्रेत-दुनिया मेरे ऊपर उलट देती हैं! इस तरह एक ने मेरी भाषा छीन ली है तो दूसरे ने मेरे बिंब . . . क्योंकि दोनों पर सत्ता और संपत्ति का एकाधिकार है . . . कुछ भी लिखते हुए झूठा और नकली होने के दुहराव का दंश मुझे सालने लगता है।

मीडिया के इस विस्फोट ने मुझे जानकार जरूर बनाया है, समझदार नहीं। अपनी स्मृति और कल्पना को खोने के दौरान मैंने पाया कि मेरे पास कोई 'विजन' नहीं है। न कोई व्यक्तिगत सपना, न सामाजिक यूटोपिया। वह कौन-सी

रस्सी और कमंद है जो मुझे इस वर्तमान के अंधकूप से उजाले की तरफ़ खींचेगी ? कभी लगता है कि शायद वह ऊर्जा स्मृतियों और अनुभवों से ही मिले, शायद अपनी जड़ों को तलाश करने के दौरान ही मैं उस सपने को रूपाकार कर सकूं जो मेरा भविष्य बन सके . . . और मैं जड़ों की पड़ताल शुरू करता हूँ . . .

मेरी व्यक्तिगत जिंदगी मेरी सिर्फ अपनी नहीं है, वह बहुत-कुछ का मिश्रण है। जिस समय और समाज ने हमें बनाया है वहां न जाने कितने संस्कार, मिथक और वास्तविकताएं हैं। उस सबको समझने के लिए मेरा कथाकार अपने से पहले की पीढ़ी की तरफ दौड़ता है—वे श्रद्धेय व्यक्तित्व जो अपने जीवन का तीन-चौथाई गुलाम भारत में बिताकर हमें नये भारत में लाये। हो सकता है, उन्हें समझना ही मुझे व्यक्तिगत नास्टेल्जिया की आत्मग्रस्तता से निकालकर अपने श्रेष्ठ को देखने की अंतर्दृष्टि दे। सच बात तो यह है कि मोहभंग की तकलीफ से बचने के लिए मैं उन्हें निस्संग दृष्टि से देखता टालता रहा हूँ। जानता हूँ कि वे मूर्तियाँ इतनी कच्ची और भुरभुरी मिट्टी क्री बनी हैं कि छूते ही ढहने लगेंगी। वैसे भी उन बूढ़ों के मूल्य मुझे कौतुक, कौतूहल और श्रद्धा से अधिक क्या दे सकते हैं ? आनेवालों के लिए क्या उन्हें उसी रूप में झाड़पोंछ कर संग्रहणीय अलबमों की तरह सजाकर रख जाना है जैसे हमें मिले थे ?—यानी चित्र-विचित्र कपड़े, हेयर-स्टाइल, टोप, किसी अंग्रेज या देसी अफसर की बगल में परम गर्व से बैठे और संतोष से आसपास खड़े, सफल जीवन की तृप्ति जीते हुए लोग, कुर्सियां, गमले और पीछे झांकते बरांडे—सब कुछ कितना पराया, अजनबी और हास्यास्पद था। धुंधली होती चटखी हुई सीपिया तस्वीरें ... सामंतवादी अंतर्विरोधों और दुहरी मान्यताओं को एक ही सांस में जीना न इन्हें कहीं बेचैन करता था, न अवरुद्ध। ऊपरी आमदनी की सुविधाएं समेटते हुए वे सामंती विश्वासों की प्रतिज्ञाएं और घोषणाएं करते थे, क्योंकि न उन्होंने पुराने मूल्यों और विश्वासों को जांचा, न उन्हें लेकर कभी कोई प्रश्न किये—सिर्फ उन्हें धार्मिक भाव से स्वीकार किया। जो कुछ उन्होंने स्वयं अर्जित किया वह था पुराने के संवाहक होने का अहंकार। मुझे वे कथनी-करनी में बंटे, बेईमान और घूसखोर, गैर-बराबरी में विश्वास करनेवाले, दकियानूसी, नौकरों और स्त्रियों के प्रति हृदयहीन और वक्त-परस्त लगते हैं। ऊपरी सतहों या कुछ शहरों में चलनेवाले स्वतंत्रता संघर्ष में न उनकी कोई दिलचस्पी थी, न उन्हें चलानेवालों के भविष्य को लेकर कोई विश्वास। जर्मनी और जापान के छक्के छुड़ा देनेवाले अंग्रेजों के राज को वे धोतीछाप क्या खाकर हिलायेंगे—यह थी सामान्य धारणा पहले महायुद्ध के आसपास। औपनिवेशिक साम्राज्य के तानाशाही आतंक की छाया में जीने और उसी से प्रेरणा लेनेवाले वे लोग अपनी-अपनी जगह वैसे ही निरंकुश तानाशाह थे। उन्हें अस्वीकार करके या उनके चंगुलों से छूट और भागकर ही हमने नये युग को समझने और उसमें शिरकत करने क़ी शुरुआत की थी। उन बेचारों की सीमाओं को लेकर मेरे मन में

दया हो सकती है, श्रद्धा नहीं। और जहां आस्था न हो, वहां लिखने का क्या अर्थ है ?

जड़ों की तलाश इस तत्काल अतीत से हटकर मुझे राष्ट्र और समाज के अतीत की ओर ले जाती है, धर्म, संस्कृति और इतिहास की ओर. . .। जान बख्शी जाए, वहां मुझे कुछ भी ग्रहण करने लायक या अनुकरणीय नहीं लगता। एक बीते और पिछड़े समाज के मूल्य और विश्वास मेरे लिए अनावश्यक और अप्रासंगिक हैं। मैं उनका गुणगान कर सकता हूँ, उन पर चल नहीं सकता। खींचतान कर वहां की कुछ स्थितियों, पात्रों या विचारों का आधुनिकीकरण उतना ही बड़ा झूठ है जितना आज के मूल्यों और विश्वासों को वहां ले जाकर प्रत्यारोपित करना। दोनों युगों के साथ यह रचनात्मक विश्वासघात है। जो कल था वह आज असंभव है और जो आज है वह तब संभव ही नहीं था। वे लोग तब की स्थितियों की उपज थे, मैं आज की। मैं अपने प्रश्नों के समाधान के लिए वहां जाऊंगा तो यह सरलीकरण का पलायन होगा और अगर वे संस्कार या प्रेत बनकर यहां आयेंगे तो मेरी जिंदगी और दृष्टि को विखंडित या 'डिस्टॉर्ट' करेंगे। अतीत के पिछड़े मूल्यों को वर्तमान पर लाद देना भविष्य के दरवाजे बंद कर देना है। "वे भी कुछ-कुछ ऐसी स्थितियों और समस्याओं में जिए थे" के निष्क्रिय संतोष के अलावा वे इतिहास और पुराण-पुरुष मुझे देते क्या हैं ? लेकिन वहां से ये दोनों चीजों को लेते समय क्या मैं सचमुच पुराण और इतिहास के प्रति ईमानदार होता हूँ—उन्हें मनमाने ढंग से तोड़ता-मरोड़ता और गढ़ता नहीं हूँ ? फिर इतिहास और ऐतिहासिक प्रामाणिकता क्या है ? मुझे हमेशा इतिहास और पुराण ऐसे मक्कार सरकारी गवाह लगते हैं जिनसे जो चाहें सिद्ध कराया जा सकता है। वे हर जगह चश्मदीद हैं। घनघोर साम्प्रदायिकता से लेकर परम मानवीय उदारता के बीसियों प्रमाण और उदाहरण देकर दोनों पक्ष अपनी-अपनी बातें साबित कर सकते हैं। वे कानून की ऐसी जादुई किताब हैं जिनके उद्धरणों और व्याख्याओं से एक कुशल वकील मुझे हत्या के जुर्म से बरी करा सकता है तो दूसरा फांसी चढ़वा सकता है।

शायद इसीलिए कुछ विद्वान हमें समझाते रहे हैं कि भारतीय इतिहास मूलतः घटनाओं, व्यक्तियों और स्थितियां का नहीं, विचारों, मूल्यों और अवधारणाओं का इतिहास रहा है। अपनी इस अद्वितीयता पर मुझे गर्व हो सकता है, मगर मेरे अब तक के जाने-सुने को यह बात घोर अवैज्ञानिक लगती है। हर विचार और अवधारणा अपनी स्थितियों की उपज है, हां, यह बात दूसरी है कि एक बार अस्तित्व में आने पर वह स्वतंत्र और स्वायत्त तत्व की तरह स्वयं विकसित और पल्लवित होने लगता है और इस प्रक्रिया में अधिक से अधिक अमूर्त या तात्विक (मैटाफिजिकल) होता चला जाता है। वह ऐसे बांझ बादल की तरह है जो धरती के समानांतर चलता रहता है—न जिसकी छांह पर भरोसा किया जा सकता है न

बारिश की आशा! धरती को उससे कुछ लाभ मिलता हो या न मिलता हो, मगर कुछ होलटाइमर दार्शनिकों और सूक्ष्म चिंतकों के निराकार बौद्धिक अभ्यास का अखाड़ा वहां जरूर बना रहता है। भगवान बुद्ध ने भले ही मानवीय करुणा और कल्याण के एकमात्र उद्देश्य के लिए अपने धर्म का प्रवर्तन किया हो, मगर हजारों सालों से हमारे मनों में बौद्ध धर्म की तस्वीर सिर्फ इतनी है कि किसी दूर-दराज पहाड़ी घाटी में कुछ बौद्ध विहार हैं और वहां दल के दल भिक्षु लोग चौबीसों घंटे जीवन और मृत्यु के प्रश्नों से जूझते रहते हैं, अनेक जन्मों और लोकों के कुछ ऐसे रहस्य हैं जिन्हें लेकर ही हर समय माथापच्ची होती रहती है। अलौकिक आतंक का अजीब तिलिस्मी माहौल है। जीते और मरते करोड़ों लोगों से न उनका कोई सम्पर्क ही रह जाता है और न अपने ज्ञान की प्रामाणिकता जांचने वे वापस दुनिया में लौट पाते हैं। हिंदू धर्म तो इस आध्यात्मिक साधना में किसी संघ या सामूहिक-संवाद और विचार-विमर्श की भी जरूरत नहीं समझता—वहां तो हर चीज को नकारकर व्यक्तिगत साधना और निजी मोक्ष ही एकमात्र लक्ष्य है।

यहां एक बार मैं अपने मन को समझाने की कोशिश करता हूँ कि ठीक है, न मैं अतीत को अपना वर्तमान और भविष्य बना सकता हूँ और न वे बीते हुए नायक और हीरो मेरे आदर्श हो सकते हैं—वे वही रहें और मेरे विस्मय, श्रद्धा और सम्मान को उकसाते रहें . . . "मगर सब मिलाकर भारतीय संस्कृति और विचार में ऐसा जरूर कुछ न कुछ होना चाहिए जो आज मेरे लिए दिशा-दर्शक हो, प्रासंगिक और ग्रहण करने लायक हो . . . जिसे अपनाकर मैं आज नये जीवन और समाज की आधार-शिला रख सकूं . . . और तब मुझे बताया जाता है सेवा, त्याग, समर्पण और बलिदान ही वे उच्चतम सांस्कृतिक मूल्य हैं जो नये और शांतिपूर्ण समाज के निर्माण में सहायक होंगे . . . समर्पण, सेवा, त्याग और बलिदान ही वे उदात्त नैतिक मूल्य हैं जिन्हें भारत गर्वपूर्वक विश्वकल्याण के लिए प्रस्तुत कर सकता है।"

और यहां मेरा मन दूसरे सवालों से बेचैन होने लगता है। वैसे तो हर नया युग पुराने को लेकर सवाल उठाता रहा है कि कैसे वे लोग किसी अन्याय या अत्याचार को चुपचाप बर्दाश्त करते रहे। मुझे सबसे अधिक आश्चर्य दो बातों को लेकर होता है—यूनानी दर्शन और कला चिंतन आज सर्वश्रेष्ठ मानवीय उपलब्धि के रूप में स्वीकृत है, मगर कैसे होंगे वे लोग कि जब हजारों गुलाम सूलियों पर तड़पते, चीखते दम तोड़ते रहते होंगे, कांटेदार कोड़ों से पीठें उधड़वाते, बड़े-बड़े पत्थर ढोते होंगे या निहत्थे शेर-भालुओं से लड़ते रहते होंगे और वे थे कि निर्द्वन्द्व भाव से हंसते, मजाक करते अपनी वाक्चातुरी दिखाते रहते थे, दर्शन और कला की बारीक समस्याएं सुलझाते रहते थे और कला-कृतियों पर निहाल होते थे। सुनते हैं, प्रसिद्ध दार्शनिक सिसेरो गुलामों का व्यापारी था और उनके प्रशिक्षण केंद्र चलाता था। माइकेल ऐंजिलो जिंदा गुलामों को सूली पर चढ़वा देता

था ताकि मृत्युपूर्व ईसा की पीड़ा का जीवंत साक्षात्कार कर सके . . . । इसी तरह जो दूसरी बात मेरी समझ में नहीं आती वह है अपने यहां के सामंतों का व्यवहार . . . जब बेगार न करने पर, लगान न देने पर या किसी और हुक्म-उदूली और गुस्ताखी पर लठैत गरीब रियाया की हड्डी-पसलियां तोड़ रहे हों, बाहर खुले में लाइन के लाइन लोग, मुर्गा बने जूते खा रहे हों, या उलटे लटकाकर जब कुछ लोगों को जलती मिर्च की धूनियां दी जा रही हों, बाप के सामने पत्नी-बेटी पर बलात्कार किए जा रहे हों या उनके मुंहों में पेशाब-पाखाना भरा जा रहा हो तो उस सबसे आंखें मूंदे कैसे आप भगवान के कीर्तन पर आठ-आठ आंसू रोते रह सकते हैं—कैसे संगीत के ताल-सुर की बारीकियों पर रीझकर लहालोट हो सकते हैं, कैसे कला और दर्शन की सूक्ष्मताओं में अपनी साधनाएं चलाए रख सकते हैं . . . ? नहीं, भारतीय संस्कृति के जिन शाश्वत मूल्यों को हम झंडे की तरह उठाए आज अपने विजयरथ हांक रहे हैं— वे उतने निर्दोष और उदात्त नहीं हैं। वे दो बराबरी के व्यक्तियों की आपसी 'अंडरस्टेंडिंग' और प्यार या समझदारी से अस्तित्व में आए मूल्य नहीं हैं। मुझे इनके पीछे हजारों-लाखों लोगों की बेबस चीखें, तड़पती कराहें, बलात्कार और नृशंस हत्याओं से टपकते खून की झालरें दिखाई देती हैं। सेवा, त्याग और बलिदान के नाम पर हमने हजारों सालों से करोड़ों लोगों को सिर्फ अपनी सेवा में लगाए रखा है, उनकी गर्दनों पर पांव रखकर अपने लिए त्याग और बलिदान कराए हैं, उन्हें अपने अहंकार की आग में झोंका है और उन्हें अपने प्रति समर्पित रखने और गुलाम बनाए रखने के शास्त्र और शस्त्र गढ़े हैं। करोड़ों औरतों और हरिजनों या दलितों को सिर्फ इसलिए मारा, जलाया या पशु का जीवन जीने को मजबूर किया है कि अपने होने में उनका अपना चुनाव नहीं था। वे ऐसी देह लेकर जन्मे थे जो खुद उन्होंने अपनी इच्छा से नहीं चुनी थी। हमने उनकी रग-रग में ठूंस-ठूंसकर भरा है कि यही उनके कर्मों का फल है और यही उनका प्रारब्ध है कि उनकी जिंदगी की सारी सार्थकता, सफलता और मुक्ति सिर्फ हमारी सेवा में, हमारे लिए सब कुछ का त्याग करने में और बेशर्त वफादारी या नमक-अदायगी में है। स्वर्ग का लोभ और भय दिखाकर हमने उनसे उनके वर्तमान का बलिदान कराया है . . . कितना खूंखार, बर्बर और नृशंस है कि कुछ लोगों का जीवन सिर्फ हमारी इच्छा-अनिच्छा पर हो और वे अपने जीने और मरने की चरम सार्थकता हमारी सेवा और खुशी में ही स्वीकार करने के संस्कार बना लें—इसी में परम संतोष और कर्तव्य-पालन की उदात्त तृप्ति प्राप्त करें. . . उन्हें शिकायत न हो, इसलिए त्याग, बलिदान और सेवा के ये मूल्य हमने अपने लिए भगवान के आगे समर्पित होने में स्वीकार किए . . . ताकि उसका नाम लेकर बाकी को इनका पालन करने को मजबूर किया जा सके . . . अपने हर तरह के अत्याचारों, नृशंसताओं और क्रूर शोषण के जस्टिफिकेशन के लिए ही नहीं बल्कि उससे पैदा

होनेवाली मानसिक अशांति के शमन और प्रायश्चित दोनों के लिए जो भगवान की शरण में जाते रहे—उनके मूल्य आज की दुनिया के आदर्श कैसे हो सकते हैं ?

कहा जा सकता है कि चलिए, ऐसा ही सही। मगर अब वे सारी सामंतवादी व्यवस्थाएं बदल रही हैं, लोकतंत्र का जमाना आ रहा है—उस सारे आंधी-तूफान के बाद मनुष्य ने जो कुछ श्रेष्ठ और महान बचाकर रखा है वही अगले समाज को बनाने का आधार बनेगा . . . किसी भी चीज का सिर्फ काला पक्ष ही नहीं होता, उजला भी होता है। मगर मैं यहां एक दूसरी बात सोचने से अपने को रोक नहीं पाता। अभी साल-डेढ़ साल पहले अमेरिका की 'टाइम' पत्रिका में मैंने एक विवाद पढ़ा था। बहस डॉक्टरों के दो दलों के बीच थी। नाजियों ने जब 'अन्तिम समाधान' के रूप में लाखों यहूदियों को गैस-चेंबरों में मारना शुरू किया तो कुछ नाजी डॉक्टरों को सूझा कि क्यों न इनमें से कुछ को अपने मतलब के लिए चुनकर उन पर चिकित्साशास्त्र और विज्ञान के परीक्षण और प्रयोग किए जाएं। जिन्हें चुना गया था उन्हें तो मरना ही था, इसलिए बेहिचक उन पर प्राणघातक प्रयोग किए जा सकते थे, विभिन्न परीक्षणों के परिणामों को नोट किया जा सकता था। हजारों स्त्रियों-पुरुषों, वृद्ध-युवाओं पर ये प्रयोग किए गए। अब अमेरिकन डॉक्टरों के बीच बहस थी कि इन डॉक्टरी या वैज्ञानिक प्रयोगों के परिणामों को मानवीय मस्तिष्क की उपलब्धि मानकर अपने व्यवसाय और व्यवहार के लिए स्वीकार कर लिया जाए या इसमें मानवता, नैतिकता और प्रक्रिया की क्रूरता जैसे कुछ मूल्य शामिल हैं ? ठीक यही सवाल मुझे परेशान करता है कि सामंती व्यवस्था की अमानवीयताओं से छानकर निकाले गए इन त्याग, बलिदान, सेवा, समर्पण आदि महान मूल्यों को भारतीय संस्कृति की शाश्वत उपलब्धियों के रूप में देखा जाए या आज की स्थितियों के हिसाब से अपने मूल्य विकसित किए जाएं ?

फिर वही सवाल। आखिर मैं कहां जाऊं, क्या करूं ? न इतिहास मेरी मदद करता है न भूगोल ! राष्ट्रीयता और राष्ट्र मुझे झूठा और राजनैतिक तदर्थवादी नारा लगता है। कौन-सा राष्ट्र ? अशोक का, कनिष्क का, अकबर का या अंग्रेजों का ? अभी पचास साल पहले तक हम लोग लंका और बरमा तक को भारतीय नक्शे में बनाते थे और लाहौर या ढाका पर हुआ हमला हमें अपने राष्ट्र पर हमला लगता था—आज राष्ट्र की सीमाओं के सिकुड़ने के साथ राष्ट्रीयता भी उन्हीं सीमाओं पर आ टिकी है—कल पता नहीं हमारी राष्ट्रभावना के उद्वेलन के लिए कितनी जमीन बची रह जाए ! इस सिकुड़ती-फैलती राष्ट्रीयता का अहंकार मेरी मानसिक दुनिया का सहारा कैसे हो सकता है जो हमेशा विस्तार के लिए कसमसाती रहती है ? अपने ही भीतर इतिहास और भूगोल को आपस में लड़ते देखकर मैं कैसे अपने अंतर्ध्वंस से मुक्ति पा सकता हूं ?

चलिए न सही अतीत . . . अपने वर्तमान को भविष्य में ढालने का अभी तक हमारे पास एक दर्शन, स्वप्न या 'विजन' था और हम उस समाज के लिए

लड़ रहे थे, श्रम का शोषण, वर्गों की विषमता और असमान वितरण को सर्वहारा क्रांति से हल करने की कोशिश कर रहे थे। दुनिया का कौन-सा बुद्धिजीवी, रचनाकार था जो इस सपने से आंदोलित नहीं था ? मगर धीरे-धीरे हमारे देखते-देखते वे सारे स्वप्नमहल ढहने लगे ! लोहे, बांस और पत्थरों की दीवारें टूटने लगीं। चारों तरफ से शोर उठने लगा कि मार्क्सवाद फेल हो गया—पूंजीवाद ने उसे पराजित कर दिया। सब कुछ सब तरफ घटित हो रहा था और हम लोग गले नहीं उतार पा रहे थे। कैसे हो सकता है मार्क्सवाद फेल ? वह जो अब तक का सबसे वैज्ञानिक दर्शन था, जिसने सौ साल में ही सारे मानव इतिहास को बदल डाला था, बीसवीं सदी का वह केंद्रीय दर्शन जिसने सारी दुनिया को पक्षधर और विरोधी दो खेमों में बांट डाला था—फेल कैसे हो सकता है ? जरूर कहीं न कहीं कोई गलती है। उसके क्रियान्वयन में कहां क्या चूक हुई है कि इतिहास का चक्र उलटा चलने लगा है। क्योंकि आज भी मैं मानता हूँ कि जब तक 'शोषण' शब्द, कोश में मौजूद है, मार्क्सवाद मर नहीं सकता। द्वंद्वात्मक भौतिकवाद के सिवा वह कौन-सी दृष्टि है जो इतिहास, समाज, सत्ता और परिवर्तन को इतने वैज्ञानिक ढंग से समझने के सूत्र देती है ? अकेले इस दर्शन के सिवा तीसरी दुनिया के पास ऐसे कौन-से एटमबम हैं जिनके सहारे वह अपने सामंतवादी औपनिवेशिक अतीत और पूंजीवादी हमलों से लड़ सकें ? क्या आज सारी दुनिया के मुक्ति-संघर्ष इसी एक हथियार से नहीं लड़े जा रहे ?

मगर कौन लोग हैं जो इस संघर्ष को जारी रखेंगे ? कहते हैं सारी वैचारिक क्रांतियां, स्वतंत्रता समता-बन्धुत्व की सारी घोषणाएं मध्यवर्ग के दिमागों में सबसे पहले जन्म लेती हैं क्योंकि अपनी त्रिशंकु स्थिति के बावजूद यही वह वर्ग है जो सोचता-समझता और सपने पालता है, दिशा देता है। फिर हमारे देश का मध्यवर्ग न इतना कमजोर है, न छोटा . . . । पिछले सौ साल से हम सभी इसी वर्ग से आते रहे हैं और आशा की इसी किरण के लिए जब इधर देखता हूँ तो तस्वीर और धुंधली हो जाती है। एक अजीब चूहा-दौड़ है नीचे से ऊपर और ऊपर से विदेश जाने की। पढ़े-लिखे मध्यवर्ग का शायद ही कोई घर हो जहां से कोई-न-कोई योरुप-अमेरिका में जाकर न बस गया हो। दो-एक सालों में उनमें से कुछ थोड़े समय के लिए लौटते हैं और देश की दुर्व्यवस्था और दयनीय अवस्था पर आंसू बहाकर लौट जाते हैं। क्या इस सबके लिए हम खुद जिम्मेदार नहीं हैं? हममें से अधिकांश ने आर्थिक विपन्नताओं से अपने जीवन की शुरुआतें की थीं—ट्यूशनें पढ़ाईं, पार्ट टाइम काम किए और समाज को बदलने के धुंधले-साफ सपनों के बीच अपनी शिक्षाएं पूरी कीं। हम देश और समाज का नक्शा बदलना चाहते थे, मगर शीघ्र ही एक सुविधाभोगी दुश्चक्र में फंस गए। हमारी सबसे बड़ी चिंताएं यही थीं कि हमारे बच्चों को वे कठिनाइयां और अभाव न झेलने पड़ें जो हमने भोगे थे, जहां एक साइकिल और पंखे के लिए महीनों प्रतीक्षा और कोशिशें

करनी पड़ती थीं और घर में रेडियो आना एक उत्सव होता था। बच्चों की संख्या कम करके हम उन्हें अच्छी से अच्छी शिक्षा और सुविधाएं देना चाहते थे और हमने उनकी हर इच्छा पूरी की, महंगे-से-महंगे स्कूलों में पढ़ाया—जो और जैसा उन्होंने चाहा, वह हमने उन्हें दिया। हमारे मुकाबले उनकी जिंदगी लाख दर्जे संपन्न और सुविधाजनक थी। मगर यहीं हमने उन्हें वह जहर भी दे दिया जिसका परिणाम आज घर-घर में भुगतना पड़ रहा है । सुविधाएं और संरक्षण के नाम पर हमने उनकी जिंदगी का सारा संघर्ष छीन लिया, सारा 'इनिशियेटिव' सोख लिया। आदमी संघर्षों से ही अपने मूल्य विकसित करता है और हमने नयी पीढ़ी से उसकी संघर्ष-क्षमता लेकर उनकी मूल्य-चेतना ही समाप्त कर दी। नतीजे में उनके पास रह गया सिर्फ 'लेना'—जो कुछ उन्हें दिया जा रहा है वह कहां से और किस तरह आ रहा है यह उनकी चिंता का विषय ही नहीं रहा। घूस, चोर-बाजारी, स्मगलिंग से लाई गई सुविधाएं उन्हें मिल रही हैं तो भी कोई मुजायका नहीं ! एक छिन्नमूल संस्कृति में पली यह सुविधाभोगी मूल्यहीन पीढ़ी क्यों किसी राष्ट्रीयता के बारे में सोचेगी, क्यों सामाजिक विषमताओं और गरीब-अमीर की दूरियों को अपनी चिंता का विषय बनाएगी ? क्यों किसी ऐसे सपने को पालेगी या समर्थन देगी जो शोषण समाप्त करने की बात करता हो ? हम भले ही उसे राष्ट्र-द्रोह, समाज-द्रोह और मानव-द्रोह कहते रहें—उनके लिए तो वह अपार सुविधाओं की मूल्यहीन-निरंकुश जीवन-प्रणाली है ? यहां हत्याएं, मारकाट, ड्रग्स, दहेज, लूटमार, हिंसा और फिर विदेश पलायन सभी कुछ जायज है।

यह सही है कि स्थितियां आज इतनी सीधी और सरल नहीं रह गई हैं और हम इतिहास के उस दौर से गुजर रहे हैं जहां विकास की कोई दिशा साफ नहीं है, सिर्फ इतना साफ है कि हम किसी एक दिशा की ओर चल रहे हैं। ऐसे में न अपने व्यक्तिगत अंतर्लोकों में घुसते बनता है, न बाहर आकर किसी एक पक्ष में शामिल हो जाना ! रही-सही कसर अब इस मंडल रिपोर्ट ने और इसे लेकर होनेवाले हिंसात्मक विस्फोटों ने, आत्महंता सन्निपात ने पूरी कर दी। हमारी सारी वैचारिक और आध्यात्मिक महानता कितनी झूठी, नकली और हवाई है, इसका जैसा पर्दाफाश इन दिनों हुआ है वह हर पक्ष की आंखें खोल देने को काफी है। दीन-दुखी-दरिद्रों के पक्ष में गीत गानेवाली हमारी सारी सोच, सारा साहित्य, सारी बौद्धिक उपलब्धियां यों एक दिन में धराशायी हो जायेंगी, सारे गरिमामय मुखौटे उतारकर ऐसा पैशाचिक अट्टहास करने लगेंगी, इसकी तो कल्पना भी नहीं थी ! हजारों साल से हम किन दीन-दुखी-दरिद्रों की बातें करते रहे हैं, किन्हें 'नारायण' कह-कहकर उनकी प्रशस्तियां गाते रहे हैं ? एक दिन जब अपनी एकच्छत्र मिल्कियत में हिस्सा बंटाने की मांग उठी तो सारे देवता अपनी सारी उदारता, महानता चूल्हे में डालकर दानवों की तरह उठ खड़े हुए कि हम सब कुछ को

जला फूंक डालेंगे, तुम्हें नहीं देंगे। या देंगे सिर्फ उतना ही जितने से हमारे स्वार्थों पर जर्ब न आए। अपने हितों पर आंच आते ही प्रभु वर्ग किस तरह सारे समाज को अपने प्रेत-नृत्य से खून की होली खिलवा सकता है, यह आज हम अपनी आंखों से देख रहे हैं। अपने स्वार्थों और हितों में बंटवारे का जो भी दिन निश्चित किया जाएगा उसी दिन सारा मीडिया और 'एलीट वर्ग' इसी तरह लंकादहन करेगा। अब अगर मार्क्स कहता है कि वर्ग-हित ही सबसे ऊपर होते हैं और उन्हें सुरक्षित रखकर किए गए वर्ग-समन्वय ज्यादा नहीं चलते या समाज की इस जड़ता या 'स्टेट्स्को' (यथास्थिति) को वर्ग-संघर्ष ही तोड़कर ऐतिहासिक शक्तियों को मुक्त करता है तो कहां गलत है मार्क्स ! वर्ग-हितों पर चोट आते ही किस तरह सारी संस्कृति, सारा लिखा-पढ़ा, सोचा गया एक दिन में व्यर्थ हो जाता है, यह प्रत्याशित भी है, अप्रत्याशित भी।

अब क्या कोई भी ईमानदार रचनाकार गरीबों, दरिद्रों, शोषितों और वंचितों या प्रवंचितों की कहानियां-उपन्यास-कविताएं लिखते हुए उतना ही निर्भ्रान्त, द्वंद्वहीन और आश्वस्त हो पाएगा ? उसके दिमाग में एक पल को भी नहीं आएगा कि इन सबके साथ सहानुभूति, हमदर्दी और बौद्धिक पक्षधरता अपनी जगह है, मगर जिस दिन सचमुच उनको हक देने का सवाल आएगा तो क्या वह अपने वर्ग-संस्कारों और वर्गहितों से ऊपर उठकर उनके साथ खड़ा हो पाएगा ? क्या उस दिन भी वह आज की तरह देने के मौजूं अवसर, वैधानिक और संवैधानिक तकनीकों और देने के तरीकों यानी 'मैथॉडॉलोजी' के बारीक-जटिल वाग्जाल में उस क्षण को नहीं टालेगा ? या जिस दिन किसी रामावतार और अपने ही वर्ग या रिश्ते के किसी खन्ना में से एक को चुनने या दोनों को बराबर सम्मान देने की मजबूरी होगी। उस दिन कहां खड़े होंगे 'परिशिष्ट' के लेखक गिरिराज किशोर ? क्या एक झटके में ही हमने मीरा, सूर, तुलसी, कबीर, निराला, प्रेमचंद को कूड़े में नहीं फेंक दिया ? बौद्धिक सहानुभूति और भावुक उच्छ्वास में लिखा जानेवाला यह सारा 'गांधीवादी साहित्य' क्या एक दिन उसी तरह हाशिए पर नहीं चला जाएगा जिस तरह क्रुद्ध नीग्रो लेखकों के साहित्य में आ जाने पर, कालों की हमदर्दी में लिखा गया सारा सफेद साहित्य ? या मराठी में दलित-साहित्य से पहले का कुलीन-साहित्य ! हमने अभी-अभी इसी तरह नारियों के उद्धार और कल्याण को लेकर लिखे जानेवाले हिंदी साहित्य को हाशिए पर जाते देखा है ! एक-से-एक प्यारी, विलक्षण, अद्‌भुत किस्म के नारी-पात्रों की सृष्टि करनेवाले वे कथाकार आज कहां हैं ? इसीलिए तो वे नेपथ्य में चले गए हैं न, कि नारी कथाकार खुद अपनी बात अपने ढंग और तेवर से कहना चाहती हैं ? कृष्णा सोबती से लेकर मृदुला गर्ग और गीतांजलिश्री की कथा-नारियों के मुकाबले कहां खड़ी होंगी इलाचंद्र जोशी, अज्ञेय, नरेश मेहता और भगवतीचरण वर्मा की स्वप्न-नारियां ? जब सिमॉन द बोउवा के नश्तर ने नारी का मिथ जीनेवाले पांच बड़े

लेखकों—(जिनमें स्ताण्ढाल और लॉरेन्स जैसे दिग्गज भी हैं)—की शल्य क्रिया की तो नारी विशेषज्ञ लेखक-वर्ग किस तरह कांप उठा था। कहीं ऐसा न हो कि दलितों-शोषितों को विह्वल-सहानुभूति देनेवालों के सिंहासन उस दिन हिल उठें जब ईमानदारी से उसी वर्ग के लेखक अपनी निगाह से अपनी तस्वीरें देने लगें. . .

किस अंधी गली में आ गया हूं मैं, जहां न भूत है, न भविष्य, जहां न इतिहास है न भूगोल—जहां सब कुछ अविश्वसनीय, अनिर्भरणीय और वायवी हो उठा है। सबसे बड़ी ट्रैजेडी तो यह है कि अस्तित्ववादियों की तरह मैं 'अभी और यहीं'--नाउ एंड हियर से भी इतनी शिद्दत और हताश भाव से नहीं बंधा कि अपनी आत्मा का मांस ही नोंच-नोंचकर खा सकूं . . . तर्कहीनता या 'एब्सर्डिटी' को ही शास्त्र बनाकर शस्त्र की तरह इस्तेमाल कर सकूं . . . अपनी झूठी आस्थाओं और स्वप्नों को छिलके की तरह उतार-उतारकर मुक्त हो सकूं . . . मैं अभी भी आस्था न होने की कचोट को महसूसता हूँ और विजन के लिए तड़पता हूँ।

शायद फ्रैंक ओ कोनर ने कहा था कि दुनिया के सारे पात्र तत्वतः या तो डॉन क्विकजोट हैं या फिर हैमलेट! मुझे भी यही लगता है मेरे समकालीन या तो क्विकजोट की तरह सहज विश्वासी भाव से भविष्य के शिलालेख लिखने के जुनून में हवाई तलवारें भांज रहे हैं—सिर्फ अपनी मांस-पेशियों को व्यायाम देने के अभ्यास कर रहे हैं, या फिर हैमलेट की तरह सुखिया संसार को खाने और सोने के लिए छोड़कर रात-रात भर जागते और रोते हैं।

सुनते हैं, बीते संदर्भों की अपनी सीमाओं में बंधा, ऐतिहासिक चौखटों में जड़ा और सिर्फ वर्तमान की सूली पर टंगा कोई रचनाकार जब असहायता के इस बिंदु पर अपने को पा रहा होता है तो उसकी समझ और पहुंच से परे, कहीं एक नया और बड़ा युग जन्म ले रहा होता है . . . काश, ऐसा ही हो. . .

(*'इन्द्रप्रस्थ भारती'*, जुलाई-सितंबर, 1991)

पूर्वघोषित हत्या का रोज़नामचा

हममें से न जाने कितने मित्र सोचते हैं कि जैसे ही 'ग़मे रोज़गार' से मुक्त होंगे, वे कहीं दूर-दराज के गांवों में चले जायेंगे और समाज-सेवा करेंगे, लोगों को पढ़ायेंगे, जीवन की मूलभूत जरूरतों के प्रति उनके दृष्टिकोण बदलने की कोशिश करेंगे—अंधविश्वास, बीमारियां, अशिक्षा दूर करने की दिशा में कुछ करेंगे और संभव हुआ तो उन्हीं में से एक होकर रहेंगे। राजनीति के चक्कर में न पड़कर वे सिर्फ सामाजिक जागरूकता पैदा करेंगे; बिना किसी से संघर्ष में आये, उन्हें अपने मौलिक अधिकारों के बारे में सचेत करेंगे। चाहें तो इन्हें 'होम्योपैथी स्वयं-सेवक' कह लें . . . और इसी सद्भावी प्रेरणा से कुछ लोग अविकसित इलाकों में गये भी। मगर शीघ्र ही उन्होंने पाया कि चाहे खांसी-जुकाम की समस्या हो या नमक की सुलभता, साक्षरता हो या सफाई की चेतना—किसी भी छोटे और निर्दोष लगनेवाले काम को वे उठायें—जल्दी ही उनका टकराव ऐसे न्यस्तस्वार्थी तत्वों से हो रहा है जो स्थिति को कहीं भी किसी तरह नहीं बदलने देना चाहते—ताकि उनका शोषण-तंत्र बना रहे... उनकी वहां बेहद मासूम-सी हरकत या सिर्फ वहां उपस्थिति, पहले तो चौकन्ना करती है, फिर संदेह और संशय की सुगबुगाहट बनती है और देखते-देखते बाकायदा विरोध का रूप ले लेती है। यहां तक कि इन सद्भावी मित्र का वहां रहना मुश्किल होने लगता है या तो क्षुब्ध और खिन्न होकर वे वापस लौट आते हैं या फिर स्थानीय राजनीति के दुश्चक्र में फंसाकर ठंडे कर दिये जाते हैं। यह मेरे अनेक परिचितों की कहानी है। यथास्थिति को दुहनेवालों के लिए हर छोटी से छोटी बात चुनौती है, ऐसी बड़ी राजनीति का सिरा है जिसके सूत्र ऊपर न जाने कहां-कहां तक जाते हैं . . .

गोली मारकर शंकर गुहा नियोगी की हत्या इसी बड़ी राजनीति का सिलसिला है। वे रघुवीर सहाय के रामदास या मार्खेज के उपन्यास 'पूर्वघोषित हत्या का रोज़नामचा' के नायक की तरह जानते थे कि उनकी हत्या होगी। इस संबंध में उन्होंने मध्यप्रदेश के मुख्यमंत्री से लेकर देश के राष्ट्रपति और प्रधानमंत्री सभी को बाकायदा सूचित किया था। अगर इस तरह दो कौड़ी के मंत्रियों-प्रधानमंत्रियों और राष्ट्रपतियों से डरने लगे तो कर लिया उद्योगपतियों ने व्यापार . . . कौन जाने इस हत्या में इनमें से किसकी सहमति हो। आखिर भारतीय जनता पार्टी की नीतियों के समर्थक तो नहीं थे नियोगी—उलटे विरोधी थे। मजदूरों में जागृति,

सगठन, जुझारू चेतना और समाज-सुधार के कर्मठ कार्यकर्ता, पूर्व नक्सली नियोगी, हिंदू राष्ट्रवादियों के गले की हड्डी थे। जिसके एक इशारे पर हजारों मजदूर जान देने को तैयार हों। जिसके कारण छत्तीसगढ़ का शराब उद्योग समाप्ति के कगार पर आ गया हो, जो गरीबों और श्रमिकों में उनका ही परिवारी बनकर रहता हो, उसे कौन-सा उद्योगपति बर्दाश्त करेगा ? और क्यों उनके बचाव की चिंता करेगी व्यापारी-पोषित भारतीय जनता पार्टी की सरकार ? हां, हत्या हो चुकने के बाद अब शोक संदेश प्रसारित होंगे। (हो सकता है उनके नाम पर श्रमिक पुरस्कार जैसे इनाम भी घोषित कर दिये जायें) कमीशन बैठेंगे और असली सूत्रधार निर्द्वंद्व-निश्चिंत जश्न मनायेंगे, वे जानते हैं कि जब मामले को इतना लंबा खींचना ही है कि बात जनता के जहन से ही उतर जाये, या जब लीपापोती के सिवा कुछ न करना हो तो कमीशन बैठाये जाते हैं, वर्ना, कौन नहीं जानता कि हत्यारे कौन हैं ? शंकर गुहा नियोगी मजदूरों के ऐसे अद्वितीय नेता थे जो इस आंदोलन में कुछ मौलिक और नये प्रयोग कर रहे थे—देश के सारे बुद्धिजीवियों, समाजकर्मियों और अन्य कार्यकर्ताओं की निगाहें उन्हीं पर टिकी थीं। ट्रेड यूनियन आंदोलन को वे एक ऐसा चेहरा और भारतीय राजनीति को एक ऐसा विकल्प दे रहे थे जिसे गांधी के बाद हमने भुला ही दिया था—चाहे शराबबंदी हो या पर्यावरण, परिवार-नियोजन हो या शिक्षा—छत्तीसगढ़ के लाखों आदिवासियों, मजदूरों ने नियोगी के माध्यम से अपने संपूर्ण जीवन में ऐसे रूपांतरण का अनुभव किया था जो नये अर्थों में उनकी जिंदगी बदल रहा था। उनकी हत्या पर लाखों मजदूरों, कलाकारों, संस्कृतिकर्मियों ने जगह-जगह जैसे प्रदर्शन किये इसी से साबित है कि हमें नियोगी-जैसों की कितनी जरूरत है। सफ़दर हाशमी के बाद शायद नियोगी की हत्या ने सारे बुद्धिजीवियों को इतनी गहराई में झकझोरा है। जड़ों में जाकर धूल-धूप-कीचड़ के बीच मातृभूमि के चेहरे को संवारने और भगवे झंडे के नीचे किसी अमूर्त निराकार मातृभूमि के लिए 'नमस्ते सदा वत्सले मातृभूमे' गानेवालों में यही अंतर है।

उसी तरह स्वतंत्रता, निर्भीकता और जुझारूपने के जो कीर्तिमान पत्रकारिता में रामनाथ गोयनका ने स्थापित किये उन्हीं के कारण, "प्रेस की स्वतंत्रता" जैसा शब्द आज भी हमारे बीच जिन्दा है। देश की लगभग सबसे बड़ी पत्र-श्रृंखला के मालिक गोयनका दबंग, जिद्दी और जेहादी व्यक्ति थे। संसद-भवन से बाहर भारतीय लोकतंत्र के स्थायी विपक्ष की तरह वे दशकों तक राजनीति पर छाये रहे। सत्ता से लड़ने और उसे बदलनेवाले दुनिया के अकेले प्रेस मालिक . . . भारतीय पत्रकारिता, लोकतंत्र के जिस चौथे स्तंभ की स्वतंत्रता और स्वायत्तता के लिए दुनियाभर में सम्मानित होती है—उसके पीछे शायद अकेले रामनाथ गोयनका ही थे—अद्‌भत थी उनकी व्यवस्था, क्षमता, संपादकों का चुनाव, उन्हें छूट देने का आत्मविश्वास और अर्थतंत्र की समझ . . . बड़े से बड़े सरकारी दमन, चुनौतियों

और मुश्किलों को अस्सी साल की उम्र में भी युद्धस्तर पर स्वीकार करना उनके लिए शायद तभी संभव हुआ जब उन्होंने किसी दूसरे उद्योग के साथ अपने पत्रों को नहीं जोड़ा और इंडियन एक्सप्रेस को देश के दर्जन भर अलग-अलग स्थानों से निकाला . . . इस स्थिति में सरकार या मंत्री, प्रधानमंत्री के लिए संभव नहीं था कि किसी एक उद्योग पर हमला करके पत्र की बांह मरोड़ सके या दिल्ली के एक्सप्रेस को बंद करके बंबई, मद्रास, बंगलौर के अखबार की आवाज घोटी जा सके . . . व्यवसायी दिमाग, मिशनरी जोश और लड़ाकू आत्मविश्वास के अद्‌भुत संगम थे रामनाथ गोयनका।

दो अलग ध्रुवांतों पर लोकतंत्र की लड़ाई को चलाये रखनेवाले इन दो योद्धाओं, शंकर गुहा नियोगी और रामनाथ गोयनका को खोकर हमारी वर्तमान राजनीति निश्चय ही विपन्न हुई है। हाँ, एक ने छोड़ा है ऐसा बुर्जुआ परिवार जो कर्ता के हटने पर आपसी अंतर्विरोध का शिकार होकर बिखरता है तो दूसरे ने छोड़ा है वह सर्वहारा समाज जो जुल्म और दमन के बीच संगठित भी होता है और आग की तरह फैलता भी है . . .

मुझे लगता है कि भारतीय समाज का मुख्य संकट है : विश्वसनीयता की समाप्ति, विश्वास का ध्वंस। हमें विश्वास है कि सामनेवाले का मंतव्य वह नहीं है जो वह पूरे विश्वास से घोषित कर रहा है। या तो वह भावुकता में बोल रहा है जिसे किसी भी क्षण बदल देगा या सिर्फ आंखों में धूल झोंक रहा है और इसका प्रशिक्षण हमें बचपन से मिलता रहा है : कसम या अपना वचन नहीं तोड़ना चाहिए, भगवान दंड देते हैं, पाप लगता है। मगर दांतों में सूत या तिनका दबाकर अगर झूठी कसम खा ली जाये तो पाप नहीं लगता। शास्त्रों के अनुसार भी जिंदगी में चार स्थितियां ऐसी हैं जहां असत्य बोलना जायज है। अब सामनेवाला कैसे विश्वास करे कि आप किस 'स्थिति' में हैं ? कहां से आता है यह अविश्वास? जिसे अंग्रेजी में इंटैग्रिटी कहते हैं, उसके लिए भारतीय भाषाओं में मुझे कोई शब्द नहीं मिलता—इसी के अविभाज्य हिस्से हैं, सिंसेरिटी, ऑनेस्टी, सत्यनिष्ठा, ईमानदारी, धर्म, आस्था इत्यादि इंटैग्रिटी के गुण हो सकते हैं, स्वयं इंटैग्रिटी नहीं . . . कहते हैं, वस्तु के बिना न अवधारणा होती है, न प्रत्यय, न शब्द . . . तब क्या हमारे यहां ये मानवीय गुण कभी थे ही नहीं ? इनकी जगह स्वामिभक्ति, वफादारी, न्याय, निष्ठा जैसे शब्द थे, जो व्यक्ति के स्वयं अर्जित मूल्य नहीं, मालिक, राज्य या ईश्वर में विश्वास से पैदा किये गये, और विरासत को आत्मसात करके जिये गये मूल्य थे। मूलतः ये सामंती मूल्य हैं, जिनके पालन की प्रत्याशा या जर्बदस्ती मालिक, छोटों से करता है। चूंकि सामंती समाज छोटों-बड़ों के निर्धारित स्थानों, उनके न बदले जाने के आग्रहों की बुनावट में यानी असमानता पर टिका समाज है, इसलिए अपने स्थान या सामाजिक स्थिति

बदलने की किसी भी कोशिश को 'बगावत' का नाम देता है—यह बगावत समाज, मालिक, राजा या यहां तक कि ईश्वर के खिलाफ हो सकती है और प्रायः इस अपराध की सजा मौत है। इसलिए इस बगावत को जड़ से ही समाप्त करने का एकमात्र तरीका है कि समर्पण, स्वामिभक्ति या वफादारी को ही दूसरे का मूल्य बनाकर उसके खून की बूंद-बूंद में उतार दिया जाये और कालांतर में उसका संस्कार बन जाने दिया जाए ताकि आदमी स्वयं उन्हें अपने, मूल्य और विश्वास मानकर धन्य हो सके और बगावत का खयाल भी न आने दे। उर्दू में एक शब्द और है क्रिमाश . . . जिसका मोटा अनुवाद होगा खरी धातु का बना आदमी . . . (हालांकि क्रिमाश का शाब्दिक अर्थ ढंग या तर्ज है) इसी से मिलता-जुलता है 'वज़ा' या वजादारी, रवादारी—इनका आशय है सामाजिक पद-प्रतिष्ठा के अनुरूप किया गया व्यक्तिगत आचरण . . . ये शब्द भी दूसरों को अपनी हैसियत या कर्तव्य बतानेवाले शब्द हैं और आप पर सिर्फ इसलिए लागू होते हैं कि सीढ़ी में आपकी जगह कहीं ऊपर या नीचे है। जाहिर है कि सदियों के व्यवहार से ये शब्द निथरकर सामाजिक, धार्मिक या लगभग 'शाश्वत मानवीय मूल्य' बन गये हैं 'भारतीय संस्कृति' तो ये हैं ही; मगर तत्वतः व्यक्ति को अंकुश और व्यवस्था में रखनेवाले ये ऐसे नियंत्रण-केंद्र (कंट्रोलिंग पाइंट) हैं जो सामंती समाज की यथास्थिति बनाए रखते हैं। चूंकि सामंती समाज ईश्वर या धार्मिक किताब से अपनी सारी प्रामाणिकता (सैंक्शन/सैंक्टिटी) और जायजीकरण ग्रहण करता है इसलिए इनका उल्लंघन प्रथमतः स्वयं ही व्यक्ति के मन में पाप-बोध पैदा करता है, राज्य या समाज के संदर्भ में 'अपराध' तो इसकी दूसरी स्थिति है। स्वामिभक्ति या 'सतीत्व' के संस्कारों में जीनेवाली (कंडीशंड) भटकी औरत 'पाप-बोध' में या तो आत्महत्या करती है या ऐसा पाप और अपराध करने पर मृत्युदंड पाती है। उस समाज को सख्ती से व्यवस्थित किये रखने के लिए ऐसा विधान जरूरी था।

सामंतवाद, गैर-बराबरी पर टिका समाज है, इसलिए दुहरे मूल्यों में जीने को अभिशप्त है : जिस आचरण की मैं अपने से नीचेवालों से उम्मीद करता हूं, मैं खुद उनसे बंधा नहीं हूँ—हाँ, मुझसे ऊंचा जरूर मुझसे वैसे आचरण की उम्मीद कर सकता है। अपने से नीचेवाले के लिए मेरी न्याय-चेतना, आज्ञा, सनक या मनमर्जी ही कानून है। वह मेरी कृपा पर जिंदा है और मैं अपने से ऊपरवाले की कृपा पर . . . जो नियम, कायदे, व्यवहार या मर्यादाएं मैंने अपने से नीचेवाले के लिए बनायी हैं उन्हें मैं स्वयं पालन करूं या न करूं, यह मेरी मर्जी है। मैं सिर्फ अपने से ऊपरवाले के लिए जवाबदेह हूँ। नीचेवाले की धन, सम्पत्ति, रोजी, खेत, श्रम, औरत, यहां तक कि जीवन मेरी कृपा और दया पर ही हैं, हां, अगर वह बदले में मुझसे वैसी ही उम्मीद या मांग करता है तो यह उसकी गुस्ताखी, अपराध और मुंह-जोरी है, इसकी उसे सजा मिलेगी। दूसरे की बहू-बेटी, जमीन, धन, राज्य छीन

लेना मेरा अधिकार है (कभी वह मेरा शौर्य था!) मगर दूसरे ने मेरी इन्हीं चीजों पर आंखें उठायीं तो आंखें निकाल ली जायेंगी। वर्ग, वर्ण पद, प्रतिष्ठा, सत्ता या शक्ति में जो ऊंचा है, वह नीचेवालों का स्वयंसिद्ध मालिक है और 'सामाजिक मर्यादाओं' का पालन कराना उसका अधिकार या कर्तव्य है। सारा सामंती समाज ऊपरवालों की कृपा और नीचेवालों की उनके प्रति वफादारी या आज्ञाकारिता से ही बंधा रहता है। दोनों ही पक्षों ने ये मूल्य अर्जित नहीं किये, इन्हें दे दिये गये हैं। वे उन्हें जन्मना स्वयं प्राप्त हैं।

सामंती संस्कारों को विश्वास से जीने, उनके अनुसार आचरण करनेवाले बल्कि पिछले जन्म से उनके होने के हिस्से हैं। सामाजिक सीढ़ी में ऊपर हों, या नीचे, अपनी-अपनी जन्मस्थिति के हिसाब से उनकी अपनी मर्यादा होती थी, इंटैग्रिटी होती थी। वे आन-बान-शान के मालिक थे। जबान के लिए राज-पाट लुटा देते थे . . . आपको विश्वास था कि सामनेवाले के व्यवहार, आश्वासन, धमकी या घोषणा का क्या अर्थ है . . . उनके सारे सोच या कार्य को ईश्वर द्वारा निर्धारित सामाजिक पद, प्रतिष्ठा और परंपराएं तय करती थीं। उनकी दोस्ती, दुश्मनी, प्रजा-पालन या सेवा और वफादारी सभी की सीमाएं और परिभाषाएं तय थीं। वह उनके सामाजिक अनुबंध या सोशल कॉण्ट्रेक्ट का हिस्सा था। कहते हैं, चंगेज और तैमूर दोनों ही आदर्श राजा थे—प्रजा-पालक, अमन-पसंद, दयालु, विद्वानों, संगीतज्ञों, कलाकारों की संगत करनेवाले, उनके संरक्षक और न्यायप्रिय . . . उन्होंने दूसरे देशों पर चढ़ाइयों और हमलों में जो भी कुछ किया वह सब आदर्श योद्धा, विजेता और दुर्दम्य सेनाओं के सेनापतियों के अनुरूप-एकदम सही कर्तव्य ही था। अशोक ने भी यही किया था, बाबर ने भी। औरंगजेब जैसा आदर्श सम्राट् तो शायद भारत के लिखित इतिहास ने कभी देखा ही नहीं . . . खलीफा हारूं रशीद और जहांगीर न्यायप्रियता की प्रतिमूर्ति थे . . . अपनी-अपनी भौगोलिक सीमाओं में और भी हजारों राजा-महाराजा, सामंत, जमींदार, मालिक-मुखिया या घरों के बूढ़े-बुजुर्ग ऐसे रहे होंगे जिन्होंने अपनों से नीचे, बराबर या ऊपरवालों के लिए जो मूल्य और मर्यादाएं तय थीं, उनका ईमानदारी और दृढ़ता से पालन किया, यही तो उनकी चारित्रिक इंटैग्रिटी थी।

हजारों सालों की सामंती व्यवस्था और उससे भी अधिक संस्कारों ने हमें दो गुण दिये—बड़ों के प्रति आदर या संपूर्ण समर्पण और छोटों से कर्तव्य-पालन की अपेक्षा . . . जमींदार से लेकर भूमिहीन शूद्र के घर की अपनी व्यवस्था भी यही थी। चाहे भगवान हो या राजा, जमींदार हो या मालिक—उसके प्रति आदर, सम्मान या समर्पण प्रकट करने का अनिवार्य तरीका उसे भोग, प्रसाद, नजराना या भेंट उपहार देना भी था—यानी गैर-बराबरी का दुहरा व्यवहार। नजराना स्वीकार करना या घूस वसूलना सामंती व्यवस्था द्वारा दिये गये ऐसे संस्कार थे, जिन्हें आज भी आदर्श या शाश्वत स्थिति कहकर सही ठहराने की कोशिश है। सारा

समाज उसी पुरानी दुनिया को याद कर करके नॉस्टेल्जिया में आठ-आठ आंसू बहाता है।

कहने की जरूरत नहीं है कि लोकतंत्र यानी व्यक्ति की स्वतंत्रता, समता और बंधुत्व की घोषणा इसी सामंती व्यवस्था के विरोध में आयी अवधारणा है। "छोटे और बड़े या ऊंच-नीच ईश्वर ने बनाये हैं" के स्वयंसिद्ध नियम के खिलाफ ही आया था। "आदमी-आदमी सब बराबर हैं" का क्रांतिकारी जिहाद . . . इसी की अनुगूंजें हमें अपने संत और सिद्ध साहित्य में मिलती हैं—बौद्धधर्म और इस्लाम के प्रारंभिक दौर में मिलती हैं। वहां मनुष्य ब्रह्मा के मुंह, पेट और पैरों से पैदा नहीं हुआ था, न उसने आदमी की तकदीरें और सामाजिक हैसियतें पहले से लिख रखी थीं। कह सकते हैं कि लोकतंत्र, सामंती व्यवस्था को ही सही ठहराता था। 'ईश्वर की मृत्यु' जो बुद्ध ने जब ईश्वर और आत्मा को अस्वीकार किया था तो वे असमानता-अनीति के आदि-स्रोत को ही अस्वीकार कर रहे थे। मगर 'सामंती ईश्वर' को मारने के उत्साह में हमने अपने भीतर के हर ईश्वर को मार डाला और ऊपर के इस छाते के हटते ही रह गया आपसी अविश्वास, असुरक्षा और "हर आदमी अपनी तकदीर बदल सकता है" की गलाकाट पूंजीवादी प्रतियोगिता ... हजारों सालों के बंदे और रुंधे हुए समाज को एक ऐसी खुली असमान और निरंकुश दौड़ के लिए खोल दिया गया जहां, वह दूसरे को गिराकर या कुचलकर ही आगे बढ़ सकता था यानि अपनी हैसियत और तकदीर बदल सकता था। आचार और व्यवहार के पहले मूल्यों या उन्हें नियंत्रित करनेवाले ईश्वर के हटते ही हर व्यक्ति, दूसरे की प्रगति और उत्थान को रोकनेवाला 'दुश्मन' बन बैठा, क्योंकि राज्य (स्टेट) न ईश्वर का स्थान ले सका, न वैसी व्यवस्था दे सका जो व्यक्ति को सुरक्षा, संरक्षण और संवर्धन का आश्वासन दे सके . . . इस आपाधापी में जो, जहां, जितनी और जैसी शक्ति अर्जित कर सके, वह उतना ही सुरक्षित मानने की लाचारी का शिकार था। यहां शक्ति का अर्थ था साधन, संपत्ति और सत्ता . . . दूसरे शब्दों में अपराध, पैसा और राजनीति . . . तीनों एक-दूसरे से जगह बदलते हुए या आपस में गडमड . . . आपसी संबंध नहीं, समीकरण, एक को दूसरे से जोड़नेवाला सूत्र—अविश्वास—या स्वार्थों का विनिमय . . . गिव एंड टेक।

हमारा मध्यवर्गीय समाज इसी 'अविश्वास-युग' से गुजर रहा है, इसलिए किसी भी व्यक्ति, संस्था या सत्ता की विश्वसनीयता नहीं रह गयी है। "सब झूठे वायदे करते हैं, सब चोर हैं, सब सत्ता के भूखे हैं" —हमारा राष्ट्रीय विश्वास है। व्यक्ति और व्यक्ति के बीच निरंतर बढ़ते इसी आपसी अविश्वास और भय ने उद्यम को तिकड़म में, प्रगति को लूट में और उपलब्धि को सुरक्षा भकोसने में बदल दिया है। परिणामतः राज्य जिन चार खंभों पर टिका होता है, वे सबके सब चरमरा उठे हैं। सबके चोर दरवाजे हैं, सबको खरीदा-बेचा जा सकता है, सबको

अपने अनुकूल बनाया जा सकता है। विधान और संविधान बनानेवाली संसदों-विधानसभाओं में समाज के छंटे और चुने हुओं का वर्चस्व है, वे अपनी सुविधा और स्वार्थ के हिसाब से संशोधन, संस्तुतियां करते हैं—आज यह कानून बन रहा है तो कल दूसरा। उधर राजनेताओं की सुविधाएं 'न्याय मूर्तियों' की नियुक्तियां तय करती हैं, पैसे और बंदूकवाले उनसे फैसला कराते हैं और करोड़ों के हेर-फेर के चर्चे गर्म होते हैं, कानून और व्यवस्था में पुलिस के संगठित गिरोहों से जिसे चाहिए पिटवाइए, लुटवाइए, अंदर-बाहर कराइए और आराम से ठिकाने लगवाइए। राज्य की मिली-भगत से डाकुओं, आतंकवादियों, स्मगलरों और दूसरे अपराधियों की समानांतर सत्ता है, शासन है और अर्थव्यवस्था है . . . अकेले आप लाचार, कुंठित और फालतू हैं . . . सबके सब एक सिरे से अविश्वसनीय, अनिर्भरणीय और असंरक्षणीय हैं—भविष्यहीन, विजन-वंचित . . .

बुरी हालत है संचार माध्यमों की ... यहां विश्वसनीयता और साख का संकट सबसे भयानक इसलिए है कि यह हमारे मन और मानसिक गठन को तोड़ता है। चाहे मौसम की जानकारी हो या कल के प्रोग्राम—रेडियो-दूरदर्शन सुनते-देखते हुए आप जानते हैं कि यह जो हमें सुनाया-दिखाया जा रहा है, भाषण और उपदेश पिलाए जा रहे हैं—ये सब झूठ और बकवास हैं, सरकारी मनगढ़ंत हैं और बिना किसी पूर्वसूचना के बदल जायेंगे। आप प्रतीक्षा करते हैं कि 'असली बात' कल अखबार पढ़कर पता चलेगी। मगर वहां भी किसी राजनेता, पूंजीपति या अपराध-सरगना के नमक-ख्वार बैठे हैं। एक भंडा-फोड़ खबर दहाड़ती हुई अखबारों की सुर्खियां बनती है, चार-छः दिन लगातार उसके रोमांचक और दिल—दहला देनेवाले रहस्य आते हैं। (मंडल आंदोलन के दिनों के मीडिया को देख लें) खोजी पत्रकारों से लेकर बुद्धिजीवी तक उसका विवेचन-विश्लेषण करते हैं और अचानक दूसरा या वही अखबार आपको बताता है कि वह सारा कुछ 'प्लांट' किया हुआ था—असली बात तो कुछ दूसरी ही थी और इस रहस्योद्‌घाटन का स्रोत बी.बी.सी. या बाहर का कोई अखबार, न्यूज एजेंसी है। अजीब स्थिति है, अपराध करनेवाला और उसका रहस्योद्‌घाटन करनेवाला दोनों एक ही थैले के चट्टे-बट्टे या मौसेरे भाई हैं, इसलिए जब आप जोर-शोर से एक के खिलाफ लिख रहे होते हैं, अपनी जान जोखिम में डालकर सबूत-दर-सबूत पेश कर रहे होते हैं तो दूसरे का 'हित' साध रहे होते हैं, उसका बचाव या ऊपर आने का अवसर दे रहे होते हैं। अकसर तो प्रतिद्वंद्वी द्वारा ही उत्प्रेरित होते हैं। ईमानदार और साहसी पत्रकार एक सामाजिक या राजनैतिक अपराधी के खिलाफ होते ही अनजाने रूप से दूसरे के पक्ष में हो जाता है। वह अपनी समझ में तो किसी सिद्धांत, आदर्श या मिशन से प्रतिबद्ध होता है, मगर इस जिहाद में उसका साथ और समर्थन देनेवाले अपने पत्ते कहां फिट कर रहे हैं—यह समझने में उसे देर लगती है और तब तक वह एक या दूसरे का 'अपना आदमी' हो चुका होता

है। अरुण शोरी इसका सबसे दयनीय उदाहरण है। मंडल का विरोध करने के जोश में वह मंदिर का 'भाडू' हो चुका था . . . वह बोफोर्स का विरोध करते हुए नसली वाडिया और धीरु भाई अंबानी के द्वंद्व-युद्ध में एक का पैरोकार था . . . आज 'स्वतंत्र' पत्रकार होने का अर्थ है दो में से एक अपराधी का पक्षधर होना... देश दोनों के लिए ऐसी फुटबाल है जिसे हरेक की ठोकरों के बीच चक्करघिन्नी बने रहना है। हिंदी का अखबार पढ़िए तो लगता है कि जैसे अंग्रेजी का अनुवाद है—अंग्रेजी का पढ़िए तो लगेगा किसी राजनेता, अपराधी या राष्ट्रीय-अंतर्राष्ट्रीय उद्योगपति के स्वार्थों का अनुवाद है . . .

आम आदमी की नियति है अविश्वसनीयता और भविष्यहीन असुरक्षा में जीना...

जिस जाति के पास अपना विजन, स्वप्न, यूटोपिया नहीं होते—वह इसी तरह एक-एक दिन जीती और टुकड़े-टुकड़े में बिखरती है . . .

एक से एक शक्ति-संपन्न, दर्जनों देवी-देवताओं के बीच बंटी निष्ठावाले व्यक्ति से आप आस्था की इंटैग्रिटी (नीरंध्र, अखंडता) का आग्रह कर भी कैसे सकते हैं? —मूलतः यह व्यक्ति सभी में समान विश्वास की भावना से नहीं, सभी की सर्वशक्तिमत्ता के प्रति गहरे अविश्वास से ग्रस्त होता है—यानी 'मैन ऑफ डिवाइडेड लॉयल्टीज'—इस खंडित या बंटी आस्था को ही मूलतः बेईमानी भी कहा जा सकता है।

लगभग सभी राजनैतिक पार्टियों की सहमति से मंडल कमीशन की सिफारिशें लागू करने पर डॉ. नामवरसिंह (राष्ट्रीय सहारा, 20 अक्तूबर 91) ने एक प्रश्न के उत्तर में कहा है कि राजनेता अपनी किसी राजनीति के तहत जब-जब ऐसी हरकतें करें तो क्या बुद्धिजीवी को कोई स्टैंड लेना ही चाहिए ? शब्द दूसरे हो सकते हैं मगर आशय यही है कि ऐसी नैतिक समस्याओं पर मैं किसी भी तरफ प्रतिबद्ध होने को तैयार नहीं हूं। स्थिति के हिसाब से अपनी बात बदलनेवाले जिस कांइयां और दुमुंहे हिंदू-दिमाग की मैंने ऊपर चर्चा की है—उसका सर्वश्रेष्ठ उदाहरण नामवर का यह वक्तव्य है। नामवर वैसे भी कभी किसी मुद्दे पर स्पष्ट, निर्भ्रान्त और कन्सिस्टैंट स्टैंड लेने के लिए बदनाम नहीं हैं, फिर साहित्यकार का राजनीति के 'दबाव' में आकर कोई भी पक्ष लेने से इंकार तो बहुत ही मनमोहक सिद्धांत है—इसमें 'साहित्यकार की सत्ता, राजनेता से ऊपर है,' 'साहित्य, राजनीति के आगे चलनेवाली मशाल है' जैसे महान वाक्यों की अनुगूंजें सुनाई दे रही हैं . . . काश, नामवर को साहित्यकार के स्वाभिमान की एक बूंद भी कभी नसीब हुई होती . . . विचारधारा के अंत का नारा पश्चिम में आज उठा है—हमारे विकट बुद्धिजीवी तो बरसों पहले उसका कफन दफन कर चुके हैं। नामवर से पूछा जा सकता है कि मंडल तो बहुत बदनाम और विवादास्पद मुद्दा है, इसलिए आप राजनीति बनाम

साहित्य की स्वतंत्रता की बनैटी घुमाते हुए सुर्खरू हो जायेंगे, मगर और बहुत से मुद्दे हैं जिन्हें राजनेता समय और सुविधा के अनुसार 'अपवित्र' करते रहे हैं, उन पर भी आपकी यही "मैं तो परदेशी हूं जी, मुझे नहीं पता कि यह सूरज है या चांद" वाली राय रहेगी ? मंदिर-मस्जिद या सांप्रदायिकता को लेकर, शूद्र-सवर्ण को लेकर, सती-विधवा को लेकर, पर्यावरण और काले-गोरे को लेकर नटवरलाल और नियोगी को लेकर, भी आपकी कोई राय है या वहां भी 'दोनों सही हों या दोनों गलत' मैं राजनीति के दबाव में आकर कोई निर्णय क्यों लूं ?" वाला महान भारतीय स्याद्वाद है ? इसे कहते हैं दोनों हाथों में लड्डू या बीरबली मसखरापन, "हुजूर मैं आपका नौकर हूँ—बैंगन बादी है या मुफीद—मैं क्यों कमिट करूं ?"—हाय, ऊपरवालो, अब तो कोई सुनो... देखो मैं मंच-मंच से गुहार रहा हूँ कि 'तुम मुझे पुकार लो, . . . गरीब नवाज, कब भनक परैगी कान ?

(*'मेरी तेरी उसकी बात', हंस,* नवंबर, 1991)

चली है रस्म कि कोई न सर उठा के चले ...

निसार मैं तेरी गलियों पै ऐ वतन, कि जहां
चली है रस्म कि कोई न सर उठा के चले . . .

रस्म नहीं फ़ैज़ साहब, यहां लिखिए 'हुक्म'। और हां, कान खोलकर सुन लीजिए और तय कर लीजिए कि आपको क्या चाहिए ? सारे कलाकर्मी, बुद्धिजीवी, लेखक-पत्रकार और ऐसे ही अलां-फलां साफ-साफ समझ लें उन्हें क्या चुनना है ? बिकना या बकना? मौन या मौत ? अभिव्यक्ति की आजादी या व्यक्ति का अस्तित्व ?

नये वर्ष के तोहफे के रूप में ये सवाल हैं जो हमारे लिए सफ़दर हाशमी की हत्या ने छोड़े हैं। सफ़दर हाशमी, 34 साल का खूबसूरत, कर्मठ, समर्पित रंगकर्मी। अभिनेता-निर्देशक, लेखक, पत्रकार और संगठनकर्ता—दिन-दहाड़े साहिबाबाद के भरे बाजार में 'हल्ला-बोल' नाटक करते हुए 1 जनवरी '89 को मार डाला गया, साथी राम बहादुर के साथ। अचानक जब हमला हुआ तो अपने अभिनेताओं, विशेषकर महिला कलाकारों को बचाता हुआ छड़ों, लाठियों, गंडासों को झेलता रहा और बेहोश होकर अगले दिन दम तोड़ दिया। जिसने भी सुना वह स्तब्ध ! सफ़दर को मार डाला ? सभी तो उसके अपने थे, सभी तो उसके घनिष्ठ थे। सैंट स्टीफेन्स कालेज के आभिजात्य और तीन विश्वविद्यालयों में अंग्रेजी-प्राध्यापन से गुजरता हुआ आया था सफ़दर, सड़कों और गलियों में, नुक्कड़ नाटक का 'परचम' उठाये हुए, साहित्य और कला से दुनिया बदलने के सपनों का मारा हुआ। सैंकड़ों प्रदर्शनोंवाले उसने दर्जनों नाटक किये। देखने का अवसर नहीं मिला। मैंने सिर्फ प्रेमचंद की कहानी 'सत्याग्रह' पर खुद उसकी तैयार की गयी स्क्रिप्टवाला संपूर्ण नाटक देखा था, 'मोटे राम का सत्याग्रह'। कितनी जीवंत प्रस्तुति... दो-ढाई घंटे बांधे रखनेवाले, समकालीन राजनैतिक डंकदार, बेहद चुटीले संवाद और सधा अभिनय . . . पचपन-साठ साल पहले की एक साधारण कहानी इतने सार्थक धरातलों पर समकालीन नाटक का रूप ले सकती है, यह सिर्फ देखने से ताल्लुक रखता है। सफ़दर के साथ भारतीय नाटक की कितनी बड़ी संभावना को

कुचल दिया गया है, इसकी कचोट क्या हम भूल पायेंगे ?

और यह पहली बार नहीं हुआ है। अभी पिछले साल ही गाजीपुर में नुक्कड़ नाटक करनेवालों की बेरहम पिटाई हुई—अभिनय करनेवाली लड़कियों को बेइज्जत किया गया। आये दिन गुरुशरण सिंह को ऐसे ही हादसों से दो-चार होना पड़ता है। और नाटक ही क्यों, रोज प्रदीप कृष्ण अत्रे जैसे बुद्धिजीवी पीटे जा रहे हैं, उमेश डोभाल जैसे न जाने कितने पत्रकार गायब और घायल होते हैं, कहानियों और उपन्यासों पर दंगे और दंगल होते हैं . . . कभी सरकार प्रेस बिल लाती है तो कभी सांप्रदायिक ताकतें पैशाचिक फूत्कार करने लगती हैं, कभी राजनीतिक गुंडे छोड़ती है तो कभी हत्यारे और तस्कर राजनैतिक मुगदर भांजते हैं। मोर्चे, चेहरे और भाषा अलग हैं, मगर दहाड़ सबकी एक है : जो हम नहीं चाहेंगे, वह खेलने, लिखने और दिखाने नहीं दिया जायेगा . . . यहां कोई सर उठाके नहीं चलेगा, कोई सही और सद्भाव की बात नहीं बोलेगा और कोई परिवर्तन के सपने नहीं दिखाएगा . . . हम जैसा, जो और जितना चाहेंगे वही होगा . . . अभी तक अनपढ़ और काइयां नेता, गुंडों और अपराधियों का इस्तेमाल करता—उन्हें संरक्षण और खुल खेलने की छूट देता था। अब भारत के लोकतंत्र का वह स्वर्णयुग आ गया है जब गुंडे, हत्यारे, तस्कर और बलात्कारी म्यूनिसिपैल्टियों-पंचायतों-विधानसभाओं और संसदों की राह सीधे छाती ठोककर आयेंगे और तय करेंगे कि लेखक को क्या लिखना है, नाटककार को क्या दिखाना है, चित्रकार को क्या आंकना है, संगीतकार को क्या गाना है और बुद्धिजीवी को क्या सोचना है, या बच्चों को क्या और क्यों पढ़ना है और सामान्य नागरिक को किस तरह रहना है ? भला हो इस सरकार का कि अब 18 वर्ष की उम्र का किशोर भी मताधिकार रखता है। यानी स्कूल-कॉलेज की पढ़ाई स्थगित करके हमारे युवा खुलकर राजनीति करेंगे, महीने-दो महीने 'फील्ड वर्क' यानी गुंडागर्दी का प्रशिक्षण पायेंगे, फिर अध्यापक-प्राचार्य का सिर फोड़कर हाजरियां पूरी करायेंगे, छुरों के बल पर इम्तहान देंगे, मनमाने रिजल्ट निकलवायेंगे और फिर देश की बागडोर संभाल लेंगे . . .

गृहमंत्री बूटासिंह का कहना है कि अगर हमें नाटक की पहले से सूचना होती तो पुलिस-सुरक्षा दी जा सकती थी। यानी अगर पहले से सूचना (या अनुमति) न हो तो देश में किसी भी नागरिक को दिन-दहाड़े कत्ल किया जा सकता है—निडर और बेखौफ होकर। यह नहीं भूलना चाहिए कि साहिबाबाद में चुनावी उत्तेजनाओं से भरा माहौल था—वहां तो इस समय विशेष सुरक्षा प्रबंध होने ही चाहिए थे। खुदा का शुक्र है कि ये सिर्फ म्यूनिसपैलिटी के चुनाव थे, पंचायत या विधानसभा के होते तो गांव के गांव फूंके जा सकते थे ... या कहीं अपनी इस भोली सफाई से गृहमंत्री डेढ़ सौ साल पुराने अंग्रेजों द्वारा बनाये 'पब्लिक परफॉर्मेंस एक्ट' का हवाला तो नहीं दे रहे थे जहां हर नाटक के आलेख को

पहले स्थानीय अधिकारी देखकर आज्ञा देता है ? यानी जिस एक्ट के अधिकार से स्थानीय दरोगा या मजिस्ट्रेट, कलेक्टर या दूसरे नौकरशाह तय करेंगे कि कालिदास, शेक्सपियर, चेखव के नाटक सार्वजनिक प्रदर्शन के लायक हैं या नहीं?

लेकिन सफ़दर की मौत ने एक दूसरी स्थिति को भी जन्म दिया है। राजधानी का शायद ही कोई कलाकार, लेखक-पत्रकार, नाटककार या बुद्धिजीवी था जो सफदर की शोक-सभाओं में शामिल न हुआ हो, या जिसने विरोध-प्रदर्शनों में हिस्सा न लिया हो। स्तब्ध, अवसन्न और चिंतित हजारों लोगों ने जुलूस निकाले, शोक-सभाएं कीं और अंतिम संस्कार में शिरकत की। शायद ही किसी मौत ने सोचने-समझनेवालों को इस गहराई तक झकझोरा हो, इतना आतंकित और विक्षुब्ध किया हो—यह हम किस फ़ासिज्म के बर्बरयुग में झोंके जा रहे हैं ? जैसे देश के सारे संवेदना-तंतु झनझना उठे हैं दिल्ली से बीस-पच्चीस किलोमीटर दूर, साहिबाबाद में ठीक उसी स्थान पर हजारों कलाकर्मियों और बुद्धिजीवियों का जमा होना, बीच में ही रोक दिये गये नाटक 'हल्ला बोल' को ठीक उसी आत्मविश्वास से प्रस्तुत करना, दो दिन पहले विधवा हुई माला का उसी सधे संतुलित ढंग से अभिनय करना—ये सहयोगियों और दर्शकों, सभी के मन में एक संकल्प जगाता है कि एकजुट संघर्ष के सिवा अब रचना और विचार के बचाव का कोई और रास्ता नहीं है। समय आ गया है कि कला-साहित्य और संस्कृति के अलग-अलग क्षेत्रों में काम करनेवाले इस सामूहिक सरोकार, सामूहिक सुरक्षा और सामूहिक भविष्य को साफ-साफ पहचानें और इसे एक समग्र संघर्ष का रूप दें... वर्ना अपनी-अपनी दुनियाओं में कैद सब अलग-अलग ही खत्म कर दिये जायेंगे . . . और अस्तित्व की यह लड़ाई अपने-अपने कलारूपों में चलनेवाली वस्तु और शिल्प की लड़ाइयों से कम महत्वपूर्ण किसी भी हालत में नहीं है। यह हम सबके होने न होने की लड़ाई है। जब हम खुद ही नहीं रहेंगे या हमें चुप करा दिया जायेगा तो शिल्प या सोच की बारीकियां हम किस वर्तमान या भविष्य के नाम लिख जायेंगे ? समय के जिस दौर से हम गुजर रहे हैं, उसमें तीसरी दुनिया की यह अ-पलायनीय सचाई है। जिंदगी और कला के क्षेत्रों की, वे समस्याएं हमारी हो ही नहीं सकतीं जो समृद्ध, सम्पन्न और विकसित देशों की हैं। अगर हम उन्हें ही अपना आदर्श बनायेंगे तो सिर्फ नकल करेंगे या इस्तेमाल होंगे।

"अपने देश में आज तक किसी भी लेखक की मृत्यु को लेकर क्या कभी ऐसा शोक, क्षोभ या सरोकार महसूस किया गया है, यों टूटकर हजारों लोग जमा हुए हैं ?" सचमुच भीतर से दुःखी होकर एक परम गंभीर कथाकार ने सवाल उठाया था। हो सकता है सवाल गैर मौके पर उठाया गया हो, या उनके मन में प्रभास जोशी का 'जनसत्ता' वाला लेख गूंज रहा हो जहां जैनेन्द्रजी की मृत्यु पर एक भी पाठक के शामिल न होने को रेखांकित किया गया था। जोशी जी ने

भीतरी तकलीफ से यह बात कही थी कि पचास-साठ साल की एकांत साहित्य साधना का यह सिला कि श्मशान में न कोई बड़ा आदमी (यानी नेता) न सामान्य पाठक . . . केवल वही सौ-सवा सौ परिचित और परिवारी . . . बात सचमुच चिंतनीय हैं। जैनेन्द्र साधारण साहित्यकार नहीं थे। वे देश की सर्वश्रेष्ठ मेधा के प्रतीक थे। संतोष खोजा जा सकता है कि यह पहली बार नहीं हुआ है। शरच्चन्द्र-प्रेमचंद के साथ भी हो चुका है। अभी प्रेमेंद्र मित्र, समरेश बसु के साथ हुआ है। गोर्की ने तो चैखव की मृत्यु पर कुल आठ-दस आदमियों की बात लिखी है। लेकिन यहां हमें दो बातें नहीं भूलनी चाहिए : लेखन निजी कर्म है, नाटक या फिल्म की तरह टीम-वर्क नहीं है जहां हमेशा सौ-पचास लोग और उनके परिवार जुड़े होते हैं। दूसरे, वह अपने दर्शकों के साथ सीधा और मूर्त संवाद है। लेखक का संवाद अमूर्त है और देश-भर में बिखरे पाठकों तक अलग-अलग समयों, स्थितियों और तरीकों से पहुंचता है, व्यक्तिगत स्तर पर आंदोलित करता है। दूसरी और शायद ज्यादा महत्वपूर्ण बात कि पाठकों के प्रति लेखक का रवैया क्या है ? मुझे लगता है कि मूलतः प्रबुद्ध लेखक या तो अपने पाठक से घृणा करता है या उसके प्रति उदासीन होता है। बहुत गंभीर और बारीक लेखक, पाठक की स्तर-हीनता को कोसता हुआ 'भैंस के आगे बीन बजाने' के आहत अहम का शिकार है और बहुत लोकप्रिय या सस्ता लेखक पाठक की कुरुचि पर जीने की कुंठा का। "उन्हें सस्ता और फार्मूलेबाजी का माल चाहिए . . . आपकी गहन-गम्भीर बातें कोई नहीं समझता।" इस अर्थ में लेखक दयनीय प्राणी है कि लोकप्रिय होने पर उसे गंभीर रचनाकार की मान्यता और प्रतिष्ठा चाहिए, और अमूर्त बारीक होने के बावजूद लोकप्रियता।

शायद प्रतिबद्ध लेखन ही वह तीसरा विकल्प है जो लोक-स्वीकृति भी देता है और बौद्धिक संतोष भी ... हां, 'प्रतिबद्धता' के अपने अंकुश और अपनी प्रत्याशाएं तो हैं ही। "किसी भी तरह की प्रतिबद्धता लेखक की स्वतंत्रता पर अंकुश है।" माननेवाले लेखक को तो ग़ालिब पहले ही आगाह कर गये हैं : "हो जिसको दीनो-दिल अजीज़ (वो) अपनी गली में आये क्यों ?" मगर इश्क के इन खतरों से घबराकर क्या किसी आशिक ने यार की गली में जाना छोड़ा है ?

उन्हीं मित्रों का कहना था "नृशंसता, धौंस और अन्याय के खिलाफ इतनी बड़ी संख्या में कलाकारों, संस्कृतिकर्मियों और रचनाकारों का इस तरह विचलित होकर एकजुट होना बहुत हिम्मत बंधाता है, 'आप अकेले नहीं हैं' का आश्वासन जिंदगी का सबसे बड़ा संबल है। मगर सवाल यह उठता है कि अगर इस सबके पीछे या साथ में पार्टी न होती तो क्या ऐसा सब होता ? मौत का यह राजनैतिक इस्तेमाल कुछ अटपटा लगता है . . . " हां, अगर मारने की राजनीति हो सकती है तो बचाने की राजनीति से हमें परहेज क्यों है ? बिना संगठन के आप संगठित हिंसा से कैसे बचेंगे ? खासतौर से उस हिंसा से बचाव कैसे हो जिसकी पीठ पर

शासन, सत्ता और पैसा सभी कुछ है ? फिर सफ़दर तो बाकायदा पार्टी का कार्ड-होल्डर सदस्य था, खासतौर से उस पार्टी का जो साहित्य-कला-संस्कृति को सिर्फ मनोरंजन और ऐयाशी का साधन नहीं, अपनी लड़ाई का एक जरूरी हिस्सा भी मानती है। क्या अपने बेहद महत्वपूर्ण सक्रिय सदस्य की मौत पर पार्टी को कुछ भी नहीं करना चाहिए था। खौफनाक बात यह थी कि सफ़दर इस तरह मार डाला जाता और न पार्टी कुछ करती, न बाहर के लोग ... राजनीति के इस नृशंस, अपराधी और फासिस्ट दौर में सफ़दर की हत्या, अभिव्यक्ति स्वतंत्रता पर हमला तो था ही, असहमति की राजनीति पर भी हमला ही था ... उस जुनून पर हमला था जो नाटक को बंद कमरों और थियेटरों से बाहर निकाल लाया था—और नया नाट्य-शास्त्र गढ़ रहा था। एक दुतरफा संवाद बना रहा था।

इस कड़वी सच्चाई को हमें स्वीकार कर लेना चाहिए कि हम ऐसे प्रबुद्ध और संवेदनशील समाज में नहीं रह रहे, जहां कला की शुद्धता और उत्कृष्टता बचाये रखने के लिए, कलाकार जनता से दूरी भी बनाये रखे और जन-जन का लाड़ला होकर भी रहे ... यहां तो चुनाव रचनाकार को यही करना होगा कि अपराधी-राजनीति के इस हमले के चलते उसे समयातीत और शाश्वत कला चाहिए या समय और समाज-सापेक्ष अभिव्यक्ति के नये मुहावरे ? सचमुच, इस हादसे ने हमें झटके से एक ऐसे दुराहे पर ला खड़ा किया है कि जहां एक ओर सारे आभिजात्य को छोड़कर जन-चेतना जगाने की दीवानगी में तात्कालिकता को चुनता हुआ सफ़दर हाशमी है तो दूसरी ओर विलक्षण प्रतिभा और अद्भुत मेधा से विचार-शिखरों को नापते जैनेन्द्रजी . . . अंततः सब कुछ व्यर्थ है की परिणतियों तक पहुंचते हुए।

सहजता कितनी जटिल और संश्लिस्ट हो सकती है, जैनेन्द्र इसका उदाहरण हैं। इधर उनका विचार ही इतना छाया रहा है कि विश्वविद्यालयों या कहीं-कहीं समीक्षा कालमों को छोड़कर उनके रचनाकार पर बातें कम हुई हैं। मुझे लगता है जैनेन्द्र, हर गंभीर हिंदी कथाकार के लिए एक ऐसी चुनौती हैं जिससे बचकर नहीं निकला जा सकता। कथा-साहित्य में नारी उनका एकमात्र सरोकार रही और वे अपनी हर रचना में उसी का रासायनिक विश्लेषण करते रहे। मर्यादा और गरिमा के नाम पर नारी को उन्होंने दासता स्वीकार करने और यातना सहने की ही शिक्षा दी . . . अजीब अंतर्विरोध है कि वे सोचते मर्यादाओं के पार थे, मगर नारी को रखते मर्यादाओं में ही थे। अपनी हर रचना में वे नारी को एक दार्शनिक गुत्थी की तरह उलझाते और सुलझाते रहे और उधर 'परख' की निहायत घरेलू 'कट्टो', 'दशार्क' तक आते-आते वेश्या रंजना बन गयी . . . सुनीता, मृणाल, सुखदा और कल्याणी की विभिन्न सामाजिक स्थितियों को पार करती हुई . . . किसी ने मुझे बताया था कि जैन धर्म में जहां किसी भी प्राणी को मारना पाप है, वहां जलते हुए बच्चे तक को बचाना भी पाप है। आप कौन होते हैं बचानेवाले ? हो

सकता है उसका कर्म-जीवन वहीं समाप्त होना 'तय' हो . . . आप उसे बचाकर देहधारण की यातना को विस्तार ही तो देंगे . . . हां, उसे अपने आपमें जलता छोड़कर आप उसके अगले-पिछले जीवन, स्थिति, नियति पर चिंतन कर सकते हैं। कहीं बहुत गहरे, जैनेन्द्रजी की कथा-रचनाओं में ये अचेतन संस्कार भी थे क्या ? अगर दोस्तोंयव्स्की की कुछ रचनाओं का अध्ययन क्रिश्चियन-धर्म के विभिन्न रूपकों की दृष्टि से विशेष रूप से 'पाप' की अवधारणा के संदर्भ में किया जा सकता है तो जैनेन्द्र जी को 'देह माया है' की भारतीय दृष्टि से समझने में क्या हर्ज है ? कम से कम मानवीय नियति और सामाजिक नियति का द्वंद्व उनकी कथा-रचनाओं का जटिल नाटकीय तत्व तो है ही . . . हर स्थिति और बात को तीव्रबुद्धि की प्राश्निक शल्यक्रिया से गुजारना जैनेन्द्र जी को नास्तिक बनाता है। वे आस्थावान नास्तिक थे।

(*'मेरी तेरी उसकी बात'*, *हंस*, फरवरी, 1989)

एक कवि की आत्महत्या

45 वर्षीय कवि गोरख पांडेय ने आत्महत्या क्यों की ? उस व्यक्ति ने क्यों अपना जीवन अपने ही हाथों ले डाला जो अपनी कविताओं से, सोच और सिद्धांतों से दूसरों को संघर्ष और सपनों के लिए अंतिम सांस तक लड़ने की प्रेरणा देता रहा? छायावादी भावुकता और 'एकला चलो' का रूमानी विद्रोही जब आत्महत्या करता है तो उसे हम 'अनिवार्य परिणति' के रूप में समझने की कोशिश करते हैं; एक अस्तित्ववादी जब जीवन की तर्कातीत या अतार्किक बेहूदगियों और अर्थहीन घटनाओं-दुर्घटनाओं के अंबार के बीच 'मृत्यु का चुनाव' करता है तो उसकी पूरी दार्शनिक बनावट हमारे सामने होती है; वे धार्मिक संस्कार भी हमें बहुत 'अस्वाभाविक' नहीं लगते जब 'मायामोह' और "कौन तेरी मां, कौन तेरा बाप?" की प्रेरणा से आदमी मोक्ष, देहांतरण या ब्रह्मलीन होने के लिए संन्यास, आमरण समाधि या संथारा का निर्णय कर लेता है। चलिए, एक बार ए. ई. हाउसमैन जैसों के यशगान को भी सुना जा सकता है जहां वे कहते हैं कि "हाथ व्यर्थ हो जाये तो उसे काट दो, आंख व्यर्थ हो जाये तो उसे निकाल दो और जब असाध्य बीमारी का दूसरा नाम ही 'आत्मा' हो जाये (व्हेन सिकनैस बिकम्स योर सोल) तो चरम वीरता यही है : कनपटी पर पिस्तौल और ठांय। 'ब्रेव मैन, ब्रेव।' . . . मगर गोरख पांडेय तो उस दर्शन को जीता था जो जीवन और सिर्फ जीवन का पक्षधर था ... उसने आत्महत्या क्यों की ? पलायन, पराजय, परास्त हो जाना, चरम निराशा, कायरता, मोहभंग, सन्निपात—क्या था उसके पीछे ?—क्या पहेली है कि इन्हीं आरोपों और भर्त्सनाओं से कवि येसनिन की आत्महत्या को धिक्कारनेवाला मायकोव्स्की खुद आत्महत्या कर लेता है ?

गोरख पांडेय की मृत्यु एक बार इसी सत्य को रेखांकित करती है कि जिंदगी दो और दो का समीकरण या, दो-दूनी चार का गणित नहीं; बेहद जटिल संश्लिष्ट और हर बार नये सिरे से समझे जाने की चुनौती है। संयोग से गोरख में वे सारे तत्व थे जिनका मैंने ऊपर जिक्र किया है—वह बहुत भावुक, संवेदनशील, निश्छल, उत्साही, एकाकी, प्यार और साहचर्य का भूखा किशोर भी था तो सार्त्र के अस्तित्ववाद को पीस-घोटकर पी-एच.डी. भी; वह भारतीय दर्शन और उपनिषदों का घनघोर अध्येता भी था और सिर्फ मार्क्सवाद को मानवता का वर्तमान-भविष्य माननेवाला प्रतिबद्ध कार्यकर्ता भी . . . बेहद मासूम किशोर जैसा लगनेवाले गोरख

को देखकर बिल्कुल नहीं लगता था कि वह इतना गंभीर, विद्वान और तत्त्व-चिंतक भी है, कि वह कविता को आभिजात्य के वातानुकूलित अंधेरे बंद कमरों से खींचकर जन-जन के दैनिक संघर्षों की खुरदरी लोकगीती गलियों में ले आया है, कि कविता उसके लिए 'अकेले कंठ की पुकार' नहीं, लड़ते हुए मेहनतकशों के गले का हार है। और वह गोरख पांडेय अपने ही हाथों मारा गया। हयात की कैद और गमों की गांठ का आखिर वह कौन-सा क्षण आ गया था, आत्मा की वह कौन-सी सिकनैस थी जहां मौत ही उसे एकमात्र निजात लगी ? आखिर वह कौन-सा कर्ज, कौन-सा घाटा और विश्वासघात था कि अचानक जिंदगी पर भारी हो बैठा ? बाहर और भीतर के वे अंतर्विरोध क्या थे जिन्हें वह साध नहीं पाया?

मुझे लगता है कि जब व्यक्ति और समाज दोनों अपनी-अपनी जगह सही होने के दावे के साथ मुठभेड़ की स्थिति में टकराते हैं, तभी आत्महत्या का विस्फोटक क्षण आता है . . . अपने भीतर सतत चलनेवाले द्वंद्व में जब व्यक्ति को बिल्कुल स्थगित कर दिया जाता है तो हृदयहीन नैतिकता, और जड़ सिद्धांतकार का जन्म होता है—और यह सिद्धांत, समाज, धर्म या किन्हीं हवाई आदर्शों के नाम पर मनुष्य की सारी पहचान मिटा देता है—सारे समाज को पशुओं, जिहादियों या स्थितियों में बदल डालता है। उधर जब व्यक्ति के पक्ष में सारे समाज को नकार दिया जाता है तो 'मैं' ही सारे मूल्यों का केंद्र होता है, और 'मैं' ही सारे नीति-विधान का स्रोत . . . जब तक ऊर्जा और क्षमता है वह राज्य या समाज से लड़ता हुआ बागी और विद्रोही है . . . अपनी व्यक्तिगत लड़ाई को व्यापक, लंबा और जायज सिद्ध करने के लिए उसे चाहिए अपने जैसे बागियों के साथ संवाद, एक दर्शन, एक दृष्टि और एक कॉज . . . वरना अकेली लड़ाई उसे शीघ्र ही आत्मघात की बंद गली तक लाकर समाप्त हो जाती है। वह खुद जानता है कि अकेला व्यक्ति पूरी व्यवस्था से बहुत देर लड़ता नहीं रह सकता . . . देर-सबेर उसे ही बलि होना है। विवेक, सिद्धांत और कॉज़हीन विद्रोही या तो सामाजिक अपराधी बनता है या संन्यासी या फिर संवेदना की चटख झेलता पागल . . . जिसे वह 'स्व' समझता है, वह है अपने विलक्षण होने का उसका अहंकार . . . और हार जाने पर उसके सामने चुनाव सिर्फ एक ही है: आत्महत्या या मोक्ष . . . या अपने-आपको जान-बूझकर उस स्थिति में झोंक देना जहां हत्या या आत्महत्या में फर्क नहीं रह जाता। समाज या अपनों के प्रति गलत होने; गलत करने का तीव्र अपराध-बोध ही उसे इस 'अंत' तक ले जाता है। और भी आगे जाकर देखें तो व्यक्ति के संस्कार, सामाजिक-अभ्यास या भय ही 'आत्मा का दंश' या अपराध-बोध बन जाते हैं। संस्कार, मानसिक अनुकूलन (कंडीशनिंग) या सामाजिक भय वस्तुतः अपने भीतर सूक्ष्म रूप से इतिहास और समाज की उपस्थिति का ही दूसरा नाम है। भविष्य के स्वप्न या आशंका से प्रेरित इतिहास और समाज की अपने भीतर उपस्थिति ही, 'अमूर्त-चेतना' या विवेक बनकर

सही-गलत का निर्णय करती है। वहीं से आता है 'भीतर का फैसला'। तत्वतः जिसे हम अपना व्यक्तिगत फैसला या चुनाव कहते हैं वह हमारे भीतर की सूक्ष्म समाज-चेतना, संस्कारों या अमूर्त रूप में उपस्थित 'दूसरों' द्वारा लिया गया फैसला या चुनाव है। भारतीय समाज में अवैध-गर्भ के कारण जब एक लड़की अपराध या पाप-बोध के दबाव में आत्महत्या का चुनाव करती है तो उसके पीछे होता है भविष्य का सामाजिक भय, जो उसके गलत होने का 'फैसला' सुनाता है। वह खुद अपराधी, जज और दंड-नायक तीनों है। यानी भूत-वर्तमान-भविष्य तीनों एक-दूसरे को लहूलुहान कर डालते हैं . . . उसे मरना ही है : अपनों के हाथों मरे या अपने हाथों. . . कभी कोई सती या दहेज-दग्ध अपने 'स्वतंत्र चुनाव' में सती नहीं हुई . . . यह फैसला संस्कार रूप में उपस्थित या तो उसके भीतर के समाज ने लिया है या साकार रूप में उपस्थित बाहरी समाज ने . . . हां, एक तीसरा फैसला भी हो सकता है—अपने इस भीतरी और बाहरी समाज को ठुकराकर मुक्त हो जाने का फैसला—अध्यात्म या अवचेतना में फिसल जाने का फैसला—यानी प्रिंस मिश्किन हो जाने की नियति . . . या फिर एक साहसिक चुनाव . . . बहरहाल, यहां ध्यान देने की बात सिर्फ एक है कि अपराधी सिद्ध कर दिये जाने या हो जाने पर जब भीतर या बाहर के समाज का फैसला मृत्युदंड ही हो, तो हत्या या आत्महत्या में फर्क कहां है ? सी.आई.ए. ने मार्टिन लूथर किंग के सामने सिर्फ एक चुनाव रखा था : या तो आप आत्महत्या कर लीजिए, वरना हम आपको मार देंगे . . . और उन्हें गोली मार दी गयी। दोनों ही स्थितियों में गोली दूसरों की थी—भविष्य या भवितव्य 'उन्होंने' तय किया था।

और इसी बिंदु पर मुझे भी लगता है कि सफ़दर हाशमी की हत्या और गोरख पांडेय की आत्महत्या दो अलग बातें नहीं हैं। गिरिराज किशोर के उपन्यास 'परिशिष्ट' का नायक है रामउजागर . . . हरिजन, मेधावी, दबंग और रियायत से नहीं, बल्कि बाकायदा खुली प्रतियोगिता से आया हुआ तेजस्वी विद्यार्थी—उसी के वर्ग के मोहन ने आत्महत्या की है और उसकी लाश उतारते हुए रामउजागर जैसे प्रतिशोध से खौल उठता है, इन बड़े और ऊंचे लोगों को उन्हीं के स्तर पर चुनौती देता है और यहीं खेल के उन नियमों के चंगुल में गिरफ्त हो जाता है जो ऊंचों ने बनाये हैं। स्नॉब, अभिजात, संपन्न और प्रभावशाली लोगों के आई.आई.टी. जैसे संस्थान में रामउजागरों की क्या औकात ? लाख मेधावी, परिश्रमी, और साहसी हो, प्रतिभा और बौद्धिक होड़ में उनसे इक्कीस भी पड़ता हो, मगर है तो 'चमार' ही . . . और यही वर्ण और वर्ग का भेद, अपमान का दमघोटू दबाव घृणा के 'तिरिछ' का ज़हर, वह जहां का है, वहीं बनाये रखने की धौंस धीरे-धीरे रामउजागर को स्नायविक तनाव में पागल बनाकर आत्महत्या की परिणति तक पहुंचा देते हैं। रामउजागर को झोंपड़ी में जलाकर या पेड़ से बांधकर नहीं मारा गया; आत्महत्या की स्थिति तक पहुंचाकर मारा गया ... क्या फर्क है मार्टिन लूथर

किंग की हत्या और रामउजागर की आत्महत्या में ? उसे तो अपने 'होने' और 'बनने' की सजा के रूप में मरना ही था। जे.एन.यू. के वातावरण में 'ब्राह्मण समाज में ज्यों अछूत' गोरख पांडेय क्या ऐसे ही नस-तोड़ दबाव के नीचे तो नहीं टूट गया ? वह मानसिक रूप से बीमार भी था और अकेला भी . . . वह अपने को असुरक्षित भी महसूस करता था और डरा हुआ भी . . . उसके आंतरिक कुरुक्षेत्र में गांव का भोला, भावुक किशोर और महानगर का पीसता-कुचलता बुलडोज़र, दोनों दो विरोधियों की तरह अड़कर खड़े हो गये थे . . . एक दूसरे को साइड न देने की ज़िद और ऐसे ही किसी कमजोर क्षण में दांतेदार मशीनी चक्र ने उसे उलझा लिया ... यानी हम सबकी तरह क्रमशः आत्महत्या करने की बजाय उसने झटके से वह-नियति स्वीकार कर ली . . .

मगर जैसा कि मैंने शुरू में कहा, मनुष्य इतनी ही पारदर्शी मशीन होता तो सारा विकास-चक्र ही रुक जाता। व्यक्ति और समाज के जटिल, संश्लिष्ट और बेहद उलझे हुए द्वंद्वात्मक रिश्ते में कहां, कौन-सा असंतुलन आ जाता है कि वे एक-दूसरे को बनाने, ढालने और बदलने की जगह तोड़ने और कुचलने लगते हैं। निश्चय ही गोरख पांडेय की जिंदगी उनकी मृत्यु से बड़ी और प्रेरणाप्रद थी, लेकिन मृत्यु की यह पहेली अपना जवाब पाने के लिए परेशान तो करेगी ही . . . और इस मृत्यु के साथ ही गोरख ने छोड़ी हैं जिंदगी में आस्था पैदा करनेवाली, इस आस्था को संघर्ष में बदलनेवाली कविताएं . . . या कहें, रचनाकार और व्यक्तित्व के आपसी संबंध की प्रश्नावली। आत्मा की 'सिकनैस' और उसे जीतने की पराजय।

(*'मेरी तेरी उसकी बात', हंस,* मार्च, 1989)

फिर से शुरू हो सभ्यता की यात्रा

लगता है मानवीय सभ्यता का चक्र अपना घेरा पूरा करके फिर उसी जगह आ गया है, जहां से यात्रा शुरू हुई थी यानी हमें अपने ज्ञान-विज्ञान, साहित्य-कला को फिर उसी आदिम बारहखड़ी से शुरू करना होगा। आज देश की जो स्थिति है, कम से कम इसमें साहित्य, कला, संस्कृति की कोई गुंजाइश नहीं रह गयी है। एक कहानी को लेकर कर्नाटक में हुए साम्प्रदायिक दंगे कुछ बेहद गंभीर सवाल उठाते हैं कि क्या हम अपने कहानी, उपन्यास, नाटक सिर्फ इसी भाषा में लिखेंगे कि एक था आदमी, एक औरत और एक बच्चा। कहीं भी उनका नाम लेने का मतलब उसे कोई न कोई भौगोलिक, सामाजिक या जातीय पहचान देना होगा। वास्तविकता यह है कि व्यक्ति किसी भी जाति या धर्म का हो, उसने हजारों सालों से अपने नाम, अपने देवी, देवताओं या सामाजिक, राजनैतिक नायकों के नाम पर ही रखे हैं। अब यदि किसी रचना में डेविड हत्यारा है, राम या कृष्ण नाम का आदमी वेश्याओं की दलाली करता है या हुसैन तस्कर है तो इसी आधार पर कभी भी किसी लेखक की हत्या हो सकती है, नाटककार का सिर तोड़ा जा सकता है और कहानीकार को संगसार किया जा सकता है। सोचना हमें यह है कि अब हम किन व्यक्तियों, किस समाज और किस समय की कहानी लिखेंगे कि किसी की भी संभावनाओं को ठेस न लगे। इन सारे अंकुशों के बीच क्या हमें विरोध (प्रोटेस्ट) और विद्रोह जैसे शब्दों को अपने सोच और साहित्य से निकाल फेंकना होगा ? लेकिन तब ग़ालिब, मंटो और मजाज़ का क्या होगा ? राजेन्द्र सिंह बेदी ने जब 'सरदार जी' कहानी लिखी थी तो सिखों ने शोर मचाया था ... आचार्य तुलसी के काव्य 'सीता की अग्नि-परीक्षा' पर जबलपुर और आंध्र प्रदेश में दंगे हुए थे और उस समय देश के सारे बुद्धिजीवियों, रचनाकारों ने अभिव्यक्ति पर लगाये जानेवाले ऐसे धार्मिक अंकुश का खुलकर विरोध किया था, लेकिन आज दहशत और आशंका इतनी जबरदस्त है कि इस आदिम धार्मिक उन्माद के खिलाफ बोलने का साहस कोई नहीं करता। यह कहते हुए भी सांप्रदायिक करार दिये जाने का खतरा बना रहता है कि इस प्रकार की धार्मिक सहिष्णुता और उदार दृष्टिकोण हिंदुओं के बाद ईसाई धर्म में ही सबसे अधिक है। परम कैथोलिक उपन्यासकार ग्राहम ग्रीन 'पावर एण्ड ग्लोरी' में ईसा और ईसाई धर्म की धज्जियां उड़ा सकता है और 'जीसस क्राइस्ट का छठा घाव' नाटक अगर

केरल में धार्मिक उन्माद जगा सकता है तो बंबई के ईसाई उसे उसी उत्साह और खुलेपन से देख और सराह सकते हैं। ईसाई लेखक ऑब्रे मेनन अपने विद्वेष और तेज के साथ 'रामा रीटोल्ड' में राम, सीता और दशरथ को अपने भरपूर जहरीले व्यंग्य का निशाना बना सकते हैं। ढाई-तीन दशक बाद भी मुझे दशरथ के रूप-वर्णन की कुछ पंक्तियां याद हैं, जहां उसे मोटी तोंद, थुलथुल शरीर, छोटे-छोटे पांव, धंसी आंखों के साथ निहायत कामुक, किसी हद तक नपुंसक, दुराचारी के रूप में प्रस्तुत किया गया था। क्या यह कम सहिष्णुता है कि वेश्यावृत्ति-कानून का नाम 'सीता' है ?

आज यह तय करना भी तो मुश्किल हो गया है कि हमारे किस काम, बात या रचना से किस समुदाय की धार्मिक भावनाओं को चोट पहुंचेगी। इस समय केंद्रीय सरकार का सबसे बड़ा सिरदर्द पश्चिम बंगाल की मार्क्सवादी और कर्नाटक की जनता सरकार है। बंगाल के खिलाफ ठीक भिंडरांवाले की लाइन पर घीशिंग को तैयार किया जा रहा है तो उधर कर्नाटक में कभी आरक्षण तो कभी धर्म के नाम पर दंगे करवाये जा रहे हैं। चिंताजनक बात यह है कि धर्म के इस भस्मासुर को अब साहित्य, कला और संस्कृति की ओर मोड़ दिया गया है ... दूरगामी परिणामों से निहायत बेखबर और अंधे होकर, यह आग कल किस प्रान्त में और किस रूप में भड़केगी इसका किसी को कोई अंदाजा नहीं है। यहां मुझे पिछले अंक में प्रकाशित शैलेश मटियानी की बात काफी हद तक सही लगती है कि सर्वधर्म समभाव और धर्म-निरपेक्षता दो अलग बातें हैं और बहुधर्मी राष्ट्र कभी भी धर्म-निरपेक्ष नहीं हो सकता; क्योंकि कभी एक तो कभी दूसरे धर्म का पलड़ा उठाया और झुकाया जाता रहेगा, उधर हमारा दिग्भ्रमित बुद्धिजीवी सिर्फ हत्याओं, दंगों और धार्मिक स्थानों के जलाने या सजाने के आंकड़े दे-देकर अपनी धर्म-निरपेक्षता की घोषणा या नुमायश करता रहेगा। स्पष्ट है कि वोट की सत्ता कभी एक धार्मिक समुदाय से सौदा करेगी तो कभी दूसरे से और हम इस धार्मिक बंदरबांट में सिर्फ सद्भावना जुलूसों के दयनीय प्रदर्शन करते रहेंगे। जरूरत आज इस बात की है कि हर समुदाय का बुद्धिजीवी साहस के साथ धर्म-निरपेक्षता को परिभाषित करे। आत्मधिक्कार और दूसरों की या अपनी असहिष्णुता की भर्त्सना से कोई हल निकलनेवाला नहीं है। आखिर हम खुलकर यह क्यों नहीं कह पाते कि हमें बहुधर्मी सत्ता की नहीं, धर्महीन सत्ता की जरूरत है। उस स्थिति में ही राष्ट्रीयता की सही परिभाषा भी की जा सकेगी, वर्ना हर धर्म, प्रांत या जाति के लिए हमें अलग नियम, कानून और मर्यादाएं हर रोज तय करनी होंगी। मुझे लगता है कि राजनीति ने स्थिति को इतना विकृत, विखंडित और भ्रष्ट कर दिया है कि बहुत निर्मम होकर राजनीति को धर्म से अलग किये बिना विस्तार नहीं।

रचना और साहित्य पर धार्मिक सांप्रदायिकता का यह खतरा केवल कृतियों

और प्रस्तुतियों तक ही सीमित नहीं है बल्कि धार्मिक संतुलन बनानेवाले नये बुद्धिजीवियों का एक ऐसा संप्रदाय भी सक्रिय दिखायी देता है जो भाषा को भी धर्म-निरपेक्ष करने का जिहाद चलाये हुए हैं। इस वर्ग के हिसाब से भाषा के वे सारे मुहावरे शब्द और प्रसंग निकाल दिए जाने चाहिए जो किसी भी प्रकार के धार्मिक संकेत देते हों। (तब वे शास्त्रीय संगीत, नृत्य और चित्रकला का क्या करेंगे ?) कहने की जरूरत नहीं कि आज तक सारी बौद्धिक सम्पदा को (जो सिर्फ भाषा में ही उपलब्ध है) नेस्तनाबूद कर डालने का यह भयंकर षड्यंत्र है। इन बुद्धिजीवियों को ठहरकर एक बार यह जरूर सोचना होगा कि धर्म-निरपेक्ष बनाने के नाम पर कहीं वे संस्कृति-विहीन या असांस्कृतिक बनाने में ही तो नहीं जुटे पड़े हैं ? आखिर उनके हिसाब से धर्म, और संस्कृति की अलग-अलग परिभाषाएं क्या हैं ? और क्या ये दोनों एक-दूसरे को स्पर्श किये बिना समानांतर रूप से आज तक के समाज को प्रभावित और निर्धारित करते रहे हैं ? संस्कृति क्या सिर्फ इतिहास का दूसरा नाम है या उसका विस्तार पौराणिक आदिम मिथकों तक जाता है और क्या पुराण अनिवार्य रूप से धर्म-ग्रंथ हैं ?

क्या हम भाषा, साहित्य, समाजशास्त्र, संस्कृति और वैज्ञानिक तर्कों के इन प्रश्नों से साहस और बेबाकी के साथ जूझे बिना ही धार्मिक संप्रदायवाद की समस्या को हल करना चाहते हैं ? अगर ऐसा है तो क्या हम सत्ता और राजनीति की बंदरबांटी जालसाजी का हिस्सा नहीं बन रहे ? इस स्थिति में तो फिर हमें मान लेना चाहिए कि हमारा इतिहास सिर्फ और सिर्फ 15 अगस्त, 1947 से ही शुरू होता है। इससे पहले न हमारा कोई इतिहास है, न संस्कृति, न साहित्य, न भाषा, न धर्म। यह कहने पर कम से कम दुनियाभर की परिभाषाओं, व्याख्याओं, प्रमाणों, उद्धरणों की शिनाख्ती परेडों से तो छुटकारा मिल जाएगा।

('*कांटे की बात*', *हंस*, जनवरी, 1987)

ज़िम्मेदारी की बात

बातें नयी नहीं हैं, मगर दोहरानी जरूरी हैं।

फ्रांस की राज्य-क्रांति ने सत्ता नहीं, व्यवस्था बदली थी। अकसर एक राजा के हटाये जाने पर दूसरे राजा के आ जाने से सिर्फ शासकों के चेहरे बदलते हैं, व्यवस्था वही रहती है; मगर फ्रांस के सिंहासन पर राजा को हटाकर बुर्जुवा लोकतंत्र का 'विचार' स्थापित किया गया—स्वतंत्रता, समता और बंधुत्व का विचार। इतिहास ने पहली बार एक दूसरे प्रकार के शासन-तंत्र के दर्शन किये, जिसकी प्रतिज्ञा थी—जनता द्वारा, जनता के लिए, जनता का राज। अब तक राजा की गरिमा स्वेच्छाचारिता-अधिकार, उदारता केवल एक व्यक्ति की इच्छा के रूप में होती थी और वह नृशंस या न्यायप्रिय राजा के रूप में प्रसिद्धि पाता था। उसे सर्वोच्च सत्ताधारी होने और विशेषाधिकार पाने का आशीर्वाद चर्च या धर्म से प्राप्त था। राजा का बेटा ही राजा होता था। दूसरे शब्दों में, राजा ईश्वर का अंश या ईश्वर का प्रतिरूप बनकर शासन करता था। इस बीच जो विचार मंथन हुए या इससे पहले हो रहे थे उन सबको लगभग सौ वर्ष बाद नीत्शे ने नाम दिया 'ईश्वर की मृत्यु'। मूलतः ईश्वर की मृत्यु आसमान में बैठे किसी सर्वशक्तिमान सनकी बूढ़े की मृत्यु नहीं, बल्कि उन सारे विशेषाधिकारों, चमत्कारों और इलहामों की मृत्यु थी जो मनुष्य जीवन को निर्धारित और नियंत्रित करते थे, या ईश्वर के नाम पर जिन्हें जनता के शोषण और दबाए रखने के लिए इस्तेमाल किया जाता था। 'आस्था के युग' का यह 'विवेक के युग' में रूपांतरण था, यानी हर स्वीकृत मान्यता और आदेश को तर्क और विवेक की कसौटी पर ही खरा और खोटा सिद्ध होना था। कोई बात किसी किताब में लिखी है या किसी महान प्रभावशाली व्यक्ति ने कही है, सिर्फ इसीलिए उसे स्वीकार कर लेना गलत है। यह माहौल पूर्व-स्वीकृत ईश्वरीय नियमों के खिलाफ और विरुद्ध था, और अवरुद्ध शक्तियों के मुहाने खुल गये थे। समाज अचानक ही नये उत्साह, वैज्ञानिक अनुसंधानों और स्थितियों को बदलने के संकल्पों से आंदोलित होने लगा था। सामंती आतंकवाद से मुक्ति की चेतना और अस्वीकृति जितनी ज्यादा बढ़ती गयी, मनुष्य का मस्तिष्क उतना ही धर्म तथा ईश्वर के अंकुश से छूटता चला गया। मध्यकालीन व्यवस्था में सामंतवाद और धर्म ऐसे सियामी-जुड़वां होते हैं, जहां हमला एक पर होता है और चोट दूसरे को लगती है। यह कहना तो मुश्किल है कि सामंतवाद धर्म को

संरक्षण देता है या धर्म सामंतवाद को। मगर दोनों लगभग एक ही मध्यकालीन विश्वासों और मूल्यों के लिए प्रतिबद्ध होते हैं। ये वही मूल्य और विश्वास हैं जो उस युग की अपनी जरूरतों और दबावों से उपजे थे और जिन्होंने मानव-मस्तिष्क को पूरी तरह अनुकूलित कर लिया था। सामंत या पुजारी जो भी कहता था वही अंतिम और वही नीति-सम्मत था। बहुत कम उदाहरण हैं जहां सामंतों के टुकड़ों पर पलनेवाले धर्म-गुरुओं ने उनकी मनमानियों और अत्याचारों को अन्याय या गलत ठहराया हो। अधिकांश या तो तटस्थ हैं या समर्थक। मगर जैसा कि अपनी प्रसिद्ध कहानी 'टोनियो क्रोगर' में टॉमसमान ने कहा—सामंतवाद का केंद्रीय स्वर धर्म होता है और वहां सब कुछ धर्म के नाम पर किया जाता है तो उधर बुर्जुवा सोसाइटी की मूल प्रेरणा या धुरी राजनीति होती है। आज भारत की राजनीति इन्हीं बीती हुई (आउट-डेटिड) दोनों शक्तियों के हाथों में है और दोनों एक बार फिर वैज्ञानिक, बौद्धिक, जनतांत्रिक बदलाव और सामाजिक न्याय के विरोध में खड्गहस्त हैं।

सामंतवाद प्रायः धर्म से अपने को एकाकार कर लेता है। वह धर्म के नाम पर ही अपने मूल्य और मान्यताओं को जनता के गले उतारता है। यथास्थिति को बनाये रखता है। जाहिर है कि एक बीते हुए समाज और काल के हजार, पांच-सौ साल पहले के नियम, कायदे, मूल्य और विश्वास न तो आज की बदली हुई स्थितियों में संभव हैं, और न ही जरूरी। वे ऐसे संस्कार हैं, जो अप्रासंगिक हो चुके हैं और उनकी निर्ममता से जांच की जानी चाहिए। मगर अपने बचाव में सामंतवाद इसे ही 'धर्म' और 'संस्कृति के प्रति दुश्मनी' का नाम देता और वह जानता है कि ये सारे दकियानूसी नियम, कायदे और बीती व्यवस्था के सपने आज न तो व्यावहारिक हैं और न ही वैज्ञानिक। बदली हुई नयी औद्योगिक स्थितियों ने सारे सामाजिक संबंध इस तरह बदल डाले हैं कि उन्हें पीछे ले जाना असंभव है। आज जो वैज्ञानिक उपकरण, साधन और सुविधाएं हमें सुलभ हैं क्या उन्हें छोड़कर हम पुराने अविकसित साधनों को अपनाना चाहेंगे ? इसीलिए अस्तित्व का यह खतरा हमेशा सामंतवाद से चिपके लोगों को एक भयानक असुरक्षा और अपने 'दुश्मन' के प्रति असहिष्णु घृणा से भरे रखता है। 'भय और घृणा' सामंतवाद के मूल आधार हैं। अपने 'दुश्मन' का सफाया करने के लिए वह अपने को अधिक से अधिक संगठित और आक्रामक करने और दूसरों को मिटाने की जानी-अनजानी योजनाओं में मुब्तिला रहता है, क्योंकि जितना ज्यादा वह संगठित होगा उतना ही आगे बढ़कर शक्ति और सत्ता में हिस्सेदारी मांगेगा। कहीं ये संगठन धर्म के नाम पर होते हैं, तो कहीं जाति के। चूंकि सामंतवाद स्त्रियों, हरिजनों, भूमिहीनों, मजदूरों और पिछड़ी जातियों को कोई रिआयत या बराबरी नहीं दे सकता इसलिए अकसर इसके प्रवक्ता (धर्म-गुरु और पत्रकार) शास्त्रों और धर्म-ग्रंथों के हवाले देकर इस दमन और अन्याय की स्थिति को बदलने के

विरोधी हैं। जिसे आज हम सांप्रदायिकता कहते हैं उसका असली चेहरा मूलतः यही है। नाखून और दांत यानी धर्म; खतरा और नफरत उगलती हुई जबान, सत्ता पर टिकी हुई आंखें।

अस्तित्व को बचाये रखने के खूंखार मनसूबों में सामंतवाद ने धर्म को ही आत्मसात नहीं किया है, बल्कि संस्कृति को भी धर्म के साथ घोल दिया है।

हम सब जानते हैं कि धर्म और संस्कृति मूलतः एक नहीं हैं, हां, वे एक-दूसरे के शब्द और मुहावरे, प्रतीक और आचरण जरूर आपस में अदल-बदल सकते हैं; मगर चलते दोनों दो अलग आधारों पर हैं। हिंदू धर्म ने द्रविड़, अनार्य, इस्लाम जैसी न जाने कितनी अधिक संस्कृतियों को अपने भीतर सोख लिया है, उधर दुनिया का सबसे अधिक कट्टर धर्म इस्लाम भी अलग-अलग देशों और भौगोलिक हिस्सों में अलग-अलग संस्कृतियों के साथ सहअस्तित्व बनाये हुए है। पंजाब के मुसलमान की संस्कृति और भाषा वही नहीं है जो केरल और तमिल के मुसलमान की। पाकिस्तान और बंगलादेश एक ही धर्म के बावजूद दो अलग संस्कृतियों के देश हैं—उसी तरह जैसे बाली, जावा या सुमात्रा द्वीप-समूह और इराक-ईरान के इस्लामी देश। न वहां रामायण और महाभारत की व्यापक स्वीकृति धर्म के विरुद्ध जाती है, और न यहां दारा, सिकंदर, तैमूर, चंगेज की वीरगाथाएं। पाकिस्तान धार्मिक राष्ट्र हो सकता है, लेकिन उस भौगोलिक क्षेत्र का इतिहास सन् '47 में ही शुरू नहीं हुआ था। उससे पहले के हजारों वर्षों को न वहां का समाज भुला सकता है और न धर्म। मगर सांप्रदायिकता धर्म और संस्कृति के नाम पर ही अपने आपको बचाती है और एक को दूसरे से लड़ाती है।

यह तर्क भी बहुत सही नहीं लगता, कि अंग्रेजों ने हमें सांप्रदायिक दुश्मनियां विरासत में दीं, या वे 'बांटो और राज करो' का जहरीला अस्त्र नये सत्ताधारियों को सौंपकर चले गये। अंग्रेजों ने हमें सांप्रदायिकता नहीं, उसका बाप 'सामंतवाद' दिया था। प्रशासन और लूट के लिए उन्होंने यहां की सामंतवादी व्यवस्था को जैसे का तैसा बनाये रखा था। नये राज्य गठित भी किये तो इसी व्यवस्था के अंतर्गत—यानी वही राजा, महाराजा, नवाब, जमींदार, वही जमीन पर मालिकाना हक और वही धार्मिक और सामाजिक व्यवस्थाएं। बदलाव उन्होंने सिर्फ अपने हितों को बनाये रखने के लिए किये। अंग्रेजी शासन का अर्थ था कि ये राजा-महाराजा पुराने सामंतों की तरह एक-दूसरे पर चढ़ाई न करें और सब मिलकर साम्राज्य के अधीन और वफादार बने रहें। इसी सीमित अर्थ में हर कोई अपने क्षेत्र का निरंकुश मालिक था। गांव के छोटे चपरासी से लेकर बड़ी-बड़ी रियासतों के चंद्र और सूर्यवंशी राजाओं तक। चूंकि सबको 'वसूली', जनता से करके धन ऊपर पहुंचाना था, इसलिए सबको अपने-अपने हिस्से भी उसी में से काटने थे। अंग्रेजी शासकों की जानकारी में यह बात न हो ऐसा नहीं था, बल्कि अधिक वसूली के लिए वे इस छूट को बढ़ावा देते थे। आज जिसे हम घूस,

अत्याचार और भ्रष्टाचार कहते हैं, वे सैकड़ों वर्षों की विरासत के संस्कार हैं और जैसा कि मैंने कहा, उन्होंने अपने हित के लिए इस दोहरी व्यवस्था को स्थायित्व दिया था—यानी जनता के स्तर पर सामंतवाद और ऊपर छाते की तरह प्रशासनिक ढांचे में औपनिवेशिक साम्राज्यवाद। नये शासकों ने एक झटके में रियासतें और आगे जाकर प्रिवी-पर्स तो समाप्त कर दिये, मगर न ढंग से जमींदारी हटायी गयीं और न मालिकों और जमीन के रिश्ते बदले गये। नतीजे में सामंती व्यवस्था चाहे भौतिक रूप में न रही हो, मगर आज वे सारी मध्यकालीन शक्तियां, धर्म या अपनी अलग जाति और क्षेत्रीय पहचान के नाम पर भाले, त्रिशूल और तलवारों के साथ उठ खड़ी हुई हैं तो इसमें अजब कुछ भी नहीं है। यह अतीत की वर्तमान पर चढ़ाई है। एक-दूसरे के प्रति अविश्वास, भय और एक-दूसरे को कुचलकर सारी सत्ता को कुछ पोंगापंथी हाथों में समेट लेने का 'धर्मयुद्ध' भी इसे कह सकते हैं। सामाजिक समता, न्याय और स्वतंत्र वैज्ञानिक सोच में विश्वास करनेवाले या भविष्य में इन आधारों पर समाज के सपने देखनेवालों के विरुद्ध यह सबसे खतरनाक मुहिम है; सांप्रदायिकता आचरण से भी पहले, सोच को विकृत करती है। जहां-जहां यह जड़वादी (फंडामेंटलिस्ट) सांप्रदायिकता उभरी है वहां-वहां स्वतंत्र सोचवाले लोगों पर जानलेवा हमले हुए हैं। उनकी पुस्तकों और विचारों के खिलाफ हंगामे उठे हैं। जो पिछड़ी और अविरुद्ध परिपाटी पर नहीं सोचता, उसे जिंदा रहने का हक नहीं है। हम आज ऐसे ही सांप्रदायिक विस्फोटों और एक-दूसरे को युद्ध के लिए ललकारते 'महाभारत' के बीच खड़े हैं। मुझे आज तक किसी ऐसे धर्म या सांप्रदायिकता की जानकारी नहीं है जो आधुनिक और वैज्ञानिक सोच, विचारों और विश्वासों के साथ 'अपनी स्वतंत्र पहचान' की बात करता हो। पहचान का वहां एकमात्र अर्थ है हजार-पांच सौ वर्ष पुराने सामंती आचार-विचार। दुर्भाग्य तो यह है कि लोकतंत्र जैसी आधुनिक व्यवस्था को इन सामंतवादियों ने अपने आपको अधिक संगठित करने, आधुनिक बनाने और व्यापक हिंसा भड़काने का सबसे सुविधाजनक अस्त्र बना लिया है। वे आतंक और अपराध का माहौल पैदा करके सत्ता की लूटमार में शामिल हो जाते हैं।

ऐसी स्थिति में चाहे पत्रकार हों या लेखक, सोचने, लिखने और पढ़नेवालों की जिम्मेदारी बहुत ज्यादा बढ़ जाती है। आज का जनमत पत्र-पत्रिकाओं के द्वारा ही बनता है इसलिए इस मुद्दे पर विशेष ध्यान देने की जरूरत है। पत्रकारिता में भाषायी प्रयोग और वैचारिक गहराइयों की इतनी जरूरत नहीं होती जितनी यथातथ्य रिपोर्टिंग की। वहां हर चीज एक घटना है और हर घटना एक स्टोरी। भाषा को अधिक से अधिक सपाट, इकहरा और एकआयामी बना देना ही कुशल पत्रकारिता है। सनसनीखेज सूचनाओं और व्यावसायिक जानकारियों से लदी यह गैर-साहित्यिक भाषा चौबीसों घंटे हमारे संस्कार बना रही है। साहित्य और

रचनात्मक लेखन में जो भाषा जितने अधिक अर्थ दे सके, विचारों की गहराइयों को पकड़ सके या हमारे भीतर कल्पनाओं और स्मृतियों के बिंब जगा सके वह उतनी ही समृद्ध मानी जाती है। इस इकहरी पत्रकारी भाषा और संपन्न साहित्यिक अभिव्यक्ति के द्वंद्व को हर लेखक अपने भीतर घटित होते महसूस कर सकता है। पत्रकारिता भाषा को धो-पोंछकर मनचाहे रंगों में रंग देती है। हर तरह के संप्रदायवाद का आग्रह है कि दूसरे की भाषा से उसकी संपन्नता छीन ली जाये। यहां मैं इस नतीजे से भी अपने को नहीं बचा पा रहा हूँ कि धर्मनिरपेक्षता का नारा, अपने धर्म के सिवाय हर दूसरे धर्म को मिटा देने जानेवाले हथियार के रूप में इस्तेमाल किया जाता है। उधर आए दिन संचार-माध्यमों पर आरोप है कि धर्म विशेष को अत्यधिक प्रश्रय दे रहे हैं। यहां ठहरकर सोचने की जरूरत है कि 80 प्रतिशत लोग जिन धार्मिक और सांस्कृतिक संस्कारों में जीते हैं क्या उनकी उपस्थिति को देश के हर कार्य-व्यापार में अस्वीकार किया जा सकता है ? कहीं धर्म-निरपेक्षता, संस्कृति-उन्मूलन का रूप तो नहीं ले रही ? देश को संस्कृति-विहीन बनाना या तो अधिकांश लोगों में प्रतिक्रिया और आक्रामकता को जन्म देना है, या नौकरशाही 'संस्कृति-शून्यता' को अपने सामंतवादी सोच से भरने की छूट देना है ? संप्रदायवाद के विरोध में आनेवाले उत्साही लोगों से यही डर पैदा होता है कि कहीं ऐसा न हो कि वे जिन जमीनों को खाली करायें, वहां कल फिर से नये-नये मंदिर, मस्जिद और गुरुद्वारे तो स्थापित हो जायें। मैं समझता हूँ धर्म-निरपेक्षता या सांप्रदायिकता पर बहस बने-बनाये मुहावरों और रूढ़ मशीनी शब्दावली में नहीं किसी और नये यथार्थवादी मुहावरे पर की जानी चाहिए; क्योंकि देश इस समय जिस धार्मिक उन्माद, जाति-वैमनस्य के व्यक्तिगत और सामुदायिक आतंकवादी तूफानों से गुजर रहा है, उसमें कोई भी गैर-जिम्मेदाराना बात भयंकर परिणाम पैदा कर सकती है।

(*'मेरी तेरी उसकी बात'*, *हंस,* मई-जून, 1990)

तमस : अंधेरी रात में खौफनाक सफर

'तमस' हिंदुओं की भावनाओं के साथ खिलवाड़ है।

'तमस' सांप्रदायिक ताकतों को बे-नकाब करता है।

'तमस' उस इतिहास के साथ मनमानी है जिसके आज भी लाखों गवाह मौजूद हैं।

'तमस' विभाजन की उस सचाई का दस्तावेज है जब विदेशी आकाओं ने दो भाइयों को तलवारें लेकर एक-दूसरे का गला काटने को मजबूर कर दिया था...

अभी डॉ. अंबेडकर की किताब 'हिंदूधर्म की गुत्थियां' पर हंगामा चल ही रहा था कि दूरदर्शन ने छः किश्तों में 'तमस' दिखाना शुरू कर दिया—यानी भीष्म साहनी के उपन्यास पर गोविंद निहलानी का सीरियल। और सारा देश 'अल्लाहो अकबर' के जवाब में 'हर-हर महादेव' जैसे उन नारों से गूंजने लगा जिनमें कुछ की बानगी ऊपर दी गयी है। जब सारा माहौल अविश्वास, असुरक्षा, आतंक और आशंकाओं के विस्फोटक तनावों से भरा हो तो कोई भी छोटा-सा बहाना एक दुर्घटना की शुरुआत कर देता है—वह आज का 'तमस' हो या कल का नत्थू द्वारा फेंका गया सुअर . . . वर्ना 'तमस' तो आज नहीं, पंद्रह साल पहले लिखा गया उपन्यास है, जिस पर साहित्य अकादमी ने पुरस्कार भी दिया था ...लेकिन यह यहां उपन्यास नहीं, उस पर आधारित गोविंद निहलानी का सीरियल है।

फिल्मकार गोविंद को हिंसा चाहिए—चाहे वह पर्दे पर हो या पर्दे से उछलकर समाज में . . . इसलिए हिंसा के इस वातावरण में यहां उन पर आरोप है कि एक वर्ग को खुश करने के लिए उन्होंने विभाजन की सारी जिम्मेदारी हिंदुओं पर डाली है। दूसरे वर्ग की सिर्फ सूचनाएं हैं। न मुरादअली का नाम है, न उसके वर्ग की गतिविधियों की कोई जानकारी; बल्कि अच्छे मानवीय पात्र भी सब उधर ही हैं। यहां तो निर्दोष फेरीवालों को मारनेवाले, युद्धस्तर की तैयारियां कर रहे हैं— कितनी ऐतिहासिक हिमाकत है यह कहना कि विभाजन-पूर्व के उस माहौल और वह भी लाहौर जैसी जगह में दंगा हिंदुओं ने कराया। हमारे इसी खुशामदी रवैये ने एक जिन्ना पैदा किया था। आज दो इमाम बुखारी, शहाबुद्दीन, बनातवाला, सुलेमान सैत जैसे पांच-पांच जिन्ना हमारे बीच दहाड़ रहे हैं . . . 'तमस' उसी सस्ती, सतही, बाजारू लोकप्रियता का चालू उदाहरण है जहां

धर्म-निरपेक्ष और प्रगतिशील होने का एक मात्र और एकसूत्री नुस्खा है, अल्पसंख्यक हमेशा सही होता है—और बहुसंख्यक हमेशा गलत, चाहे वह उर्दू का सवाल हो; व्यक्तिगत कानून हो या दंगों की शुरुआत ..."

निश्चय ही ये या ऐसे तर्क घनघोर सांप्रदायिक विद्वेष से उपजे तात्कालिक गुस्से की अभिव्यक्तियां हैं—जो हमें निरंतर बांटती और काटती जाती हैं। चीजों को जब हम बड़े परिप्रेक्ष्य में नहीं देखते तो हर छोटा सवाल अस्तित्व और धर्म का सवाल बन जाता है। आखिर वह क्या अंतर्विरोध है कि एक तरफ नारा दिया जाता है, "गर्व से कहो कि हम हिंदू हैं" और दूसरी तरफ शूद्र, बौद्ध, जैन, जाट, राजपूत, सिख अपने हिंदू होने से इनकार करते हैं। सारा देश भूगोल और इतिहास के अल्पसंख्यकों में बदल गया है—भयानक सूखे में टुकड़े-टुकड़े चटखी धरती की तरह .... यहां गिद्धों-चीलों और ठठरियों के सिवा क्या पैदा होगा ? हिंदू, अपने में अधिक से अधिक वर्गों, धर्मों और जातियों को समेटने का नाम है, या अधिक से अधिक बांटते, टुकड़े करते जाने का ? वह दृष्टि, सहिष्णुता, और प्रक्रिया क्या और कहां है जो अपने में समेटती हैं ? इतनी मोटी-सी बात हम क्यों नहीं समझते कि मतभेद पति-पत्नी, परिवार से लेकर देश तक—सब कहीं होते हैं—लेकिन कोई 'तीसरा' होता है जो किसी मतभेद के मुद्दे को लेकर हमें लड़ाता है—हमारा हितैषी बनकर ..., बांटता हमें वही तीसरा है। पहले अंग्रेज थे, आज सत्ता पाये या पानेवाले लोग ... आपको सुरक्षा का आश्वासन देकर वही 'तीसरा', समर्थन (वोट) खरीदता है—वही हमें बताता है कि हम किन-किन बातों में अलग या दूर हैं—या हम किन-किन ज्यादतियों और अत्याचारों के शिकार हैं और कौम की सुरक्षा सिर्फ खुद उसकी शरण में आने में है। दंगों में दोनों पक्ष अपने को एक-दूसरे से अधिक घायल बताकर जिस तीसरे की तरफ दौड़ते हैं—दंगे की जड़ वहीं होती है। सावधान हमें उन तीसरों से भी होना होगा जो सांप्रदायिकता या धर्म-निरपेक्षता के बेहद आसान, इकतरफा और सतही फार्मूले पकड़ाते हैं—जिम्मेदारी किसी एक ही वर्ग पर डालकर ... दूसरे की उफनती सहानुभूति वसूलने के लिए ...

आपसी अलगाव और दूरियों की लंबी फेहरिश्तें गिनानेवालों के बीच आखिर कुछ लोग तो हैं जो यह बताते हैं कि हम कहां-कहां पास और एक हैं—कि हम दोनों एक ही सूखे, भूख, गरीबी, महंगाई, बेकारी, राजनैतिक उठापटक और जाल-साजिशों के शिकार हैं... कि अतीत का बदला वर्तमान से नहीं लिया जा सकता, कि—हमारा भविष्य, हमारा अतीत नहीं है।

और यह काम करता है रचनाकार ... अपने नाटकों से, फिल्मों से या उपन्यास कहानियों से—वही मनुष्य के सुख-दुख, संघर्ष और यातनाओं को व्यक्तिगत, धार्मिक, वर्गीय और क्षेत्रीय सीमाओं से उठाकर उन्हें सार्वभौमिक बनाता है—वर्ना हम क्यों हजारों मील और हजारों साल की दूरीवाली रचनाएं

पढ़-देखकर भाव-विभोर हों ? क्यों शकुंतला की तकलीफ हमारा दर्द हो और अन्ना कैरेनिना का दुख हमारी व्यथा बने ? क्यों गालिब हमें अपनी बात कहता हुआ लगे और मारखेज में हमें 'भारतीय' अनुगूंजें सुनायी दें ?

लेकिन रचना की सिर्फ एक शर्त होती है, वह टुकड़ों में नहीं, संपूर्णता में ही अपनी बात कहती है, 'तमस' हो या 'झूठा-सच' ... अधूरी रचना हमें गलत नतीजों पर ही पहुंचायेगी। उसे हमें उसकी संपूर्णता में ही ग्रहण करना होगा। 'तमस' के दो-एक प्रसंगों को ही देखकर भड़क उठनेवालों की उतावली; बदज़ौक और असंस्कृत लोगों की प्रतिक्रियाएं हैं। फिल्म हो या उपन्यास, देखना हमें यह होगा कि 'तमस' समग्रता में क्या कहना चाहता है ? आधी रामायण में, सिर्फ रावण के डायलॉग सुनकर उत्तेजित होनेवालों को हम उतावले, असभ्य, अनपढ़ या दुष्ट के सिवा क्या कहेंगे ? यह कला-कृति की संपूर्णता और समग्रता ही है कि नाजियों से पिकासो कहता है, "गुएर्निका मैंने नहीं, तुमने बनायी है।" हो सकता है, 'तमस' के संपूर्ण होने पर गोविंद निहलानी या भीष्म साहनी कहें; 'तमस' हमने नहीं, तुमने लिखा है। और चूंकि तुम इतिहास से कुछ नहीं सीखते, इसलिए उसे दुहराने के लिए अभिशप्त हो। अपनी ये शक्लें देखकर तुम फिर एक और 'तमस' लिखोगे ... 'आंगन लिखोगे, 'उदास नस्लें' लिखोगे, 'बस्ती' और 'आग का दरिया' लिखोगे ... नये टोबाटेक सिंह को मारोगे और फिर किसी बदनसीब से कहोगे — खोल दो ... अगर भीष्म और गोविंद ने हमें नंगा किया है तो मंटो ने भी तो 'उन्हें' नहीं बख्शा परत-दर-परत वह उन्हें जिस तरह से बेनकाब करता है, वह किस दूसरे भारतीय कथाकार ने किया है ? मानवीय नियति से प्रतिबद्ध कोई भी रचनाकार सांप्रदायिक हो ही कैसे सकता है ?

दरअसल, इस उन्मादी और जुनूनी माहौल में रचनाकर्म ही सबसे मुश्किल हो गया है। यहां एक नाटक, एक फिल्म, एक कहानी, एक लेख पर दंगे होते हैं : रचनाकार को पांव छूकर सार्वजनिक माफी मांगनी पड़ती है कि वह ऐसी रचना नहीं करेगा। आखिर हम क्या लिखें और किन पर लिखें . . . ? हर कहीं तो हर किसी की भावनाओं का सवाल जुड़ा है—कहीं धर्म, कहीं संप्रदाय, कहीं क्षेत्रीयता, कहीं जाति ... 'कबीर' नहीं होगा, क्योंकि एक संप्रदाय का सवाल है, 'कन्यादान' या 'घासीराम कोतवाल' (विजय तेंदुलकर) से दलितों और चितपावन ब्राह्मणों की प्रतिष्ठा को आघात पहुंचता है, 'ईसा का छठा घाव' ईसाई धर्म का अपमान है, सीता को मुसलमान लेखक ने भ्रष्ट किया है तो मुहम्मद (सिर्फ नाम) को हिंदू ने... राम को बौद्ध ने नीचा दिखाया है तो सिख को अब्बास ने . . . और तो और, सती और शूद्र बलि जैसी शास्त्र-सम्मत पवित्र सांस्कृतिक परंपराओं को 'चंद अंग्रेजी पढ़े-लिखे, पश्चिमी शिक्षा के मारे', तहस-नहस किये डाल रहे हैं. . .

आखिर अब हम क्या लिखेंगे और क्या रचेंगे ? मेरा खयाल है कि 'तमस' सबसे बड़ा यही सवाल लेखकों, रचनाकारों के लिए उठाता है; यानी रचना और

विचार की हत्या का ऐलान करता है। शायद दुनिया के बड़े से बड़े फासिज्म में यह स्थिति नहीं रही जहां रचनाकार का मंतव्य नहीं, उसकी जाति, धर्म, क्षेत्र, रचनाओं को जांचने, स्वीकृति-अस्वीकृति की कसौटी बन बैठा हो, जहां रचना के कथानक, पात्र और कथ्य अनेक संप्रदायों द्वारा निर्धारित-अनुमोदित हों और जहां किसी भी स्थिति, प्रसंग की केवल वही परिभाषा मान्य हो जो धर्मधुरीण तय करें... रचना और अभिव्यक्ति की स्वतंत्रता पर सबसे बड़ा खतरा आज यही और यहीं है। अगर हालात यही रहे तो वह दिन दूर नहीं है, जब किसी भी मुद्दे पर विचार-विमर्श ही सबसे बड़ा अपराध हो जायेगा, क्योंकि उससे दूसरे की भावनाओं को चोट पहुंचती है। इसी माहौल को तो कहते हैं 'तमस'—यानी अंधेरी, खौफनाक रात में एक दिशाहीन सफर . . .

आइए, लिखना-पढ़ना-सोचना-बोलना बंद करें, और इस या उस झंडे को उठाकर इस दौड़ में शामिल हो जायें—अपने को समझायें कि जब हम, हमारा परिवार, हमारा धर्म, हमारी पहचान, हमारी संस्कृति ही नहीं रहेगी तो इन रचनाओं और कला-कृतियों का क्या अचार डालेंगे ? ये सब तो बाद में होता रहेगा, पहले अपना धर्म और अपना संप्रदाय बचा लें। मगर जो समाज इस भाषा में सोचता है, वह फासिज्म के अलावा कहां जायेगा ? क्योंकि मुझे जिस धर्म को बचाना है, दुनिया में वही तो एक मात्र महान और श्रेष्ठ है—बाकी से हमेशा खतरा बना रहेगा, इसलिए जरूरी है कि उन्हें जल्दी से जल्दी समाप्त कर दिया जाये . . .

(*'मेरी तेरी उसकी बात', हंस,* मार्च, 1988)

शैतान की आयतें

राज्य और चर्च के आतंकवाद के खिलाफ, लोकतंत्र और व्यक्ति की स्वतंत्रता की पहली आवाज जिन लोगों ने उठायी थी उनमें सबसे महत्वपूर्ण नाम है वाल्तेयर का। "जो कुछ तुम कहते हो, मैं उसकी भर्त्सना करता हूँ, मगर मैं आखिरी सांस तक इस बात के लिए लड़ूंगा कि तुम्हें अपनी बात कहने का हक है।" वाल्तेयर का यह वाक्य ही समता, स्वतंत्रता और भाई-चारे का मूल मंत्र बन गया। 'अपनी बात कहने की आजादी' आज हमें बहुत ही सामान्य, या कहिए प्राकृतिक आवश्यकता-जैसी चीज लगती है, मगर सिर्फ इसी बात के लिए दुनिया के कितने लोगों को प्राणों से हाथ धोने पड़े हैं, इसका हमें सही अंदाजा नहीं है। दुनिया के हर विद्रोह का प्रारंभ इसी एक वाक्य से हुआ है। जो कुछ जैसा है, यह उसका मुखर अस्वीकार है। यथास्थिति को झकझोरनेवाली इन आवाजों को कभी राजा और सामंतों ने कुचला है तो कभी 'ईश्वरीय इच्छा' के एकमात्र प्रवक्ता, मुल्लाओं और पादरियों ने . . . न जाने कितने मंसूर, सुकरात और गैलिलियो सिर्फ इसलिए मार डाले गये कि जो कुछ वे कहते थे, वह सत्य का एक अनदेखा रूप प्रस्तुत करता था; कुफ्र था और स्थापित मान्यताओं के विरुद्ध था। ईश्वर या खुदा को किसी ने नहीं देखा, मगर उनकी शक्लें पुरी के शंकराचार्य या ईरान के आयतुल्ला खुमैनी जैसी हैं, और जो कुछ ये बोलते हैं वही 'ईश्वरीय आदेश' हैं तो मानना होगा किसी यमराज या शैतान को कहीं और तलाश करने की जरूरत नहीं है ... वे साक्षात् हमारे सामने हैं—ऋचाएं और आयतें बोलते हुए . . . "औरतों और शूद्रों को जला दो . . ." "सलमान रूशदियों को संगसार कर दो—यही पुण्य है।" कितनी सच बात कही थी हैनरिख हाइने ने, "एक सांस में जो लोग किताबें जलाते हैं, दूसरी सांस में आदमियों को जलानेवाले भी वे ही लोग होते हैं।" हिटलर ने दोनों को जलाया।

और मुहावरे की तरह हम सब इस बात को सुनने और कहने के भी अभ्यस्त हो गये थे कि "शब्द की शक्ति किसी भी भयानक बम से ज्यादा विस्फोटक और घातक है।" मगर इस बात की तो कभी कल्पना भी नहीं की थी कि सलमान रूशदी के उपन्यास 'शैतान की आयतें' (द सैटनिक वर्सेस) के रूप में हम उसे अपनी ही आंखों से देखेंगे। इस उपन्यास के कारण तीसरी दुनिया के न जाने कितने लोग आज धर्म के नाम पर जानें दे और ले रहे हैं, बड़े-बड़े देशों के

आपसी संबंध टूटने के खतरनाक बिंदु पर आ गये हैं और लगभग भयानक उथल-पुथल के विश्वव्यापी आसार नजर आने लगे हैं। विश्वास नहीं होता कि सिर्फ एक उपन्यास बारूद के ढेर में इस तरह पलीता बन सकता है। सलमान रूशदी को मार डालने के लिए इनाम-दर-इनाम घोषित किये जा रहे हैं—जो कल तक एक-दूसरे का गला काटते थे या दूसरे धर्मवालों को म्लेच्छ और काफिर कहते थे, वे सारे के सारे धर्माचार्य एक हो गये हैं—"रूशदी को मार दो . . ." ताकि अगर कल अपने यहां कोई रूशदी सिर उठाये तो उसे मार डालना जायज हो जाये ... धर्म को राजनीति की रणनीति बनाकर घिनौना इस्तेमाल करनेवालों की यह एकजुटता दर्शनीय है।

सुनते हैं 'शैतान की आयतें' उपन्यास न बहुत महान है, न महत्वपूर्ण। मगर उसे मुसलमानों की धार्मिक भावनाओं पर चोट पहुंचानेवाली किताब के रूप में केंद्र बनाकर जो तूफान खड़ा किया गया है, वह जरूर महत्वपूर्ण है। पहली बात तो यह कि कोई भी राजनैतिक तूफान, शुरू चाहे अचानक होता हो, मगर शीघ्र ही कुछ लोगों की योजना का हिस्सा बन जाता है या पहले से होता है। मध्यपूर्व में पिछले तीन-चार दशक से तेल-राजनीति, सारी दुनिया का सिरदर्द बनी हुई है। खाड़ी देशों की व्यावसायिक होड़ या नेतृत्व की दौड़ अब सिर्फ कुछ कबीलों की आपसी मारकाट नहीं रह गयी है, उनके पीछे विश्व की बड़ी शक्तियों के स्वार्थ जुड़े हैं। समाजवाद के खिलाफ धर्मान्ध कट्टरता, फौजी तानाशाही और मध्ययुगीन बर्बरता को महिमामंडित करने या उसे अपने हितों में इस्तेमाल करने की अमरीकी कूटनीति आज किसी से छिपी नहीं है।

इसलिए अगर कल अचानक पता चले तो हमें ताज्जुब नहीं होना चाहिए कि मामला न सलमान रूशदी या 'शैतान की आयतें' उपन्यास का था, न धार्मिक भावनाओं को चोट पहुंचाने का। यह सारा हंगामा तो धार्मिक हथियारों के सौदागर देशों का एक विश्वव्यापी पैंतरा था, जहां धर्मोन्माद को भड़काकर एक ही धर्म के लोगों को आपस में लड़ा दिया गया था और जो लड़ाई कल तक ईरान-इराक के बीच चल रही थी उसे तीसरी दुनिया के सारे देशों में फैला दिया गया था—ताकि पहले तो सबको हथियार बेचे जा सकें और फिर सबको अलग-थलग करके उनके साथ राजनैतिक सौदे कर लिये जायें। अंतर्राष्ट्रीय कूटनीति का सामान्य विद्यार्थी भी समझ सकता है कि यह सारा खेल सिर्फ धर्मोन्माद नहीं हो सकता। एक देश या धर्म को आत्मघाती सन्निपात में बनाये रखकर, बाकी दुनिया से काटते चले जाने के पीछे कोई बड़ी राजनीति न हो, यह असंभव है। अचानक ही इस बड़े खेल का मोहरा बन गये बेचारे सलमान रूशदी को कब तक बचाना या कब मार डालना है, यह फैसला अब बड़े खिलाड़ियों के हाथों में है—न खुमैनी के हाथ में है, न इनाम पानेवाले किसी 'किराये के हत्यारे' के हाथ में . . . लातीनी अमेरिका के छोटे-छोटे देशों में यह खेल रोज खेला जा रहा है . . . हां, वहां मुद्दे

और मुहावरे दूसरे हैं . . .

पिछले दो-ढाई महीने से पश्चिमी संचार-माध्यमों में इस्लामी कट्टरता और खुमैनी का खूंखार चेहरा ही फोकस में बनाकर रखा जा रहा है। उधर समाजवादी देश इस मुद्दे पर लगभग चुप हैं। और तो और, अपने यहां इतने हो-हल्ले के बावजूद आज की तारीख तक किसी भी कम्यूनिस्ट पार्टी का कोई भी बयान नहीं है। यह चुप्पी बेचैन करनेवाली है और अर्थपूर्ण है। इस्लामी भेड़चाल, कठमुल्लापन, जिहादी धर्मोन्माद, बर्बरता, कबीलाई रक्त-पिपासा—एक ऐसा पैट्रोल-भंडार है जिसे कभी भी माचिस दिखाई जा सकती है, इसे बड़े खिलाड़ी अच्छी तरह जानते और इस्तेमाल करते रहे हैं। उन्हें यह भी पता है कि अगर किसी तरह यह सिद्ध कर दिया जाये कि 'सूर्यग्रहण' एक गैर-इस्लामी दुर्घटना या कुफ्र है तो कोई-न-कोई खुमैनी जिहादियों की फौजें लिए सूरज की तरफ दौड़ पड़ेगा। और सारी दुनिया के मुसलमान अपने-अपने पडोसियों को इस कुफ्र के जिम्मेदार मानकर उनके घर फूंकने लगेंगे। मगर उनकी इस कमजोरी या ताकत के साथ खिलवाड़ करने के पीछे सिर्फ सदियों से चली आ रही इस्लाम और क्रिश्चियनिटी की लड़ाई ही है—यह बात गले नहीं उतरती। हो सकता है कहीं भीतर इस घृणा का भी हाथ हो... और यह भी हो सकता है कि इस्लाम को बर्बर, असभ्य, वहशियों, कठमुल्लों, जाहिलों और खूंखार बुद्धिहीनों की बढ़ी-चढ़ी तस्वीर बताकर पेश करने से ईसाई धर्म बहुत उदार, मानवीय, करुण और दयावान धर्म दिखाई देने लगता हो—मगर यह साफ है कि पर्दे के पीछे यह लड़ाई कतई धार्मिक नहीं—तेल और हथियारों की है, राजनैतिक उपनिवेशों की है। अपनी-अपनी रोटियां सेकनेवाले जो धार्मिक नेता इस विवाद को गाजियों और शहीदों की भाषा दे रहे हैं, या जो पुरातत्वशास्त्री इस्लाम और क्रिश्चियनटी के सैकड़ों सालों के इतिहास की खुदाई कर रहे हैं— वे सिर्फ सतह पर चलनेवाले मोहरे हैं; या उनकी लड़ाई छाया-युद्ध (फेंटम-फाइट) से अधिक कुछ नहीं है। धर्म के नाम पर जब भी कोई पैशाचिक, नृशंस और क्रूर घटना घटित होती है तो कुछ विद्वान हमेशा धर्म की आधारभूत महानता, विराटता, मानवीयता के उदाहरण देते हुए एक 'लेकिन' पर आ जाते हैं... "लेकिन औरतों को जलाने या नरबलि की अपनी परंपराएं हैं और हमें उनका सम्मान करना चाहिए . . ." या "मगर कुछ मामलों में इस्लाम बहुत असहिष्णु है..." और उन मामलों की सूची या तो राजनीति के खिलाड़ियों के पास है या धार्मिक दलालों के . . . जो या तो हमेशा बदलती रहती है या प्राथमिकताएं उलट-पुलट दी जाती हैं। वहां न इतिहास मदद करता है, न धर्म के आधारभूत तत्व . . . न समानांतर उदाहरण . . .

सच यह भी है कि इस्लाम और क्रिश्चियनिटी के अलावा इस विवाद को शिया-सुन्नी द्वंद्व का रूप भी दिया जा रहा है (दृष्टव्य : जी.एच. जौनसन का 9 मार्च 1989 के 'टाइम्स ऑफ इंडिया' में लेख) कहा जा रहा है कि कुरान एक अरब

द्वारा अरबी भाषा में अरबों को संबोधित किताब है। इस विवाद पर वे तो चुप हैं, लेकिन ये नये-नये मुल्ला तूफान बरपा किए हुए हैं। सुन्नी संप्रदाय न तो इतना अंधा है, न बिना मुकदमा सुनवाई के इस तरह फतवे देने में विश्वास करता है।

बहरहाल, अगर 'शैतान की आयतें' से मुसलमानों की धार्मिक भावनाओं को चोट पहुंची है, तो उन देशों में प्रतिबंध लगाने, उसे न पढ़ने की सिफारिश करने तक ही बात रहती, तब तो स्थिति दूसरी होती . . . मगर 'सलमान रूशदी को इसके लिए गोली मार दी जानी चाहिए' की घोषणा ने मुसलमानों को ठीक उसी रूप में प्रस्तुत कर दिया है जिसमें पश्चिम चाहता है। आज दुनिया का कोई भी रचनाकार, बुद्धिजीवी कैसे इस फतवे का समर्थन करेगा ? न तो रूशदी ने किसी राज्य के गोपनीय भेद का उद्‌घाटन किया है, न अपराधी जगत के ऐसे रहस्य बताये हैं, जिनका पता लगने पर फंसे हुए लोग उसकी जान के प्यासे हो जायें... हां, यह हो सकता है कि उसने लेखकीय छूट को अश्लील सीमा तक पहुंचा दिया हो, मगर उसकी सजा मौत है—आज सचमुच यह सारी सभ्य दुनिया के लिए चुनौती है। "नीरद चौधरी, नायपाल और रूशदी हम लोगों पर भौंकनेवाले कुछ लोगों द्वारा तैयार किये गये कुत्ते" हो सकते हैं, मगर उन्हें सिर्फ नजरंदाज किया जा सकता है, उन्हें बिल्कुल न पढ़कर मारा जा सकता है या उनके सवालों का सामना किया जा सकता है। एक किताब या प्रश्न से किसी धर्म का अस्तित्व खतरे में नहीं आता। अगर ऐसा होता है तो वाकई वह धर्म बहुत असुरक्षित है। सोवियत संघ जब अपने को असुरक्षित समझता था—वह एक बंद राज्य था—वहां हर विरोधी को गोली या निर्वासन की सजा थी। आज ग्लासनॉस्त का सिद्धांत यही सिद्ध करता है कि एक खुली, वयस्क, अधिक स्वस्थ जीवन-प्रणाली के रूप में दुनिया का सामना करने को तैयार है।

राष्ट्रीयता, धर्म, आइडैंटिटी, अपनी पहचान, स्वायत्तता—राजनीति के ये कुछ ऐसे शब्द वाण हैं जिनसे किसी भी जाति, धर्म, व्यक्ति को बेहद आसानी से भड़काया जा सकता है और वे खुद हमें अपने निर्णायक या आधारभूत सवाल लगने लगते हैं। चालाक ज्योतिषियों के ये ऐसे वाक्य हैं जो या तो हरेक पर लागू होते हैं या किसी पर भी नहीं—"आमदनी से खर्च ज्यादा होगा, आप तो सबका भला करना चाहते हैं, लेकिन लोग आपको बेवकूफ बनाते हैं, आपका अपना ही कोई आपको बड़ा नुकसान पहुंचा रहा है।"—ये बातें किसे निहायत अपनी निजी और आधारभूत नहीं लगेंगी ? मजा यह कि ये मुद्दे जितने महत्वपूर्ण आपके लिए हैं ठीक उतने ही आपके विरोधियों के लिए भी।

राजनीतिक स्तर पर हजारों-लाखों को गोली मारकर ठंडा कर देनेवाले ईरान के खुमैनी साहब सारी दुनिया से गोली की ही भाषा में बात करेंगे—यह दूसरों के राष्ट्रीय मामलों में हस्तक्षेप है, दूसरे देश के स्वतंत्र नागरिक पर हमला है। बौद्धिक दुनिया में लाजवाब होने पर ही गोली मारी जाती है और तब न

बोलनेवाला महत्वपूर्ण होता है, न सुननेवाला। महत्वपूर्ण होती है वह बात जिसका जवाब आप नहीं दे पाये—क्योंकि वह छूत के कीटाणु की तरह कभी भी, कहीं भी किसी को भी अपना माध्यम बना सकती है। दुनिया का कोई भी ऐसा धर्म या विचार नहीं है जिसे हर बार नये समय के प्रश्नों का सामना न करना पड़ा हो। अगर यह बात सच है कि इस्लाम में 'पोप' की तरह कोई एक धर्मगुरु नहीं होता और खुमैनी सिर्फ एक मुफ्ती है, काजी नहीं—तो इस्लाम के दूसरे विद्वानों और धर्माधिकारियों को एकजुट होकर इस आत्महंता फतवे की मुखालफत करनी चाहिए . . .रूशदी के साथ कुछ भी होना (वह भी दूसरे मुल्क में) सारी बौद्धिक दुनिया की भीषणतम दुर्घटना होगी . . . एक विशाल धर्म पर बुद्धि-विरोधी होने का ठप्पा होगा . . . और वही होगा जो पश्चिम चाहता है।

और हां, 'बोलने की स्वतंत्रता' चाहनेवालों को अपने दामन में झांककर 'बोलने की जिम्मेदारी' पर भी विचार करना होगा। 'बोलने के तरीके' को भी तोलना होगा।

(*'मेरी तेरी उसकी बात', हंस,* अप्रैल, 1989)

'सिर्फ उनकी बपौती है' अभिव्यक्ति

सलमान रूशदी के उपन्यास 'सैटेनिक वर्सेज' (शैतानी पद्यावली) पर (बिना पढ़े) लिखते हुए सैयद शहाबुद्दीन बहुत ही प्रसन्न और संतुष्ट हैं (टाइम्स ऑफ इंडिया, 12 अक्टूबर, 88) कि भारत सरकार ने उपन्यास को प्रतिबंधित कर दिया है और वह हमारी धार्मिक भावनाओं का कितना आदर करती है। इन धर्मान्ध कठमुल्लों ने हर रचना-कर्म को असंभव बना दिया है—न यहां मौलिकता के लिए कोई जगह बची है न पुरानी स्थितियों की नयी व्याख्याओं की। समाज, देश और परिवार—से जुड़े किसी भी आदमी की कहानी ये जाहिल हमें नहीं लिखने देंगे क्योंकि कहीं किसी देवी-देवता के नाम पर नायक-नायिका के नाम होंगे तो कहीं परिस्थितियां, परिवेश आपत्तिजनक होंगे। धार्मिक प्रश्नों पर विचार या बहस कर सकने की कहीं कोई गुंजाइश नहीं रह गयी है। जो जैसा है, वैसा ही, जड़-मूर्खतापूर्ण और अविश्वसनीय बना रहे। अपने धर्मान्ध उद्‌गारों में सैयद साहब ने अपने जैसे हिंदू-सिख-ईसाई धर्मान्धों को शामिल कर लेने की उदारता भी दिखाई है। अहा, कहां जाकर भाईचारा ढूंढा है मौलाना ने . . . ? और वही धार्मिक कठमुल्लापन जब रामजन्मभूमि की तरफ जाता है तो ?

लेकिन सैयद साहब बेहद तेज बुद्धि के व्यक्ति हैं, इसलिए अपने समुदाय के दूसरे बुद्धिजीवियों को खुलकर गालियां देते हैं कि वे अवाम की भावनाओं को नहीं समझते, कि इनके और जन-साधारण के बीच बहुत बडी खाई है इसलिए उन्हें कोई हक नहीं है कि हमारी धार्मिक भावनाओं से खिलवाड़ करें . . . यानी जन-साधारण जिन अंधविश्वासी जहालत, बर्बरता और धर्मांधता में डूबा है डूबा रहे, न उसे प्रशिक्षित करने की जरूरत है न जागरूक बनाने की। बुद्धिजीवियों की बात तो सुनना भी कुफ्र है। साधारण जन जैसा है, वैसा ही बना रहेगा तभी तो सैयद साहब की दुकानदारी चलेगी। अगर इन विदेश-भ्रष्ट अंग्रेजी पढ़े-लिखों के चक्कर में लोग सोचने, बहस करने और सवाल उठाने लगे तो कौन इस सैयदों, शकराचार्यों और मठाधीशों को पूछेगा ? मगर खुदा और दीन की पंद्रह सौ वर्ष पहले कही गयी बातें ऐसी ही प्रश्नातीत और शाश्वत सत्य हैं तो क्या सैयद साहब बतायेंगे कि वे हवाईजहाज पर क्यों चढ़ते हैं, माइक से क्यों बोलते हैं, कपड़े क्यों पहनते हैं, अभिनय क्यों करते हैं ? क्या ये सब खुदा की हुक्मउदूली नहीं है ? अगर खुदा यही चाहता था तो क्या ये चीजें जन्म के साथ ही नहीं

भेज देता ? अगर खुदा ने आपको नंगा, आसमान के नीचे पैदा किया है तो जो कुछ भी आप करते हैं वह धर्म और ईश्वर की खिलाफवर्जी है—नाखून काटने से लेकर शेव करने तक . . . यहां सैयद शहाबुद्दीन कहेंगे कि खुदा ने ये चीजें जन्म के साथ न भी दी हों तो इन्हें बनाने की अक्ल तो दी है! जी हां, अक्ल तो दी है ताकि जो कुछ खुदा ने अधूरा या गलत बनाया है, आदमी उसे पूरा कर सके। सभ्यता का सारा विकास यहीं है। तब सैयद साहब को अक्ल के इन सवालों से ऐसी दुश्मनी क्यों है ? या अक्ल की मॉनोपॉली (एकाधिकार) में वे जिसे जितनी चाहेंगे उतनी ही बांटेंगे ? हां, द्वेष और नफरत बंदर-बांट से सैयद साहब हमें उल्लू बना रहे हैं तो अपने को धर्मावतार घोषित करके वे कहेंगे कि हम उनके नहीं धर्म के दुश्मन हैं . . . किन्हें और किस युग में और कौन-सा धर्म सिखा रहे हैं सैयद साहब ?

और सरकार इनके साथ है। उसे अचानक ही जनता की धार्मिक भावनाओं के लिए कैसी चिंता सताने लगी है। धर्मगुरुओं को मेरा सुझाव है कि दो-पांच हजार साल पहले की जो भी धर्मसम्मत जहालत है उस सबको सरकार से इन्हीं दिनों स्थायी बनवा लें—वोट लेने हैं इसलिए सरकार सब कुछ करेगी—वर्ना फिर कोई समझदार नेता आ गया तो शूद्र, सती, शाहबानो, बाबरी मस्जिद, मंदिर प्रवेश सब धरे के धरे रह जायेंगे . . . कहीं ऐसा तो नहीं है कि 'सैटेनिक वर्सेज' उपन्यास में अमिताभ बच्चन और राजीव गांधी का खुलकर मजाक उड़ाया गया है, उन्हें खींचा गया है और उन्होंने अपने बचाव के लिए शहाबुद्दीनों को भड़का दिया है और ये कठपुतले 'धर्म खतरे में है' के नारे लगाने लगे हैं ..., अपनी धार्मिक चीत्कार के साथ-साथ एक बहुत ही खतरनाक बात भी कहते हैं सैयद शहाबुद्दीन कि भारतीय संविधान के अनुच्छेद 19/1 के अनुसार विदेशी सलमान रूशदी को 'अभिव्यक्ति की स्वतंत्रता' का अधिकार नहीं है, यहां आयें तो उनकी अक्ल ठिकाने लगा दी जायेगी ? यानी विदेशी भारत के बारे में कुछ न लिखें। फिर दुनियाभर के संचार-माध्यमों के विदेशी संवाददाताओं के लिए कौन-सी सजा है ? जो कुछ पाकिस्तान और दूसरे देशों में जाकर वे बोलते हैं, उसकी सजा ?

(*'मेरी तेरी उसकी बात', हंस,* नवंबर, 1988)

एक बुद्धिजीवी का संकट

1968 में जब अलीगढ़ विश्वविद्यालय को एक राजनैतिक तुष्टीकरण के रूप में 'मुस्लिम' विशेषण लगाकर अल्पसंख्य-संस्थान का दर्जा दिया गया तो दबंग कुलपति अली यावर जंग ने इस घोषणा के साथ त्यागपत्र दे दिया था कि यह बाहरी और भीतरी सांप्रदायिकता की जीत है, अब इसे कठमुल्लाओं का गढ़ बनने से कोई नहीं रोक सकता, हुआ भी यही। इंदिरा गांधी ने 1981 में दूसरी राजनैतिक चाल के रूप में अलीगढ़ मुस्लिम विश्वविद्यालय संशोधन अधिनियम द्वारा एकैडेमिक काउन्सिल के ऊपर 'बाहरी जागरूक नागरिकों' की ऐसी कार्यकारिणी समिति बना दी जिसमें सामंत, उलेमा, मौलवी भरे थे—यानी विश्वविद्यालय की नीतियां, नियमन और प्रबंधन प्राध्यापकों और बुद्धिजीवियों के हाथों से छीनकर धार्मिक मुसलमानों के हाथों चला गया . . . दूसरे शब्दों में देवबंद की फैक्टरी से निकले कलपुर्जे अलीगढ़ का कारखाना चलाने लगे . . . मानो गुरुकुल कांगड़ी के स्नातक आई.आई.टी. चलाने के जिम्मेदार बना दिये गये हों . . .

सांप्रदायिकता प्रकृतिशः विस्तारवादी होती है। उसके लिए यह अनिवार्य है कि अपनी शक्ति और प्रामाणिकता के लिए वह 'आपके सर्वश्रेष्ठ' को हथियाने या एप्रोप्रियेट करने के अभियान चलाये रखे—वर्ना प्रभाव छीजने लगेगा। हिंदू सांप्रदायिकता ने राम और अयोध्या को हथिया ही लिया है, मगर अभी बहुत से इतिहास-पुरुष बाकी हैं, विवेकानंद, पूजा-पाठ, दान-धर्म, जाति-वर्ण का चाहे जितने कड़े शब्दों में लगातार विरोध करते रहे हों, मगर वे आज 'हिंदू धर्मोद्धारक' हैं, हिंदूवादियों ने चाहे गांधी को गोली मार दी हो, मगर आज भारतीय जनता पार्टी के बुद्धिजीवी गांधीवाद और स्वदेशी आंदोलन के गला-फाड़ नारे लगा रहे हैं, भगतसिंह ने अपने आपको चाहे जितना नास्तिक, धर्मविरोधी और मार्क्सवादी कहा हो, मगर आज वे बजरंगदल के हृदय-सम्राट् हैं ... मुस्लिम संप्रदायवाद तो हमेशा से बुद्धिविरोधी, जड़, कठमुल्ला और बर्बर रहा है, इसलिए अलीगढ़ के बाद उन्हें जिस दूसरे बड़े संस्थान को अपना गढ़ बनाना है वह है जामिया मिल्लिया विश्वविद्यालय ... सर सैयद अहमद खां ने जिस तरह मुसलमानों में जागृति फैलाने, उन्हें आधुनिक युग के अनुरूप ढालने की कल्पना के रूप में विश्वविद्यालय

स्थापित किया, उसी तरह डॉ. जाकिर हुसैन ने गांधीजी के सिद्धांतों के हिसाब से सहिष्णुता, परिश्रम और समन्वित संस्कृति की बुनियादी तालीम देने के लिए जामिया मिल्लिया की नींव रखी। पिछले दिनों वह देश के प्रमुख शिक्षा-केंद्रों में रहा है और वहां के मास-कम्यूनिकेशन-सेंटर जैसा तो शायद पूरे एशिया में दूसरा नहीं है। मुझे नहीं पता, इस्लामिया शब्द जामिया-मिल्लिया में कब लगा, मगर आज उसे भी मदरसा बना डालने का जेहाद चालू है . . . इस्लामी कट्टरता की ट्रेजेडी यह है कि मध्ययुग के रेगिस्तानी नियम-कायदों को आज की सारी दुनिया पर लादने के लिए जमीन-आसमान एक किये हैं। इसलिए आये दिन कोई-न-कोई समस्या ऐसी उठ खड़ी होती है कि 'इस्लाम खतरे में है' के नारे बुलंद होने लगते हैं और मुल्ला या मौलवी आग उगलते भाषण झाड़ने लगते हैं। विश्वास कीजिए अगर कोई सिरफिरा कल यह नारा लगा दे कि मशीन, बिजली . . . बैंकिंग सब इस्लाम-विरोधी हैं (शरीयत में साफ कहा गया है कि आप खुदा के नियम-कायदों में दखलंदाजी नहीं करेंगे) तो दस-बीस हजार सच्चे मुसलमान उसके साथ होंगे जो कल-कारखाने, बैंक जलायेंगे, बिजली घरों को तोड़ेंगे . . . और विरोध करनेवालों को संगसार कर देंगे ... औरंगजेब ने भी तो अभिनय और संगीत को इस्लाम-विरोधी तय कर ही दिया था ... अभी पिछले दिनों जैन धर्माचार्यों के बीच भी ऐसा ही विवाद उठा था कि जैन मुनियों और आचार्यों को माइक का इस्तेमाल करना चाहिए या नहीं, हवाई जहाज की यात्रा धर्म-सम्मत है या नहीं। चूंकि वहां पढ़ने, लिखने और सोचने या बहस का भी रिवाज है, फिर जैन धर्म उतना आक्रामक भी नहीं है, इसलिए न जहाज जलाये गये, न माइक तोड़े गये ... दो विरोधी दुनियाओं के बीच एक साथ रहनेवाला धर्म, खासतौर से वह जो अपने विवेक के इस्तेमाल की बिल्कुल इजाजत नहीं देता—अपने अनुयायियों को हमेशा एक अपराध-बोध, संशय और असुरक्षा में बनाये रखने के लिए अभिशप्त है ... न वे निर्विघ्न भाव से 1500 साल पहले के रेगिस्तानी कबीलाई युग में बने रह सकते हैं, न खुले मन से आज के मशीनी युग में, जो अपने स्रोत में ही ईश्वरीय नियमों में हस्तक्षेप है। उलेमा असलियत नहीं जानते या हर विरोधी स्थिति को सही सिद्ध करने के लिए उनके पास शरीयत के उद्धरण या व्याख्याएं नहीं हैं, ऐसा नहीं है। आखिर उन्होंने पाकिस्तान में सूदखोरी (बैंकिंग) को भी धर्म-सम्मत तय कर दिया है और परिवार नियोजन को भी। मगर आम आदमी की श्रद्धा पर सवारी करके, हजारों से मनमानी उठ-बैठक करायी जा सके तो वह सचमुच ही बेवकूफ होगा जो ऐसे बंधुआ रज़ाकारों को मुक्त कर दे। कहां मिलेंगे ऐसे गाजी सैनिक, जो बिना कुछ लिये-दिये किसी पर भी हमला कर दें ? आज की राजनीति में तो हर संप्रदाय को ऐसी भेड़ें और भेड़िए चाहिए।

तो इस बार निशाना है जामिया-मिल्लिया। इसे इस्लामी किला बनाना है—आखिर काफिरों से बचाव के लिए अकेला अलीगढ़ ही तो काफी नहीं है।

राजधानी में यह गढ़ बन जाये तो इससे अच्छी और क्या बात है। उधर काफिर भी लगे हैं (या चुप हैं) कि बने जल्दी से जल्दी यह धर्म-गढ़, हमें अपने पचासों विश्वविद्यालयों पर भगवा फहराने का बहाना तो मिले . . .

जामिया-परिसर में लगी ग़ालिब की मूर्ति के हाथ में काला झंडा पकड़ा दिया गया है—यानी वे 'सैटेनिक वर्सेज' पर लगे प्रतिबंध के पक्ष में हैं, या प्रतिबंध उठाने की बात कहनेवालों के खिलाफ हैं।

गालिब जिन्होंने जिंदगी-भर जाहिदों, मुल्लाओं यहां तक कि खुदा तक का विरोध किया और जो खुद अपने समय की 'शैतानी आयतें' लिख रहे थे, आज धर्मान्ध मुसलमान के प्रतीक हो गये ...

मानो ईश्वर, आत्मा, वेदों और स्मृतियों, वर्ण-व्यवस्था सबका विरोध करने वाले बुद्ध को हिंदुओं ने अपना 'भगवान' बनाकर नख-दंतविहीन कर डाला हो ...

हुआ यह कि एक केंद्रीय मिनिस्टर सलमान खुर्शीद की पत्नी लुइस फर्नांडीस ने 'संडे' में सम-कुलपति प्रो. मुशीरुल हसन का एक इंटरव्यू छापा और मानो चलते-चलते पूछ लिया कि सलमान रूशदी की 'सैटेनिक वर्सेज' के बारे में आपकी क्या राय है। उन्होंने एक विचारक की तरह कह दिया कि उस किताब ने पैगम्बर साहब को अपमानित ही नहीं किया, लाखों मुसलमानों की भावनाओं को ठेस पहुंचायी है। उस पर प्रतिबंध के समर्थन में मैं भी था—हालांकि एक बुद्धिजीवी की तरह मैं महसूस करता हूँ कि प्रतिबंध कोई इलाज नहीं है। हरेक को पढ़े-सुने जाने का हक है। और लीजिए साहब, जामिया में भयंकर- हंगामा उठ खड़ा हुआ कि प्रो. मुशीरुल हसन प्रतिबंध-विरोधी हैं और उन्हें जामिया से निकाला जाना चाहिए . . . यही नहीं, उपकुलपति बशीरुद्दीन अहमद को भी कुर्सी छोड़नी चाहिए। इस पर प्रो. मुशीरुल हसन ने बार-बार सफाइयां दीं और कहा कि मैं प्रतिबंध के पक्ष में हूँ, अगर मेरे वक्तव्य से कोई और अर्थ निकलता है तो मुझे खेद है। मगर विद्यार्थी अड़े रहे कि इस्लाम तभी बचेगा जब प्रो. हसन अपने पद से इस्तीफा दे देंगे। जिन प्रोफेसरों या दूसरे लोगों ने हसन साहब की बौद्धिक और पेशे की उपलब्धियों या राय रखने की स्वतंत्रता की बात कही, उनके साथ दुर्व्यवहार किया गया, यहां तक 'इस्लामिक स्टडीज' के अध्यक्ष प्रो. अख्तरूल वसी की बुरी तरह पिटाई कर दी गयी . . . विद्यालय बंद हुआ और फिर खुला—लेकिन उपकुलपति और समकुलपति को हटाने का आंदोलन, धरना और अनशन चलते रहे ... किसी की समझ में नहीं आ रहा कि यह सब क्यों हो रहा है? सारा बुद्धिजीवी जगत स्तब्ध, क्षुब्ध और बंटा हुआ है। जामिया के प्राध्यापक डरे और सहमे हुए हैं। एक तरफ इकबाल मसूद जैसे लोग हैं जो कहते हैं कि मुसलमानों की 'साइकी' (मानसिक बनावट) को न बाहरवाले समझते हैं, न मुस्लिम उदारवादी बुद्धिजीवी। मसूद बेशर्मी से इस मुस्लिम साइकी के नाम पर 'घैटोइज्म'

की वकालत करते हैं कि मुसलमान जैसे हैं वही सही है, वही उनका धर्म है, इसमें किसी भी तरह की छेड़छाड़ या सुधार-संशोधन की बात करना मुस्लिम-साइकी को न समझना और उसे भड़काना है। दूसरी तरफ सलमान खुर्शीद जैसे डिप्टी मिनिस्टर हैं जो विद्यार्थियों के बीच दहाड़ते हैं कि जामिया को हमने और हमारे बाप-दादों ने खून-पसीने से सींचकर बड़ा किया है, इसलिए किसी को हक नहीं है कि "जामिया क्या हो ?" हमें यह बताये। बशीरुद्दीन अहमद और मुशीरुल हसन को जाना ही होगा . . . या उपकुलपति, मुशीरुल हसन को पद-मुक्त करें. . . यही बात कही है सांसद एम. अफजल ने। सिर्फ 'नई दुनिया' के संपादक शाहिद सिद्दीकी ने साहसपूर्वक इस घटना की भर्त्सना की है और प्रो. हसन के अधिकार का पक्ष लिया है।

विद्यार्थी नेताओं का वह तबका जो आंदोलन चला रहा है, न तो विद्यार्थियों का हित देख रहा है (एक सप्ताह बाद ही इम्तिहान शुरू होने थे), न धर्म का। "धर्म के मामले तय करनेवाले या फतवे देनेवाले आप कौन होते हैं ? सुनते हैं नायब इमाम बुखारी ने विद्यार्थियों से साफ कहा था दूसरी तरफ जिन अख्तरुल वसी की पिटाई हुई वे खुद इस्लामी धर्मशास्त्र के प्रोफेसर हैं, प्रो. मुशीरुल हसन इस्लामी इतिहास के प्रकांड विद्वान और विख्यात प्राध्यापक हैं। वे सन् '79 से वहां पढ़ा रहे हैं—ऐसे लोगों के मुकाबले वे कौन-से विद्यार्थी नेता हैं जो धर्म की रक्षा कर रहे हैं, हंगामा उठाये हैं और सात हजार विद्यार्थियों का साल बर्बाद करने पर तुले हैं ? गुस्से और दुख की बात है कि बाबरी मस्जिद के लिए खून की नदियां बहा देने की घोषणा करनेवाले मुस्लिम नेता तय नहीं कर पा रहे कि यहां क्या स्टैंड लें क्योंकि स्थिति धीरे-धीरे खुलकर आ रही है : मामला मजहब का नहीं, मतलब का है। प्रोफेसर बशीरुद्दीन ने विश्वविद्यालय की जमीनों पर अवैध कब्जों और गलत नियुक्तियों को लेकर, ऐसे कदम उठाये हैं कि बहुतों के आसन हिल गये हैं, अगर यही कुलपति बना रहा तो बाप-बेटे यानी खुर्शीद आलम खां और सलमान खुर्शीद का वोट बैंक छिन जायेगा, जागीरें समाप्त हो जायेंगी। इसलिए मकसद कुलपति को हटाना है, प्रो. हसन का यह वक्तव्य न होता तो कोई दूसरा बहाना होता। अभी भी एक-सूत्री मांग यही है कि प्रो. वाइस चांसलर के साथ वाइस चांसलर को भी जाना चाहिए, क्योंकि एक 'मुस्लिम संस्था' (सरकार ने इसे कभी मुस्लिम संस्थान घोषित नहीं किया) का कुलपति गैर-मुस्लिम नहीं हो सकता—अहमद कादियानी हैं और हसन शिया हैं। अफसोसनाक यह है कि जनता दल और कांग्रेस के पांच-छः सांसदों ने मिलकर राष्ट्रपति से अपील की है कि प्रो. हसन और प्रो. अहमद को धर्म के हित में त्यागपत्र देने का आग्रह किया जाना चाहिए . . . देखा, आपने, कांग्रेस और जनता दल वैसे चाहे आपस में एक-दूसरे को फूटी आंखों न देखते हों, मगर 'धर्म के मंच' पर कैसे एकजुट हुए हैं—यहां यह भी नहीं भूलना चाहिए कि बाप-बेटे, दोनों ही कांग्रेसी सरकार में

महत्वपूर्ण पदों पर हैं और जामिया की कार्यकारिणी के सदस्य हैं। राजनीति द्वारा धर्म के बेशर्म इस्तेमाल की एक और मिसाल . . . मानो दो अधिकारियों के कुर्सी छोड़ते ही इस्लाम का खतरा भी टल जायेगा और कुफ्र का प्रायश्चित भी हो जायेगा . . . जाहिर है कि मामला धर्म का नहीं, मिल्कियत का है, जागीर का है... *खुर्शीद आलम खां के दुबारा उपकुलपति के लिए हार जाने का है।*

उधर देश के सारे बुद्धिजीवियों को लग रहा है कि अगर धर्म का नाम लेकर 'अभिव्यक्ति की स्वतंत्रता' को विद्वान और विशेषज्ञ नहीं, गुंडे और राजनेता तय करेंगे तो लोकतंत्र का क्या मतलब है ? हम क्या पढ़ायेंगे और क्या बोलेंगे? ज्ञान-विज्ञान, टैक्नॉलोजी, दर्शन, साहित्य क्या किसी पर भी बात कर सकना संभव होगा ? आश्चर्य की बात है कि इस धार्मिक आतंक के खिलाफ न तो मुस्लिम बुद्धिजीवी सामने आ रहे हैं न प्रगतिशील, जनतांत्रिक सोच के लेखक-पत्रकार . . . सलमान रूशदी के खिलाफ मौत का फतवा देनेवाले ईरान तक में 41 बुद्धिजीवी और संस्कृतिकर्मी तक यह मांग लेकर सामने आ सकते हैं कि 'सैटेनिक वर्सेज' से प्रतिबंध उठना चाहिए और फतवा वापस लिया जाना चाहिए। वहीं दूर बैठे लोकतंत्र में प्रो. मुशीरुल हसन को धार्मिक भेड़ियों के सामने निहत्था छोड़ दिया गया है और सारे सूरमा बैठे उनका निकाले जाना देख रहे हैं—एक पूर्वनिर्धारित नियति मानकर . . . 'क्रानिकल आफ़ ए डैथ फोर टोल्ड' या 'सब कहते थे रामदास की हत्या होगी', और वह हुई . . .

यह सही है कि इस्लाम बेहद कट्टर और किसी हद तक दमनकारी धर्म रहा था, या इसमें स्वतंत्र सोच और बुद्धिजीवियों की कोई भूमिका नहीं रही। न वहां प्रोटेस्टैंट जैसा प्रतिवाद उभरा, न ब्रह्म समाज और आर्य समाज जैसे आंदोलन हुए। सूफीवाद या जो दूसरे आंदोलन हुए भी उन्हें हाशिए पर डालकर नगण्य बना दिया गया—शायद यही कारण है कि कभी भी किसी ने गंभीरता से यह सवाल नहीं उठाया कि आप खुदा की तो आलोचना कर सकते हैं—मगर उस व्यक्ति के बारे में एक शब्द नहीं बोल सकते जो उसकी वाणी को सामने लाया ... आखिर क्यों ? यानी आप यह संशय भी मन और जबान पर नहीं ला सकते कि जो कुछ बताया जा रहा है, क्या वही और वैसा ही खुदा ने कहा था ? —क्या बीचवालों ने उसमें कुछ भी अपनी तरफ से नहीं मिलाया ? धार्मिक-विश्वास की न सही, क्या वह एकैडैमिक जिज्ञासा और विश्लेषण की चीज भी नहीं हो सकती ? क्या कोई यह भी नहीं पूछ सकता कि जिन स्थितियों और समय में वे बातें कही गयी थीं वे क्या थीं और आज भी क्या वही स्थितियां और समय हैं ?

धर्म कोई भी हो, जाहिर है कि बिचौलियों द्वारा की गयी मनमानी व्याख्याएं ही जब आपकी भाषा, सोच और व्यवहार को तय करेंगी तो न किसी स्वतंत्र चिंतन की गुंजाइश है न अभिव्यक्ति की छूट की . . . आप न कोई विश्लेषण

कर सकते हैं न बहस . . . चेहरे और नाम बदलकर इस मामले में सारे धर्मों के कठमुल्लों की भाषा एक है—जो कुछ हम कहते हैं, अगर उसे ज्यों का त्यों स्वीकार नहीं करोगे तो जिंदा नहीं छोड़ा जाएगा . . . सौभाग्य से हिंदू और क्रिश्चियन धर्मों में उदारतावादी सोच की आवाज कभी इतनी कमजोर नहीं रही कि बिना प्रतिरोध के इस दमन और घुटन के सामने घुटने टेक दिये जायें . . . मगर हमारे धर्मधुरीण—बी.जे.पी., विश्वहिंदू परिषद्, बजरंगदल या शिवसेना जिस तेजी से अपना इस्लामीकरण कर रहे हैं या "अगर वे ऐसा कर सकते हैं तो हम क्यों नहीं कर सकते ?" की होड़ और दौड़ में शामिल हो रहे हैं, उसे देखते हुए खतरा हमें ज्यादा बड़ा और भयावह लग रहा है।

अभी तक प्रायः तीनों प्रमुख धर्मों (हिंदू, इस्लाम, ईसाइयत) के प्रश्नों पर बुद्धिजीवियों का बड़ा ही कूटनीतिज्ञ किस्म का आडंबरी व्यवहार रहा है कि हमें एक-दूसरे के धार्मिक मामलों में नहीं बोलना चाहिए। इसी अनकहे समझौते के तहत हमलों के रूप में धार्मिक नेता या राजनीति के खिलाड़ी भले ही एक दूसरे के खिलाफ आरोप-प्रत्यारोप और आक्रमण करते रहे हों—बुद्धिजीवी प्रायः समझ और तोलकर बोलते हैं, या चुप्पी लगा जाते हैं—उन्हें समझा दिया जाता है कि आप उस धर्म की 'साइकी' नहीं समझते इसलिए 'झाड़ूमार बयानों' से परहेज करें . . . मगर आज बहुत साफ हो गया है कि 'सोच और अभिव्यक्ति की स्वतंत्रता' का मसला किसी एक धर्म तक सीमित नहीं रह गया है—वह हर धर्म और जाति के बुद्धिजीवी की मौत है—चाहे, लास्ट पैशन या सिक्स्थ वूंड ऑफ क्राइस्ट हो, या 'रामा रिटोल्ड और रिड्ल्स ऑफ राम' हो . . . सैटेनिक वर्सेज हो या पाश और अवतार सिंह की हत्या या प्रो. अत्रे का मुंह काला करके गधे पर घुमाना . . . सांप्रदायिकता के इन फंडामैंटलिस्ट (धर्मान्ध) फरमानों और फतवों के बुलडोजरी आतंक में अगर अभिव्यक्ति की स्वतंत्रता, हर लिखने-सोचने या कोई भी विचार या कला-कार्य करनेवाले का सरोकार नहीं रहा तो सब अलग-अलग मार दिये जायेंगे, किसी को इस्लाम मारेगा तो किसी को हिंदूवाद, कोई सिखों के हाथों शहीद होगा तो किसी को पोप पादरी सूली पर चढ़ायेंगे . . . आपसी हित और स्वार्थ ही एक-दूसरे को आपस में नहीं जोड़ते, अलग-अलग भय और असुरक्षा भी एक ही नाव के यात्री होने का विश्वास जगाती है, सोचने-बोलने की स्वतंत्रता या तो होती है या नहीं होती, वह किश्तों और शर्तों के साथ नहीं दी जाती, कम से कम उसकी सीमा या अधिकार कहां है यह तय करने का हक न तो कठमुल्ला मौलवियों, पंडितों को दिया जा सकता है, न ही लंपट-गुंडों और लुटेरों को . . .

इसलिए मुशीरुल हसन के हटाये जाने या हट जाने का सवाल—एक संस्था को बचाने के लिए व्यक्ति की कुर्बानी का सवाल बिल्कुल नहीं है, सवाल यह है कि हम संस्था को किन शर्तों पर बचा रहे हैं—इन शर्तों पर बचाने का अर्थ है जामिया को कठमुल्लों, जाहिलों और शिक्षा-विरोधियों की झोली में डाल

देना—मुशीरुल हकों के हटाए-मारे जाने के सिलसिले को छूट दे देना, खासतौर से उस समय जब हम सब देख रहे हैं कि मसला धर्म या धर्म-विरोधी होने का बिल्कुल नहीं है, बल्कि जामिया के हित में बपौतियों, ज्यादतियों, अतिक्रमणों, बेईमानियों और गैरकानूनियों के खिलाफ साहसिक कदम उठानेवाले वाइस चांसलर को किसी भी कीमत पर हटा दिए जाने का है . . . मुझे लगता है कि अगर तात्कालिक शांति, सौदे या समझौते की शर्त पर सरकार या लोकतांत्रिक ताकतें इस मुद्दे पर झुक गयीं तो यह शाहबानो से भी ज्यादा खतरनाक, आत्मघाती विस्फोटक और दूर तक भारतीय राजनीति को विकृत करनेवाला हादसा होगा। हर मौके पर इस घटना को शाहबानो केस की तरह हथियार बनाकर ही इस्तेमाल नहीं किया जायेगा, खुद अपने लोग भी इस चपेट में आयेंगे। समझ में नहीं आता कि शहाबुद्दीन, एम.जे. अकबर, असगर अली, सईद नक़वी जैसे तेज-तर्रार बुद्धिजीवी खतरे के इस पक्ष को क्यों नहीं देख रहे ? क्या उनके सामने ही सुप्रीम कोर्ट का फैसला बदलवाने की प्रतिक्रिया का फायदा आज भारतीय जनता पार्टी हर जगह और बार-बार नहीं उठा रही है ? अयोध्या मंदिर के सिलसिले में किसी भी कोर्ट का कोई अध्यादेश मानने की बात कहते हुए वे लोग और क्या तर्क देते हैं ? क्या ये मुस्लिम नेता अपनी स्थितियों को कभी भी अपनी तरह देखने से इनकार ही करते रहेंगे और हमेशा ईरान-इराक, सउदी अरब या पाकिस्तान के परस्पर विरोधी उदाहरणों के पीछे भागते रहेंगे ?

जैसा कि मैंने कभी कर्नाटक में छपी कहानी पर हुए दंगों के संदर्भ में कहा था कि इस संसार का सबसे भयानक असर हमारे रचना-कर्म पर ही होने जा रहा है—हमारा लिखना-सोचना सब खत्म कर दिया जायेगा—क्योंकि हम बहुत ही बहुल-जातीय, बहुधर्मी देश के लेखक हैं . . . सब एक दूसरे को प्रभावित, समाहित या स्वीकार-अस्वीकार करते हैं। 'सैटेनिक वर्सेज' पर भारतीय मुसलमानों की प्रतिक्रिया ठीक वैसी ही है, जैसे मिससिपी नदी की बाढ़ दस-बीस मस्जिदें बहाकर 'इस्लाम के लिए खतरा' बन जाये और गंगोली या अमरोहा गांव के कुछ सीधे-सादे मुसलमान अपने पड़ोसियों के मकान-घर तोड़-फोड़कर भयानक प्रदर्शन करें—मिससिपी का बहिष्कार कर दें—या उसकी जब्ती के आदेश दें—उन बेचारों को न यह मालूम कि मिससिपी कहां है, कैसी है, पहाड़ है या नदी—मगर तूमार उठाये हैं कि मिससिपी नाम का कोई शैतान है जो मजहब पर कुफ्र बरपा कर रहा है और 'मजहब पर खतरा' किसी भी हालत में बर्दाश्त नहीं किया जायेगा—हम खून की नदियां बहा देंगे, मार देंगे और मर जायेंगे ... खुद सैटेनिक वर्सेज पर नहीं, बल्कि उसके प्रतिबंध को लेकर तूफान बरपा करनेवाले अनपढ़ जाहिलों से पूछा जाना चाहिए कि यह चीज क्या है ? किताब है या इमारत, इसमें लिखा क्या है ?

कभी-कभी अपने को सौभाग्यशाली मानने को मन करता है कि रोज-रोज के

बेवकूफी-भरे फतवों और खतरों के तनाव से मेरी 'साइकी' मुक्त है और मैं बड़े से बड़े शंकराचार्य, धर्माचार्य, शास्त्र, ग्रंथ, देवी-देवता या आदेश को ठेंगे पर मार सकता हूँ और खुलकर अपनी राय दे सकता हूं, बहस में सहमत-असहमत हो सकता हूँ। हां मेरे अपने गड्ढे, चहबच्चे और जोहड़ या गंदे नाले दूसरे हैं ...

(*'मेरी तेरी उसकी बात', हंस,* जून, 1992)

रक्त-बीज

भवभूति ने कहा था, "यह काल निरवधि है और धरती विपुला, कभी-न-कभी कोई मेरा समान-धर्मा होगा और मेरी कृतियों का मूल्य जानेगा।" हम लोग मानते हैं कि "समय वह छलनी है जो सारे झूठ और आडम्बर को छांट देती है। समय आयेगा, जब मेरी कृतियों का वास्तविक मूल्यांकन होगा" और इसी आशा में पता नहीं कितने कलाकार अपने समय में ही उपेक्षित और अनदेखे इतिहास के प्रवाह में खो गये हैं। अभी तक तो उनका वास्तविक मूल्यांकन हुआ नहीं है। पता नहीं, कभी उन्हें याद भी किया जायेगा या नहीं। शायद इसी को देखकर समरसैट मॉम ने कहीं लिखा है, "यह भ्रान्ति है कि इतिहास न्याय करता है। इतिहास की भगदड़ में जो पीछे ठेल दिये जाते हैं वे कभी भी आगे नहीं आ पाते। इतिहास उन्हें भुला देता है।" और इसी बात को आज के एक लेखक ने चालाकी से मुस्कुराकर दुहराया, "अपने समय में कौन कितना महत्वपूर्ण और सार्थक है, इसे कौन याद रखता है ? महत्वपूर्ण सिर्फ वह है जो पीछे छूट जाएगा : इतिहास, समीक्षा, चर्चाएं—देखिए कि इनमें आप कहाँ हैं ? जो इतिहास लिखते हैं वे मूर्ख होते हैं—वे किताबें नहीं, किताबों पर लिखी किताबें पढ़ते हैं। वे आपकी कृतियों से आपको नहीं जाँचेंगे, वे सिर्फ इस बात से आपका मूल्यांकन करेंगे कि आप पर कितने लेख-समीक्षाएँ निकले हैं, आपके कितने इण्टरव्यू और संस्मरण आए हैं, कितने पुरस्कार मिले हैं और कितनी कमेटियों में आप छाए हैं। इसी से 'पब्लिक इमेज' बनती है और तब देखिए, किस समीक्षक की जबान पर आपका नाम नहीं रहता ? आप समझते हैं अज्ञेय या सतीश गुजराल की रचनाओं का मूल्यांकन रचना के आधार पर होता है ? जी नहीं, वह होता है उनकी 'इमेज' और व्यक्तित्व के आधार पर . . . इसलिए सबसे जरूरी है अपनी 'इमेज' बनाना। रचना को नहीं, अपने आपको महत्वपूर्ण बनाना। वर्ना, क्या मैं जानता नहीं कि मेरे किस साथी ने मुझसे ज्यादा सार्थक लिखा है, ज्यादा ईमानदारी से लिखा है ? लेकिन अफसोस बस यही है कि वे सब इसी मुगालते में फँसे हैं कि उनकी रचना का मूल्यांकन होगा। . . . होगा, तब होगा ! अब आप कहते रहिए कि मैंने खुद दूसरे नामों से अपने पर लिखा है, नौकरियाँ दिलाने या छुड़ाने के हथियारों से अपने को महान घोषित कराया है, शराबें पिला-पिलाकर और दोस्तियों के वास्ते देकर अपने को 'जीनियस' कहलवाया है . . . पचास साल बाद कौन इन बातों को याद रखेगा ? उस वक्त मेरी जो 'पोजीशन' होगी वही सबके सामने होगी . .

इसलिए बन्धु, सबसे बड़ी बात है, अपने-आपको इतिहास में घुसा देना . . .

शायद इसीलिए हम सबकी भागदौड़ अपने को इतिहास में घुसा देने की है... अपनी 'इमेज' को फुलाकर बड़े-से-बड़े सौदे करने की है। राजनीति की तरह साहित्य में भी रचना से अधिक व्यक्ति को महत्वपूर्ण बनाने का आसान तरीका आज रह गया है, यथास्थिति का विरोध . . . पिछले पच्चीस वर्षों में विद्रोह और विरोध से अपना लेखन प्रारम्भ करनेवाले आज कहाँ हैं ? निराला और मुक्तिबोध के खून-सने कफ़न दिखाकर सरकार और मठाधीशों से जवाब माँगनेवाले आज किन पुरस्कारों से सम्मानित नहीं हैं, किस श्री से अलंकृत नहीं हैं और किस कुर्सी की खींचतान में नहीं जुटे ? शायद यह नियति, या 'टैकनीक' ही प्रजातंत्र की है कि यहाँ विरोध और विद्रोह से कीमत बढ़ती है। इसीलिए यथास्थिति का विश्वास है कि हर आदमी की कीमत है, किसी की कम और किसी की ज्यादा... खरीद-फरोख्त के इन पैंतरों में विद्रोह की बात करना बहुत हास्यास्पद लगता है... सोचकर दिल धसकता है कि हम ग्लेडियेटरों की तरह एक-दूसरे के खिलाफ तलवारें लेकर खड़े कर दिये गये हैं . . . बिकाऊ' नहीं है' की तख्ती लगाकर माल को बाजार में लानेवाला भी जानता है कि किस बोली के बाद इस तख्ती को हटा लेना है . . . दोनों पक्ष एक-दूसरे की भाषा खूब जानते हैं . . .

लेकिन आज के लेखक, या विशेषकर बुद्धिजीवी का संकट इतना ही नहीं और गहरा है. . . वह लेखक होने का विशिष्ट व्यवहार, विशेष सुविधाएँ, विशेष सम्मान भी चाहता है और साथ ही यह भी बिल्कुल नहीं चाहता कि उसे 'बिका हुआ' समझा जाए . . . सरकारी सम्मानों के प्रति अस्वीकार और उदासीनता की मुद्रा भी उसे नहीं छोड़ती, साथ ही हर 'डैलिगेशन', हर निमंत्रण और हर पुरस्कार में पहला स्थान भी उसे चाहिए ही . . . आखिर इतिहास तो यथास्थिति वाले लोग ही लिखवायेंगे, उन्हीं का प्रचार-प्रसार होगा, चार साल की उम्र से बच्चे उन्हीं किताबों को तो पढ़ेंगे ? उनके साधनों और मशीनरी का विरोध हम लोग क्या खाकर करेंगे ? "जब उनके पास साधन हैं, सम्मान हैं, सनद और तमगे हैं तो किसी न किसी को तो देंगे ही—फिर मैं ही वह लेनेवाला क्यों नहीं हो सकता?" बुद्धिजीवी अपने को समझाता है, "पहले सरकार विदेशी थी, तब हमारा विरोध कोई अर्थ रखता था, उस लक्ष्य के लिए अपने को झोंकने में सन्तोष होता था, अब तो सरकार अपनी ही है और उसी समाजवाद के लिए तो लड़ रही है जिससे हम प्रतिबद्ध हैं।" अपना लक्ष्य, अपने नारे, अपने मूल्य सरकार के हाथों में सौंपकर हम निश्चिन्त हो गये हैं—हमारी लड़ाई भी तो इन्हीं सबके लिए थी। आज के लेखक के सामने यह कतई स्पष्ट नहीं है कि वह किनके खिलाफ और किनके लिए लड़ रहा है, सिर्फ धुंधला-सा इतना याद है कि वह लड़ रहा है। वास्तव में उसकी लड़ाई केवल इतिहास में घुसने की है, यथास्थिति में 'सम्मानपूर्वक' शामिल होकर उसका हिस्सा बनने की है।

आर्थिक स्वतंत्रता लेखक को बाहरी खींचतान और अदृश्य दबावों से मुक्त कर सकती है और आज का लेखक सचमुच विदेशी लेखकों के स्तर से रहना चाहता है, उसी तरह देश-विदेश घूमना चाहता है, उसी तरह लेखन के काम को गम्भीरता और ईमानदारी से लेना चाहता है। उसका भी आन्तरिक सपना है कि समरसेट मॉम की तरह उसका अपना विला हो, हेमिंग्वे की तरह अपना प्लेन हो—लेकिन सार्त्र की तरह ही वह भी हर शासकीय सम्मान और बड़े-से-बड़े पुरस्कार को ठुकरा दे—लेकिन उनकी तरह के लेखन से नहीं, कहीं और से यह सब हो। "कहीं और से" साधन जुटाने की बाजीगरी और लेखक होने का दम्भ दोनों का द्वन्द्व उसे सरकार और यथास्थिति की तरफ दौड़ाता है। हंगरी में रूसी दमन के विरोध से उसे अगर अमरीकन स्कॉलरशिप मिलती है तो उसे वह बीस साल बाद भी विरोध के मुद्दे के रूप में भुना सकता है और वियतनाम पर गिरते टनों बम और लाखों हत्याएँ उसकी अन्तरात्मा को अनछुए निकल जाती हैं (यहाँ मुझे कामू की कहानी 'रचनारत कलाकार' के नायक की याद आ रही है—मान्यता की भूख ने जिसके कलाकार को खा लिया था।) मूलतः आज लेखन में किसी लेखक की आस्था नहीं रह गयी है, वह जानता है कि लेखन से कहीं कुछ भी नहीं बदलता, लेखक के विरोध और विद्रोह को कोई सरकार गम्भीरता से नहीं लेती। वास्तविकता तो यह है कि उसकी स्थिति 'एण्टरटेनर' और अलंकार के रूप में ही रह गयी है—अपने और बाहरवालों के सामने, ताकि सरकार कह सके कि वह भी अपने यहाँ के कलाकार का सम्मान करती है। सिमॉन द बोउवा ने अपने उपन्यास 'मैण्डरीन्स' में रॉबर्ट के बहाने बुद्धिजीवी की इस व्यथा को बड़े सुन्दर ढंग से रक्खा है :

"बुद्धिजीवी की आज कोई भूमिका नहीं रह गयी है . . . मोतियों की तरह अपने शब्दों को पिरो-पिरोकर आप अपने मुँह मिया-मिट्ठू बने रहिए . . . हाँ, बेहद सावधान रहिए कि उनके जरिए किसी तरह का कोई अर्थ न निकलता हो... लेकिन यह भी तो काफी खतरनाक काम है . . . अब तो मैं सचमुच विश्वास करने लगा हूँ कि अच्छा यही हो, लोग हमें हमारी हालत पर छोड़ दें . . . आखिर मैं क्यों लिखता हूँ ? इसीलिए न कि आदमी सिर्फ रोटी के सहारे जिन्दा नहीं रहता और मैं मानता हूँ कि इसके अलावा भी उसे किसी और चीज की जरूरत है। जो कुछ घटनाओं और एक्शन से छूट जाता है, उसे पकड़ने के लिए ही तो मैं लिखता हूँ न . . . यानी क्षण का सत्य, व्यक्ति और तत्काल वास्तविकता को बाँधने के लिए। आज तक मैं सोचता था कि यह कार्य क्रान्ति के साथ जुड़ा हुआ है। लेकिन नहीं, यह क्रान्ति के रास्ते में बाधा है। आज तो स्थिति यह है कि जो साहित्य रोटी के अलावा कुछ और देने की बात करता है उसका इस्तेमाल सिर्फ यही साबित करने के लिए हो रहा है कि आदमी बिना रोटी के भी रह सकता है . . ."

लेखक होने और वह भी प्रतिबद्ध लेखक होने का चुनाव हमने अपने-आप ही किया था, और आज हम लेखन से वे सारी प्रत्याशाएँ करते हैं जो वह कभी नहीं दे सकता। शक्ति, सम्मान, सलाम और प्रभाव। और इसीलिए लेखन-मात्र से हमारा विश्वास उठ गया है। विरोध और विद्रोह की बातें सिर्फ भाषणों और वक्तव्यों तक रह गयी हैं—अपने लेखन में हम किसी को नाखुश नहीं करना चाहते—कुछ भी आपत्तिजनक लिखकर ऊपरवालों के सामने अपने हाथ नहीं कटाना चाहते। इस व्यर्थता-बोध की कचोट ही है कि अनजाने ही अपने को दण्ड देने के लिए हममें से अधिकांश ने सार्थक लेखन बन्द कर दिया है—हम सिर्फ सफल और 'हरदिल अजीज़' लेखन कर रहे हैं। कैसी ट्रैजेडी है कि एक तरफ हम हैराल्ड रॉबिन्स की तरह बाजारू भी नहीं होना चाहते, दूसरी तरफ शोलोखोव और सोल्जेनित्झिन की स्थिति भी हमें आतंकित करती है। बड़े घर में सुख से पलते हुए खूबसूरत कुत्ते की तरह मेहमानों के सामने कभी-कभी हमारी जरूरत पड़ती है। . . . आप हमारी चिन्ता और सोच का विषय यह क्यों बनाना चाहते हैं कि एक पार्टी और वहाँ भी केवल एक व्यक्ति में केन्द्रित होती जाती निर्विरोध और निरंकुश सत्ता हमें कहाँ लिये जा रही है, कि उसमें बुद्धिजीवी और विशेषकर लेखक की स्थिति क्या होती जा रही है ? मिशिमा और कोवाबाता जैसी बेवकूफी भी तो हमारे बस की नहीं है कि गर्व से आत्महत्या कर सकें।

सचमुच आज लेखक की समझ में नहीं आता कि वह विद्रोह और विरोध क्यों करे ? किसने उसे प्रतिबद्ध और अभिशप्त कर दिया कि उसे ही प्रमथ्यु की आग को लेकर चलना है ? किसने उसे कसम दिलायी थी कि तुम्हें मानवता और जनता के साथ खड़े होना है, कब और क्यों उसने 'विद्रोही' और 'स्वतन्त्र चिन्तक' होने की जिम्मेदारी खुद अपने पर लाद ली थी ? और क्या अब भी उन सारे मुगालतों से अपना पीछा नहीं छुड़ा सकता जिससे उसकी स्थिति खतरे में पड़ती है ताकि शुद्ध और निर्मल अन्तरात्मा के साथ बैठकर अपना महान लेखन करता रह सके ?

लेकिन मुझ जैसे लेखक एक और बात को लेकर भी बहुत परेशान रहते हैं,... बने-बनाये और सुरक्षित समाज में एक असन्तुष्ट आवाज सिर उठाती है और कुचल दी जाती है, फिर दूसरी आवाज कहीं और से उठती है और फिर अनसुने ही डूब जाती है . . . कभी आवाज ही थक जाती है और कभी उसे कुचलनेवाली शक्तियाँ ही उसे नहीं उभरने देतीं . . . लेकिन असन्तोष और विद्रोह की आवाजों का यह टूट-टूटकर चलता सिलसिला क्यों अभी तक अटूट बना है ? क्यों ऐसा होता है कि अंधेरे में कहीं कोई मशाल उठाता है और गिरा दिया जाता है, तब तक किसी दूसरी तरफ कोई और उस मशाल को उठा लेता है. . . उठती और गिरती हुई मशालों का यह क्रम समाप्त क्यों नहीं हो जाता ? क्या सचमुच हम लोगों के पास इतनी गोलियाँ नहीं हैं कि इन मशालों का उठना हमेशा-हमेशा के

लिए ठण्डा कर दे ? उन सिरफिरों को क्या सचमुच ही नहीं समझाया जा सकता कि 'देखो भाई, हम इतिहास के बीचोंबीच जी रहे हैं, हम इतिहास लिखनेवालों के साथ हैं—हम खुद इतिहास हैं। तुम हमारा कुछ भी नहीं बिगाड़ सकते, सिर्फ अपने हाथ और सिर लहूलुहान करोगे। तुम्हें कभी कोई पुरस्कार नहीं मिलेगा, तुम्हें कोई स्कॉलरशिप नहीं मिलेगी, तुम कभी भी अपने देश से बाहर का मुँह नहीं देख पाओगे ? साहित्य और कला के आचार्य तुम्हारा जिक्र आदि-आदि में भी नहीं करेंगे—राष्ट्रपति भवन के दरवाजे और अखबारों के मुखपृष्ठ केवल हमारे लिए ही खुले हैं . . . तुम्हारी कीमत पर, तुम्हें जिन्दा या मुर्दा पकड़वाकर वह सब मिलेगा हमें . . . तुम यों ही बेनाम और बेकफन मर जाओगे . . . ।'

सदियों से कुछ लोगों को हम इतनी मोटी-सी बात भी क्यों नहीं समझा पा रहे हैं ? क्यों कहीं न कहीं से कबीर जैसे जाहिल लोगों की आवाज हमें बेचैन करती रहती है . . . जो घर फूँकै आपना . . . चलै हमारे साथ . . .

(*प्रेमचन्द की विरासत,*' अप्रैल, 1972)

सत्ता बनाम साहित्य

आजकल अशोक वाजपेयी और 'भारत-भवन' चर्चा और भर्त्सना के केन्द्र में हैं। सत्ता-साधनों के सहारे अशोक वाजपेयी, लेखकों, कलाकारों को अन्धा और भ्रष्ट कर रहे हैं, उन्होंने भारत-भवन को वामाचार का अड्डा बना दिया है; रचनाकारों को निरंकुश छूट और साधन देकर वे उन्हें खरीद रहे हैं, बधिया बना रहे हैं। साहित्य और संस्कृति में सत्ता का यह हस्तक्षेप नाकाबिले-बर्दाश्त है . . . विभा-कारंत कांड के लिए वे और भारत-भवन दोनों ही जिम्मेदार हैं; हमें इस घटना को दो व्यक्तियों का निजी मामला नहीं, 'भारत-भवन' और अशोक वाजपेयी की करतूत मानकर देखना चाहिए . . .

मैं यहाँ साफ कर देना चाहता हूँ कि अनेक अवसर और प्रस्ताव होने के बावजूद न तो मैंने भारत-भवन या अशोक वाजपेयी से कोई लाभ उठाया है, न निकट भविष्य में कोई इरादा है। मगर यहाँ सवाल दो उठते हैं . . . दिल्ली विश्वविद्यालय की मेधावी शोध-छात्रा रजनी पाराशर ने स्थितियों की असहनीयता से तंग आकर आत्महत्या कर ली। अब इन स्थितियों के लिए जिम्मेदार बताये जानेवाले व्यक्ति की जगह अगर मैं वाइस चांसलर डॉ. मूनिस रज़ा और पूरे विश्वविद्यालय को ही गालियों का केन्द्र बना लूँ तो कैसा रहे ?

दूसरे स्तर पर हमें सत्ता-साधनों से चलनेवाले ऐसे सांस्कृतिक केन्द्रों के बारे में अपनी नीति तय करनी होगी। अगर हम इनके विरोध में हैं तो हमें कोई भी पुरस्कार, फैलोशिप, नौकरी कहीं से नहीं चाहिए—वह अकादमी हो, संस्थान हो, भारत-भवन हो—या यहाँ तक कि विश्वविद्यालय हो . . . इस निर्णय के अन्तर्गत 'भारत-भवन' सहित सारे संस्थान बंद कर दिये जाने चाहिए . . . और अगर हमारी शिकायत यह है कि शासन को कला-संस्कृति के बारे में भी कुछ सोचना चाहिए, रचनाकारों को प्रोत्साहन और प्रेरणा देने के लिए कुछ होना चाहिए तो भारत-भवन, अकादमियां संस्थान सभी रहेंगे। यह दूसरी बात है कि ये संस्थाएं, हिन्दी-संस्थान, नेशलन बुक ट्रस्ट जैसी मुर्दा, नाकारा और सिर्फ अपने खाने-पीने की जगहें बन जायें या भारत-भवन जैसी सक्रिय, आक्रामक और कुछ कर डालनेवाली इकाई . . . इनमें कहीं अशोक वाजपेयी होंगे, तो कहीं पैंशन खाने और एक्स्टेंशन चबानेवाले कृष्ण कृपलानी . . . (जिन्हें उठाने-बिठाने के लिए दो आदमी चाहिए) एक तरफ हमें शिकायत है कि संस्थाएं कुछ करती नहीं हैं, दूसरी तरफ तकलीफ है कि करती तो बहुत कुछ हैं, हमारी तरह नहीं करतीं। इसलिए अगर वहाँ कुछ

भी होगा तो हम अशोक वाजपेयी और भारत-भवन पर ही हल्ला बोलेंगे ।

आश्चर्य की ही बात है कि अपनी नाक के नीचे हमें न नेशनल बुक ट्रस्ट के करोड़ों के घपले से परेशानी है, न साहित्य अकादमी की नौकरशाही से, कभी यह सवाल क्यों नहीं उठाया गया कि दुनिया के हर सेमिनार, गोष्ठी और समारोह में सिर्फ साहित्य अकादमी का सचिव ही क्यों जाता है ? क्यों नहीं किसी लेखक, कवि, समीक्षक को वहाँ भेजा जाता? या कि सर्वगुण सम्पन्न सविच वर्ष में कितने दिनों और किन-किन जगहों पर विदेश-भ्रमण करते रहे हैं ? बाद में उनका काम किन क्लर्कों ने और किस तरह चलाया है ? क्यों नहीं अकादमी ने आज तक कोई हिन्दी-पुरस्कार किसी युवा रचनाकार को दिया ? क्यों वह साठ और सत्तरवाले ही रचना-पुरस्कार नहीं, करुणा-पुरस्कार पाते रहे हैं ? वह साहित्यिक समझ कौन-सी है जहां अमृता प्रीतम की अध्यक्षता में अज्ञेय, भवानीप्रसाद मिश्र, उमाशंकर जोशी से कविता-पाठ कराया जाता है ?

सचिव महोदय की समझदारी का एक अद्भुत नमूना उदाहरणार्थ पेश है : सुनते हैं, रूस और भारत के बीच करार हुआ कि दोनों देश अपने आधुनिक साहित्य की बीस-बीस जिल्दें एक दूसरे की भाषाओं में निकालेंगे। तय हुआ कि पहली जिल्द साहित्य के सौन्दर्यशास्त्र पर निकाली जाये। रूसियों ने जिन चिन्तकों को अपनी जिल्द में लिया उनमें हैं ... लेनिन (टॉलस्टाय संबंधी लेख) प्लेखानोव, गोर्की, विक्टरश्कालोवस्की, यूरी लोतमान, खापचैको, मिखाइल लिफ़िशिल्स इत्यादि... अब भारतीय जिल्द के लेखकों के नाम सुनिए; रवीन्द्रनाथ (होने ही थे) गांधी, अरविन्द घोष, जवाहरलाल नेहरू, मौलाना आजाद, एम.एन. राय, राधाकृष्णन्, इन्दिरा गाँधी (हो सकता है राजीव गांधी भी इधर आ गये हों) याद रखिए, यह किताब साहित्य के सौन्दर्यशास्त्र पर है . . . और मान भी लें कि हमारे यहाँ सौन्दर्यशास्त्र पर विचार करनेवाला कोई भी नहीं हुआ (वाह ! वाह !) इसलिए राजनैतिक विचारधारा पर जिल्द तैयार करनी है—तब भी क्या ये ही भारत के प्रतिनिधि नाम हैं. . . ? न तिलक, अम्बेडकर हुए, न राममनोहर लोहिया, नरेन्द्रदेव, जयप्रकाश नारायण।

चाहे जितने मुख्यमंत्रियों की आँखों का तारा रहा हो, मुझे पूरा विश्वास है कि अशोक वाजपेयी यह सब नहीं करता . . . और अपनी सारी मक्कारियों, झक्कीपनों, अहंकार और शोखियों के बावजूद अगर अशोक वाजपेयी और लल्लूमल में से एक को सचिव चुनना हो तो निश्चय ही मैं लल्लूमल को नहीं चुनूंगा . . . ठीक वैसे ही जैसे एक जीवंत पत्र के सम्पादन के लिए खुशवंत सिंह और किसी कलम-घसीट, प्रूफरीडर के बीच चुनाव में मेरा समर्थन खुशवंत नाम के झक्की, शराबी, विकृत और संजयपरस्त जिन्दादिल आदमी के लिए होगा . . . किसी मंत्री, प्रबंधक, सचिव के चमचुल्चम्च के लिए नहीं. . .

अकादमियाँ, संस्थान तो दूसरे हिन्दी प्रदेशों में भी हैं : कहीं भारत-भवन के

आलोचकों की खुन्दक यही तो नही है कि यह संस्था क्यों कुछ कर रही है, औरों की तरह सिर्फ खाने-पीने का अड्डा बनकर चुप क्यों नहीं बैठती ! होना यह चाहिए था कि हम राजस्थान, उत्तर प्रदेश, बिहार इत्यादि में ज्यादा सही, सक्रिय और साफ-सुथरे 'भारत-भवन' बनाने की माँग करके अशोक वाजपेयी को बौना सिद्ध कर देते।

(*'कांटे की बात', हंस,* सितंबर 1986)

भारत-भवन : संस्था और स्वायत्तता

राजनीतिज्ञों, बुद्धिजीवियों, कलाकर्मियों के बीच इन दिनों भारत-भवन को लेकर घमासान मचा है। अधिग्रहण से लेकर कला की स्वायत्तता, नौकरशाही-वर्चस्व, सत्ता और सांस्कृतिक मंच जैसे न जाने कितने तात्कालिक और मूलभूत सवालों को अपने-अपने पक्ष में उछाला जा रहा है। उस पर बात करने से पहले मुझे न जाने क्यों, एक घटना याद आ रही है। कहीं पढ़ी या सुनी थी—पता नहीं सच भी है या नहीं। मुगल साम्राज्य के पतन के दिनों में जाटों ने आगरा पर कब्जा कर लिया। सवाल आया कि इस ताजमहल का क्या किया जाये ? हो सकता है ताजमहल का प्रभारी अधिकारी कोई निहायत ही उद्दंड, बद्दिमाग और अहंकारी अफसर रहा हो; जाने-माने अमीर-उमरा, या दरबारी लोगों को छोड़कर बाकी किसी को उसमें घुसने ही न देता हो—सबसे कह देता हो कि आप जाहिल और नाख्वांदा लोग हैं, भीतर जाकर इमारत और परिवेश को गंदा ही करेंगे; इसकी कलात्मक खूबसूरती और महानता को खाक नहीं समझेंगे . . . या हो सकता है यही कह देता हो कि आप लोग चूंकि हमारे धर्म पर ईमान लानेवाले लोग नहीं हैं, इसलिए काफिरों से अपनी पवित्रता की रक्षा हमारा कर्तव्य है . . . बहरहाल, नये विजेताओं को, दिल के टीसते पुराने घावों के इलाज के लिए या शाही इमारत से प्रतिशोध लेने को कुछ तो करना ही था, सो उन्होंने ताजमहल को घुड़साल बना डाला। मुख्य इमारत हुई भूसे का गोदाम . . . अब हर कोई वहां आराम से जाकर बच्चों को 'निपटवा' सकता था, खुद खंखार-थूक से इमारत को 'तिलकित-अर्चित' कर सकता था . . . कब्र के ऊंचे चबूतरों पर वहां के निवासियों के लिए 'तुरता भोजन' यानी रातब-पानी की फड़ें लगाकर अपने-अपने माल के गुणगान कर सकता था।

मुझे अशोक वाजपेयी के लिए न कोई वकालत करनी है, न 'ब्रीफ होल्ड' करना है। अनेक अवसरों और आयोजनों में उनके द्वारा आमंत्रित किये जाने की उदारता के बावजूद 'भारत-भवन' में मेरा कोई 'वाउचर' हस्ताक्षरित नहीं है। उसकी अपनी कलावादी दृष्टि और अपने अभिभावकाना तौर-तरीके हैं, इसलिए मुझे न यह शिकायत है कि मुझ जैसी महान प्रतिभा को यह राक्षस न पहचान रहा है, न मान्यता दे रहा है—या ठेठ अशोक-नगर (गुणा) में ननिहाल होने के बावजूद मुझे आधा मध्यप्रदेशी भी नहीं मान रहा . . . यह मेरा अपना चुनाव है

कि मैंने वहां से न मान लिया और न अपमान। हाँ, अपने मित्रों और हितैषियों को निराश जरूर करता रहा हूँ कि 'हंस' के पहले अंक में भारत-भवन और अशोक वाजपेयी के बारे में लिखने के बावजूद उधर दौड़ क्यों नहीं लगायी . . . जैसा कि रिवाज है। मुझे उसके उद्दंड, निरंकुश व्यवहार, नौकरशाही अहंकार और शुद्ध कलावादी दंभ (दिस इज़ एन अटैक ऑफ़ मिडियाक्रिटी ऑन एक्सीलेन्स) सौदे के आत्मप्रचार और परिवारवाद की भी जानकारी है . . . हां, इस सबके बावजूद मैं इतना वाजिब श्रेय उसे जरूर देना चाहूंगा कि देश के हर प्रांत में करोड़ों के बजट और तेजस्वी आई.ए.एस. अफसर बैठे हैं—मगर भारत-भवन सिर्फ अशोक ही बनवा सकता था . . . (क्यों नहीं, किसी दूसरे हिंदी-प्रदेश से कोई दूसरा अशोक वाजपेयी सामने आया ?) कला और संस्कृति के क्षेत्र में शीर्षस्थ लोगों को अपने साथ वही जोड़ सकता था। वह पैनी दृष्टिवाला समीक्षक, प्रतिभाशाली कवि, अत्यंत समर्थ भाषा-शिल्पी और सक्रिय स्वप्नदर्शी है—योजना से लेकर क्रियान्वयन तक कुशल व्यवस्थापक . . . स्वप्नों और सफलताओं ने उसे दंभी और निरंकुश बना दिया है; वह कला की स्वायत्तता और अपनी व्यक्तिगत स्वच्छंदता की सीमा-रेखा भूल गया है। अपने ऊपर की गयी हर टिप्पणी और आलोचना उसे कला और विचार पर किया जानेवाला हमला लगती है। वह अपरिहार्यता-ग्रंथि का मारा हुआ है—मैं नहीं रहूंगा तो ये लोग सचमुच मेरे ताजमहल को घुड़साल बना देंगे . . . इसलिए आजीवन वर्चस्व के वैधानिक सुरक्षा-दुर्गों का निर्माण करता है। हरेक को छोटा बनाकर बड़ा बने रहना चाहता है—अपने से बड़ों का सहारा लेकर . . . वह चतुर मोर्चेबाज है!

इसलिए मैं भी महसूस करता हूँ कि वरिष्ठ सरकारी अफसर होने की निर्बंध सुरक्षा से खाद-पानी लेकर आजीवन कला-संस्कृति संरक्षण का योजनाबद्ध अहंकार टूटना ही चाहिए, क्योंकि हर अहंकार अपनी अक्षमता के बिंदु पर आ पहुंचने की पहली सूचना है। (किसी ने कहा था "एवरीबडी राइजैज़ टु हिज़ लैविल ऑफ़ इनएफिशियेंन्सी") हर अद्वितीय पौधे को बार-बार खाद और हवा-पानी बदलने की जरूरत है। कला और संस्कृति के पौधे खुली हवा-धूप में ही फूलते हैं—बशर्ते कि हमारा उद्देश्य उन्हें बोन्साई बनाकर प्रदर्शन और सनदें बटोरने की वस्तु में बदल देना ही न हो . . . साहित्य और कला में आप व्यक्तिवादी हो सकते हैं, कला की शुचिता और उत्कृष्टता या वैचारिक ऊंचाइयों और बारीकियों को ऐरे-गैरों की 'छूत' से बचाकर रख सकते हैं, मगर जब आप सरकारी या सार्वजनिक साधनों और पैसों से अपना ताजमहल बना रहे हों तो न तो आजीवन उस पर कुंडली मारे बैठने की योजना बना सकते हैं, न ही उसे व्यक्तिगत संपत्ति की तरह इस्तेमाल कर सकते हैं—हर स्थिति पर वहां 'चैक' होना चाहिए और हर कदम की एकाउण्टेबिलिटी (जवाबदेही) होनी ही चहिए . . .

सवाल यहां यह भी उठता है कि 'अशोक एण्ड कम्पनी' की जगह हम लोग

किन्हें लाना चाह रहे हैं ? या जो लोग 'अली-अली' कहकर उस पर चढ़ दौड़ रहे हैं उनके कद और किमाश क्या हैं ? क्या उनमें से किसी के भी पास उस तरह का कोई 'समग्र-विजन' है ? उसे साकार कर सकने की क्षमता और शक्ति है ? या वह सिर्फ किसी आका की डोरियों पर नाचनेवाली कठपुतली होगा ? अशोक अपने स्वप्न के लिए राजनेताओं को इस्तेमाल कर सकता था—ये लोग तो—इस्तेमाल होने की दयनीयता से ही अभिशप्त होंगे। क्या वे सचमुच साहित्य-कला और संस्कृति की चिंता से ऐसा कर रहे हैं या "अब हमें भी लूट का मौका दिया जाना चाहिए" की मध्यप्रदेशीय से पीड़ित होकर ? "हमें क्यों नहीं कभी पूछा गया" के अपमान-बोध का बदला निकालने का मौका तो उनकी प्रेरणा नहीं है ? कहीं ऐसा तो नहीं है कि अपने 'दुश्मन को सबक सिखाने' के लिए वे राजनीति के मुहम्मद गोरी को बुला रहे हों ? क्योंकि नाम चाहे लोकतांत्रिकता का हो या सार्वजनिक संसाधनों का, एक राजनीति को काटने के लिए जब दूसरी राजनीति लायी जाती है तो व्यवस्था में विशेष फर्क नहीं पड़ता—सिर्फ चेहरे और नाम बदलते हैं। सार्वजनिक सुविधा-केंद्रों से लेकर सरकारी अनुष्ठान-प्रतिष्ठान तक की शोचनीय स्थिति जानने के लिए घर से निकलकर किसी भी पार्क को देखा जा सकता है। क्या नेहरू की मूर्ति हटाकर शिवाजी की मूर्ति लगा देना ही सब कुछ बदल देना है ? हमारे सरोकार मूर्ति से मूर्ति बदलने तक ही हैं या कला-संस्कृति के संदर्भ में कुछ और गहरे हैं ? जिस राजनीति को हम अशोक-विरोध के नाम से कंधों पर चढ़ाकर ला रहे हैं उसके अपने चरित्र और प्रतिबद्धताएं क्या हैं ? "जो लोग भारत-भवन को व्यक्तिगत संपत्ति बनाये जाने के खिलाफ लोकतांत्रिकता लाने की बातें कर रहे हैं वे कैसे खुद इस पर कब्जा कर लेंगे ?" के आश्वासनों और घोषणाओं पर विश्वास कर लेनेवाले या तो स्वार्थान्ध हैं या मूर्ख, राजनीति हमेशा अपने चोर दरवाजे खुले रखती है और वहां, वही नहीं कहा जाता जो किया जाता है। इन चुनावों में क्या-क्या वादे नहीं किये गये और अब क्या हो रहा है ?

इस सबसे उठनेवाली एक दूसरी बात पर यहां विचार करना जरूरी है। वैज्ञानिक अनुसंधान हों या दूसरे विकास-कार्य, हर देश में ऐसी योजनाएं चलती हैं जो दस-दस और बीस-बीस साल में पूरी हों। न्यूक्लियर प्रोजेक्ट, स्पेस रिसर्च या ऐसे अनुसंधान और परीक्षण-प्रयोग तो दशकों बाद ही जनता के सामने आ पाते हैं। जाहिर है इनमें किया जानेवाला खर्चा राष्ट्रीय कोष से ही आता है और यह भी सही है कि उनके पीछे टीम-वर्क चाहे जितनी दक्षता से चलाया जाये—मूलतः वह एक या दो लोगों का 'विज़न' ही होता है। चाहे वह भाभा और भटनागर हों या पाकिस्तान के कादर खां। उधर दूसरी सच्चाई यह भी है कि सरकारें तो दूसरे-पांचवें साल बदलती रहती हैं, न भी बदलें तो उनकी प्राथमिकताएं या संबंधित मंत्रिमंडल कभी भी उलट-पलट सकते हैं—उनके पीछे राजनैतिक

जोड़-तोड़ या दबाव बिल्कुल दूसरे होते हैं। अगर हर नया मंत्री या सरकार अपनी तात्कालिक नीतियों की रोशनी में इन लंबी चलनेवाली योजनाओं में हस्तक्षेप करे, संबंधित लोगों की जगह अपनी पसंद और वफादारी के लोगों को लाया जाता रहे, तो उनमें से कोई भी योजना कभी पूरी हो सकती है ? तब उन सारी योजनाओं का भाग्य वही नहीं होगा जो कलकत्ता की मैट्रो-रेलवे का हुआ, राजस्थान की नहर का हुआ, टेहरी-डैम का हुआ ? दस साल में पूरी होनेवाली योजनाएं तीस साल में भी अधूरी हैं, क्योंकि किसी को वहां अपने रिश्तेदार, अफसर और दलाल-चमचे फिट करने हैं तो किसी को दस-बीस करोड़ रुपये खाने हैं, किसी क्षेत्र को विरोधी पार्टी को वोट देने की सजा देनी है तो किसी से चुनावी वादे निभाने का सौदा करना है। और कुछ नहीं तो सरकार अचानक तय करती है कि अमुक योजना से देश या प्रदेश को कोई लाभ नहीं है और लीजिए साहब, बीसियों वर्षों का काम और अरबों रुपये का खर्चा एक दिन में बंडल बनाकर गड्ढे में डाल दिया जाता है। ऐसी स्थिति में क्या यह जरूरी नहीं है कि कुछ संस्थाओं और संस्थानों को ऐसी सुरक्षा और स्वायत्तता दी जाये कि बदलती सरकारें और नीतियां उनके भाग्य निर्धारित न कर सकें ? कौन नहीं जानता कि सत्ता में बैठा मुख्य या प्रधानमंत्री ही सर्वज्ञ होता है और संजय गांधी, शंकराचार्य बन जाता है ! अभी कल ही तो के.के. तिवारी ने दूरदर्शन पर घोषणा की थी कि जनता ने हमें चुनकर भेजा है, हम जनता के प्रतिनिधि हैं—इसलिए हम जो चाहें और जैसे चाहें करेंगे, कहेंगे। आपमें दम हो तो रोक लीजिए . . . बहुत बढ़-चढ़कर जनतांत्रिकीकरण का राग अलापनेवाले खुद जानते हैं कि अगर संकल्प और दृढ़ता न हो तो 'लोकतांत्रिक' तरीके से वे एक सड़क तक नहीं बना सकते . . . क्योंकि पता नहीं, वहां किस-किसके स्वार्थ और पौव्वे उलझे हुए हैं ...

इसलिए देश को गौरव दिलानेवाली भारत-भवन जैसी संस्थाओं को राजनेताओं की छूत से बचाकर स्वायत्त होना ही चाहिए। मैं नहीं जानता कि अशोक वाजपेयी को वहां रहना चाहिए या नहीं, मगर यह सच है कि दूसरे किसी के लिए उसकी गरिमा बनाये और बचाये रखकर सक्रिय बने रहना मुश्किल जरूर होगा। अशोक ने अगर कांग्रेस सरकार को साधा था तो अब आनेवाला जनता या भाजपा सरकार नवनीत-लेपन करेगा। अशोक की सारी उपलब्धियों और योग्यताओं की भरपूर सराहना करते हुए, बेलिहाज होकर यह कहना भी जरूरी है कि वह अब सोच और समझ की ऐसी अंधी और संकरी गली में आ गया है जहां (कम से कम साहित्य में) उसके लिए देशकाल से ऊपर की रहस्यवादी कविता और कृपापात्र किस्म के तीन साहित्यकार ही समय और देश की सर्वश्रेष्ठ प्रतिभाएं हैं। भारत-भवन के पूर्वग्रस्त साहित्य का न देश और हमारी स्थितियों से कोई लेना-देना है न परिवेश से . . . वह संस्कृति का मंच नहीं, 'हॉट हाउस' है। कभी मैंने कहा था कि राजनीति की सवारी एक ऐसी खतरनाक हवाई यात्रा है जहां

आसमानी ऊंचाइयों में उड़ते हुए आप हफ्तों और दिनों की यात्रा, घंटों में तय करते हैं—वातावरण के प्रभावों से अछूते। मगर दुर्घटना की स्थिति में बचने की गुंजाइश बहुत कम होती है क्योंकि राजनैतिक जहाजों को राजनैतिक मिसाइलें ही 'दुर्घटनाग्रस्त' करती हैं . . .

(*'मेरी तेरी उसकी बात', हंस,* अगस्त 1990)

सत्ता से आखिर क्या चाहता है लेखक ?

पिछले दिनों 'एफ्रो-एशियाई लेखक सम्मेलन' दिल्ली में संपन्न हुआ। सुना है, दो-तीन दिन चला। अखबारों में एक छोटे से समाचार के अतिरिक्त अधिक कुछ पढ़ने को नहीं मिला कि कौन-कौन से लेखक आये, क्या बहसें या विचार-विमर्श हुए। उपराष्ट्रपति डॉ. शंकरदयाल शर्मा अध्यक्ष और उद्‌घाटनकर्ता थे। सुना था, इस सम्मेलन में दो-एक ऐसे लेखक भी आये थे जिनकी हैसियत किसी भी नोबेल-पुरस्कार प्राप्त साहित्यिक से कम नहीं थी। क्या देशी-विदेशी कोई ऐसा साहित्यकार नहीं था जो लेखकों के इस सम्मेलन की सदारत करता ? हो सकता है, सरकारी सुविधाएं, सहायता और सहयोग मिलने में इससे आसानी हो जाती हो या इसके पीछे यह दृष्टिकोण हो कि "आध घंटे अगर किसी को भी कुर्सी पर बैठाने से सारी सरकारी मशीनरी का सहयोग मिले, रेडियो, टी.वी. और दुनिया-भर के अखबारवाले अंधाधुंध प्रचार दें तो व्यावहारिक दृष्टि से इसमें बुरा क्या है। बाकी सारा समय आपकी अपनी समस्याओं पर बातचीत के लिए पड़ा ही है।"

'सत्ता और साहित्य' का संबंध क्या हो, यह हमेशा ही हम लोगों के बीच एक बहस का मुद्दा रहा है—खास तौर से तब जब दोनों के बीच अपरिचय की गहरी खाई हो। "सरकार हमारी है, वह जो कुछ भी देती है, वह हमारा ही अपना पैसा है, मंत्री-राष्ट्रपति, सांसद, सब हमारे ही चुने हुए, हमारी जनता के प्रतिनिधि हैं" का भोला तर्क लेखन में कहीं नहीं झलकता। सारा लेखन इन्हीं जनता के प्रतिनिधियों की अयोग्यताओं, भ्रष्टाचारों, धांधलियों और कुत्सा से भरा पड़ा है।

कहानी-कविता-उपन्यास-नाटक कुछ भी उठा लीजिए, वही घिनौना, राक्षसी, नरभक्षी चेहरा हर कहीं छाया है—हत्या, घूस, देशद्रोह और क्रूरताओं के आभा-चक्र के बीच गांधीवादी मुस्कराहट के साथ ... विचार और साहित्य कला का शत्रु। कैसा लगता है इस जन-प्रतिनिधि के सामने, कैमरों की चकाचौंध में, झुक-झुककर सलाम बजाना, पुरस्कार-दुशाले और उपाधियां लेना ? अनपढ़ और मूर्खों से यह सुनना कि, "लेखक कितना महान प्राणी है, आत्मा का शिल्पी और देश को दिशा देनेवाला मनीषी है, और उसे किस तरह नयी पीढ़ी में नैतिक आध्यात्मिक मूल्यों की प्रतिष्ठा करनी चाहिए ताकि राजनेता शांत और निश्चिंत होकर देश की हड्डियाँ चबाता रह सके . . ."

और अगर ऐसा नहीं है तो क्यों हम उन लेखकों, कलाकारों, पत्रकारों को घटिया, तलुआचाटू और चमचा होने का नाम देते हैं जो सत्ता का समर्थन करते हैं, चिचोड़ी हुई बोटियां पाने के लिए दुम-हिलाते हुए दस्तरख्वानों पर ललचायी निगाहें और लार टपकती जीभें निकाले, मंत्रियों के दलालों के आस-पास घूमते हैं, या अपनों के बीच किसी राजनेता के निकट और घनिष्ठ होने के दावे ठेकते हैं ? कल तक का स्वतंत्रचेत्ता, निर्भीक विचारक, युगप्रवर्तक साहित्यकार सत्ता-समर्थक होते ही क्यों अचानक, अपने आप 'बिरादरी-बाहर' हो जाता है ? मेरे-आपके बीच उठने-बैठनेवाला क्यों खुद ही शर्म से आंखें चुराने लगता है, राजनेताओं के बीच साहित्यकार और साहित्यकारों के बीच राजनेता की शिखंडी स्थिति क्यों उसकी सोच, सर्जना और ऊर्जा को खा जाती है ? क्यों इस साहित्यकार द्वारा, 'आम आदमी' से जुड़ने की घोषणाएं और "हमें सत्ता का नहीं, व्यवस्था का विरोध करना चाहिए" की बारीक बयानी, अचानक खोखली लफ्फाजी, चालाकी और काइयांपन लगने लगती हैं ?

मैं मानता हूं कि सत्ता और साहित्यकार का संबंध आज की व्यवस्था में न इतना सीधा-सपाट है, न इतना इकतरफा। शासन-प्रशासन सत्ता के हाथ में हैं और हम उसकी सुविधाएं और तकलीफें दोनों भोगते हैं। आधारभूत सुविधाएं हमें 'हक' की तरह मिलें—यह हमारा मौलिक अधिकार है। यह शासन की दया या कृपा नहीं, उसका कर्तव्य है, और इसीलिए आप वहां हैं। वर्ना हमारा-आपका रिश्ता या तो लूट में हिस्सेदारी का होगा या दुश्मनों का; और इस दुश्मनी का अर्थ कभी भी यह नहीं है कि हम अपने मिलनेवाले मौलिक अधिकारों को सिर्फ इसलिए छोड़ दें कि आपके हाथों में उनका नियंत्रण है। उन्हें सुचारु रूप से न दे पाना ही आपकी अयोग्यता है और इसे बिल्कुल बर्दाश्त नहीं किया जायेगा . . . अयोग्यता की घूस देकर प्रशंसा पाना या डंडे से उसे ढंकना, दोनों के हम मुखर विरोधी हैं। सत्ता में बैठा यह अयोग्य, अनपढ़, भ्रष्ट और मूर्ख जन-नेता साहित्य-संस्कृति को 'घूस' देता है और पुलिस-नौकरशाही को दमन अत्याचार की खुली छूट . . . दोनों में ही उसे बुद्धिजीवी का समर्थन चाहिए . . . और कुछ न सही तो इन 'बहुत बोलनेवालों' की तटस्थता और चुप्पी तो वह खरीद ही सकता है . . .

और इसी संदर्भ में प्रगतिशील लेखक संगठन की भूमिका आश्चर्यचकित करती है—जनता के दुःख-दर्द से प्रतिबद्ध, कैसे यह अपने सम्मेलनों, आयोजनों में, मंत्रियों, मुख्यमंत्रियों, गर्वनरों द्वारा निस्संकोच, निरात्म होकर उद्घाटन, अध्यक्षता करा लेते हैं ? उदग्र होकर सुनते रहते हैं कि सत्ता की रक्षा के लिए लेखकों-विचारकों को क्या करना चाहिए ? माना कि इनमें से बहुत से पढ़े-लिखे भी हैं, लेखक-पत्रकार भी हैं—लेकिन क्या वे सचमुच अपनी बौद्धिक और सर्जनात्मक उपलब्धियों के लिए ही वहां होते हैं ? फिर कुर्सियों पर आने से पहले और कुर्सियों से छूट जाने के बाद वे कहां चले जाते हैं ? हर पत्रिका और

समारोहों में छाये रहनेवाले वे 'कैदी कविराय', प्रताप चन्द्र 'चन्द्र', शांताकुमार कहां गए ? मैं बिल्कुल मानता हूँ कि नवीन, दिनकर, बच्चन, श्रीकांत वर्मा, पृथ्वीराज कपूर जैसे न जाने कितने सत्तापक्षी रहे हैं—जिन्हें कुर्सी और कुर्सी से बाहर बराबर सम्मान मिलता रहा है—मगर क्या 'प्रगतिशील लेखक संघ' जैसों ने ऐसा कोई चुनाव किया है ? और अगर उनके लिए कुर्सी ही 'बौद्धिक महानता' भी है तो फिर अंतुले, हाजी मस्तान, शहाबुद्दीन क्यों नहीं ? इस मामले में मराठी साहित्यकारों का आत्म-सम्मान अधिक प्रशंसनीय लगता है। अंतुले मुख्यमंत्री थे और नागपुर में अखिल भारतीय मराठी साहित्य-सम्मेलन हो रहा था। तय हुआ अंतुले उसका उद्घाटन करेंगे। लगभग अधिकांश साहित्यकारों ने न केवल उसका बायकॉट किया, अपना एक समानांतर सम्मेलन बंबई में कर डाला।

सरकारी पैसों से चलनेवाली अकादमियां, सभाएं और संस्थान, या पूरी तरह सरकार-निर्भर महिला-लेखिका-संघ, ऑथर्स गिल्ड जैसी दुकानें अगर अपने समारोहों में मंत्रियों-मुख्यमंत्रियों को लाती हैं तो बात समझ में आती है। सरकार से अलग न उनका कोई अस्तित्व है, न विचारधारा। वहां अपनी कुर्सी और पद के कारण उन्हें होना ही है। संयोग है कि कभी वहां नूरुल हसन होंगे तो कभी वीर बहादुर। लेकिन 'वैज्ञानिक विचारोंवाली' स्वतंत्र और जन-प्रतिबद्ध संस्थाएं अपने सदस्य लेखकों के अपमान में इस तरह हिस्सेदारी निभायें—यह जरूर विचारणीय और शोचनीय मुद्दा है ... किसी भी लेखक और बुद्धिजीवी के लिए शायद यह डूब मरने की बात होगी कि सार्त्र, पास्तरनाक, बर्टेंड रसेल को श्रोताओं में बैठाकर हम राजीव गांधी या ज़ियाउलहक से करबद्ध प्रार्थना करें कि वे हमें दो शब्द सुनाकर कृतार्थ करें और हमारा मार्ग-दर्शन करें . . .

जब बड़े से बड़ा मंत्री और प्रधानमंत्री संगीत सभाओं, नाटकों, और चित्र-प्रदर्शनियों में सिर्फ श्रोता और दर्शक की तरह जाकर बैठ सकता है तो यह बाध्यता क्यों है कि साहित्यिक और बौद्धिक आयोजनों में उसकी कुर्सी सिर्फ मंच पर सुरक्षित रहे ?

मैं नहीं कहता कि सत्ता का अंध-विरोध ही किया जाये, या हममें से जो भी किसी पद पर पहुंच गया है, वह हमारा शत्रु ही है। जहां सत्ता या प्रशासन जनतांत्रिक और मानव-मूल्यों के लिए कुछ करते हैं, वहां निश्चय ही हमारा समर्थन और कर्तव्य है कि उन्हें व्यावहारिक रूप देने के लिए मजबूर भी किया जाये—वह सिर्फ मंचों से सुनाये जानेवाले अच्छे-अच्छे आदर्श वाक्य होकर ही न रह जायें . . . लेकिन इस विवेकपूर्ण समर्थन और संपूर्ण समर्पण में निश्चय ही फर्क किया जाना चाहिए . . . साहित्यकार, संपन्न राजनेता का गरीब, याचक, कृपाकांक्षी रिश्तेदार बन जाये, इस स्थिति का विरोध होना चाहिए ... यह सचमुच शर्मनाक है कि विज्ञापनों से लेकर निमंत्रणों तक में कहीं भी 'पुरस्कृत या सम्मानित' रचनाकार का नाम न हो और हर कहीं अध्यक्ष, उद्घाटनकर्ता,

मुख्य-अतिथि के रूप में अफसर, मंत्री, पार्षद या गवर्नर-उप-गवर्नर ही छाये हों—या मंच पर मालाएं पहले विराजमान हों यही मूर्तियां, बेचारा 'पुरस्कृत-सम्मानित' लेखक-कलाकार भीड़ की तीसरी पंक्ति में कोई खाली कुर्सी तलाश कर रहा हो...

लेखन और लेखक का यह अपमान आखिर कब तक बर्दाश्त किया जाता रहेगा ?

(*'मेरी तेरी उसकी बात', हंस,* दिसंबर 1987)

बताएँ, मेरी ख़ता क्या है...?

30 जुलाई के 'जनसत्ता' में डॉ. रामदरश मिश्र का एक पत्र छपा है। मुझे अफसोस है, उन्होंने 'हिन्दी अकादमी' के पुरस्कार या सम्मान को 'राजेन्द्र यादव बनाम रामदरश मिश्र' का रूप दे दिया है और उस मुद्दे को बिल्कुल अनदेखा कर दिया है जो इस विवाद का वास्तविक आधार है। दो-तीन वर्ष पहले 'साहित्य कला परिषद्' के पुरस्कार को लेकर भी ऐसी ही अशोभन स्थिति आई थी और 'राजेन्द्र यादव द्वारा ठुकराया पुरस्कार सर्वेश्वर द्वारा ग्रहण' की सुर्खियों का मैंने विरोध करना चाहा था। लेकिन 'दुनिया के सबसे बड़े हिन्दी अखबार' के सम्पादक तब ऐसे महापुरुष थे जिनकी घोषणा थी कि 'दैनिक पत्रकारिता सिर्फ राजनेताओं और अफसरों की खबरों के लिए समर्पित हैं, वहां कला या साहित्यकारों के विषय में कुछ भी छापना वात्स्यायनी टुच्चापन है।' शमशेर पर छपी कविता को लेकर उन्होंने दफ्तर में हंगामा खड़ा कर दिया था, "हमारा अखबार किसी शमशेर-निराला को प्रचान देने का माध्यम नहीं है।" और आज 'चमड़े का सिक्का' चलानेवाले उन स्वनामधन्य बादशाह को खुद का नाम तलाश करने के लिए किसी हुमायूँ युग के विशेषज्ञ इतिहासकार की जरूरत है। बहरहाल, वह प्रतिवाद नहीं छपा क्योंकि उससे मेरा नाम उछलता था।

मुद्दा सर्वेश्वरदयाल सक्सेना और रामदरश मिश्र बनाम राजेन्द्र यादव का बिल्कुल नहीं है। न मैं इन्हें छोटा लेखक मानता हूँ, न मेरा इरादा इनका अपमान करने का है। अगर मैंने अभी तक पुरस्कार या फैलोशिप नहीं लिए हैं तो इसका कारण यह नहीं है कि मुझे पैसे या सम्मान की जरूरत नहीं है। है, और शायद औरों से कम नहीं है। फिर भी अगर मैं पुरस्कार या पद्मश्री (उसमें तो पैसे भी नहीं हैं) जैसे सम्मान का विरोध करता हूँ तो क्या यह सिर्फ मेरा व्यक्तिगत अहंकार और कुंठा ही है ? क्या उसके पीछे और कोई बड़ा कारण नहीं हो सकता ? क्या दुनिया के सारे मूल्य मुझसे शुरू होकर मुझ पर ही समाप्त होते हैं?

यहाँ दो बातें साफ कर देना बहुत जरूरी है। मैं दस साल मारवाड़ियों और सेठों की नगरी कलकत्ता में रहा हूँ। आज तो मुझ पर हमला करने के लिए अक्षर है, तब कुछ भी नहीं था और फ्रीलान्सर की तरह कलकत्ते में रहता था। वहाँ मैं किसी भी अपरिग्रही से अधिक पैसा बना सकता था। वैसे परिचय भी थे। लेकिन वहाँ मैंने अनुवाद भी किये, और अपना भी लिखा। तर्क है कि "इन लोगों के पास

बहुत पैसा है अगर किसी भी बहाने दस-बीस हजार हमने झटक भी लिए तो इन्हें क्या फर्क पड़ता है।" जी हाँ, मैं भी जानता हूँ इनके पास बहुत पैसा है, और एक-एक शाम दोस्तों के बीच पाँच-दस हजार फूँके जाने का व्यक्तिगत गवाह भी रहा हूँ। मगर यह तर्क मुझे लुटेरों और डाकुओं का तर्क लगता है—फर्क सिर्फ यही है कि उनके पास पिस्तौल, बन्दूक या सेठ का लड़का होता है। आपके पास अक्ल और भाषा है। मगर यह व्यवस्था से हिस्सा मांगना है। सही है कि पैसा इन्हीं के पास है, व्यवस्था बदलने के लिए भी इन्हीं से पैसा लेना होगा और व्यवस्था के समर्थन का इनाम चाहने के लिए भी। यह भी सही है कि सरकारी पैसा हमारा अपना ही पैसा है, किसी एक का व्यक्तिगत नहीं है। वह निर्वैयक्तिक धन है जो किसी संस्था या इस-उस अधिकारी के माध्यम से आता है। इस बारे में अजित कुमार, शानी, विष्णु खरे, गिरिराज किशोर या शैलेश मटियानी से मेरी घण्टों बहसें हुई हैं। मेरा जवाब यही है कि मुझे पुरस्कार से परहेज नहीं है, वर्ना खुद पुरस्कार कमेटियों में क्यों रहता ? मुझे घृणा है उस राजनीति और तिकड़म से, जो इनके पीछे अचानक सक्रिय हो जाती है। किसी भी सेठ से अधिक बैंक-बैलेंस वाले ये तथाकथित 'साहित्यकार' जब खुद एक्जीक्यूटिव कमेटियों में बैठकर अपने लिए हजार-दो हजार के पुरस्कार तय करते हैं तो उनके समर्थन और अभ्यर्थना में हम सब झूम जाते हैं, लेकिन खुद वाइस चांसलर के पद पर बैठे डॉ. गणपत चन्द्र गुप्त जब अपने आपको नियुक्ति और एक्सटैंशन दे देते हैं तो भ्रष्टाचार कहलाता है। जब नागार्जुन उत्तर प्रदेश का पुरस्कार यह कहकर लेते हैं कि "जनता के दबाव में सरकार को यह पुरस्कार देना पड़ा" या 'झूठासच' को काटकर साहित्य अकादमी 'रस सिद्धान्त' को पुरस्कृत करती है तो मुझे तकलीफ होती है, हो सकता है डॉ. रामदरश मिश्र को न होती हो। यह दूसरी बात है कि ताल्स्तोय को काटकर जिस कलमघसीट को नोबल पुरस्कार दिया गया था उसका नाम आज शायद पुरस्कार कमेटी के लोग भी न याद कर पायें . . . पर इन बातों से मुझे उतनी ही तकलीफ होती है जितनी जन-नेता रामसनेही को झूठी मुठभेड़ में मारे जाने पर श्रीकान्त वर्मा की इन घोषणाओं से कि "एक समाज-विरोधी डाकू मारा गया।" या कल शंकर गुहा नियोगी की ऐसी ही हत्या पर श्रीकान्त वर्मा, कमलेश्वर या नामवर का (क्योंकि ये तीनों ही गायेबिल्स की संभावनाएं लिए हैं) वक्तव्य मुझे उसी तरह व्यथित-उद्वेलित करेगा जैसा एज़रा पाउण्ड के मुसोलिनी-हिटलर समर्थक ब्रॉडकास्ट सारी दुनिया के लेखकों को करते रहे हैं। हंसराज रहबर को 'साहित्य कला परिषद्' का सम्मान घोषित होने पर जब प्रशासन इस मुद्दे को लेकर फाइलबाजी करता है कि 'रहबर' तो व्यवस्था और श्रीमती गांधी-विरोधी हैं, कि उन्होंने 'गांधी बेनकाब' और 'नेहरू बेनकाब' जैसी पुस्तकें लिखी हैं या कि एमर्जेन्सी में उन्हें नक्सली कहकर जेल की गयी थी, तो सवाल यह उठता है कि क्या सम्मान और पुरस्कार सिर्फ

उन्हें दिए जाने चाहिए, जो सत्ता-समर्थक हैं, प्रधानमंत्री के पुजारी हैं ? यानी पुरस्कार नमक-हलाली के लिए है, साहित्य के लिए नहीं। वह सम्मान नहीं, खैरात है।

यहाँ क्या यह ज्यादा अच्छा नहीं होता कि इस बात को दो लेखकों के बीच की आपसी प्रतिष्ठा और आत्म-सम्मान का सवाल न बनाकर डॉ. रामदरश मिश्र इन असुविधाजनक प्रश्नों पर विचार करते। श्री कुलानन्द भारतीय मेरे पुराने मित्र हैं, दसियों साल के पड़ोसी हैं और स्वयं अच्छे लेखक हैं। मैंने उनकी रचनाएँ पढ़ी हैं। मगर उनकी जगह शिक्षा-विभाग का कोई भी पार्षद हो सकता था। जगप्रवेश चन्द्र झुग्गी-झोंपड़ियों की 'जनता' के सामने अंग्रेजी झाड़ने की जिद के लिए यशस्वी रहे हैं। मेरा आग्रह था कि 'हिन्दी अकादमी' यह परम्परा क्यों नहीं डालती कि साहित्यकारों को पुरस्कार राजनेताओं या अफसरों से न दिलाकर साथी कलाकार-साहित्यकारों से दिलाया जाये। आखिर जैनेन्द्र हैं, वात्स्यायन हैं, विष्णु प्रभाकर हैं, भवानी प्रसाद मिश्र हैं—और कोई नहीं तो पंकज बिष्ट या रमेश रंजक हैं। अपने साथियों से सम्मानित होना मुझे या किसी भी साहित्यकार को अच्छा लगेगा। इन नेताओं या अफसरों द्वारा स्कूली उत्सवों के पुरस्कार वितरण के स्तर से यह 'सम्मान समारोह' अलग होना ही चाहिए। आखिर अशोक वाजपेयी ने एक लाख का पुरस्कार महादेवी से दिलवाकर एक नयी परम्परा की शुरुआत की है। दिल्ली उसका अनुगमन ही करे। क्या कृष्णा सोबती का नाम जोड़कर रामदरश मिश्र यह कहना चाहते हैं कि वह सचमुच सम्मान था ? निमंत्रण पत्र में किसी भी 'सम्मानित साहित्यकार' का नाम था ? जी नहीं, वहाँ मोटे-मोटे टाइप में थे-दिल्ली प्रशासन के पदाधिकारी। मंच पर सजे थे—नेता-अफ़सर और अनपढ़ सम्पादक . . . 'सम्मानित' तो सब नीचे बैठे मुग्ध भाव से कृतार्थ हो रहे थे . . . किसी 'सम्मानित' को कुछ बोलने के लिए कहा गया ? वे सब तो बस्तर और अबूझभाड़ के लोक-कलाकारों की तरह मंच पर लाकर सम्मानित कर दिये गये थे बस . . . उनमें न किसी के पास भाषा थी और न कोई इस लायक था—रहे जैनेन्द्र जी, सो वे "जन जन का मन रखनेवाले" परमहंस हैं—हर जगह होते हैं, हर जगह बोलते हैं। नामवर की तरह अवसर के अनुरूप बोलते हैं।

चलिए मान लेता हूँ कि मैं रामदरश मिश्र के रास्ते में आया, वे नहीं आये। फिर जब मैंने 'काम बना' ही लिया था तो क्यों रास्ता छोड़ दिया —क्या यह सवाल उन्हें नहीं पूछना चाहिए था ? क्या मेरी यह माँग बहुत व्यक्तिगत है कि सम्मान या पुरस्कार लेखक को छोटा बनाकर, भिखारी के स्तर पर गिराकर नहीं दिये जाने चाहिए . . . ? या कि राजनेता को कोई हक नहीं है कि वह अपने पद-अधिकार की सुविधा का दुरुपयोग हमें यह बताने के लिए करे कि किसी संकट की घड़ी में लेखक को क्या लिखना चाहिए ?

राजस्थान साहित्य अकादमीवालों ने मेरे इस आग्रह को स्वीकार किया था

कि लेखकों का सम्मान लेखकों द्वारा ही किया जाये और यादवेन्द्र शर्मा चन्द्र को मीरा पुरस्कार देने के लिए मुझे ही आमंत्रित भी किया था। मगर वहाँ दूसरी समस्या आ खड़ी हुई थी . . .

अकादमी के पदेन अध्यक्ष मुख्यमंत्री नहीं आ पाये थे और शिक्षामंत्री ने अपने परम साहित्यिक भाषण में लेखकों के प्रति अपनी भूरि-भूरि श्रद्धा व्यक्त करते हुए अपेक्षा की थी कि लेखकों से शासन क्या उम्मीद करता है। वे पढ़ी-लिखी समझदार और बा-जुबान महिला थीं—मगर मंत्री होने की जिम्मेदारी कैसे भूल सकती थीं ? तब मुझे वह सब कहना पड़ा जिसे अगले दिन एक और मंत्री ने यात्रा में बताया, "आप लोग हमारा अपमान करने के लिए हमें ऐसी जगह बुलाते ही क्यों हैं ?"

"दूसरा पक्ष रखना आपका अपमान क्यों है ? राजनेता को सिर्फ बोलने का हक है, सुनने का नहीं ?" मैंने पूछा, तो वे चुप हो गये। पिछले दिनों अमरकंटक के लेखक-शिविर और शिमला के शिखर-सम्मेलन में शामिल होना मेरे लिए भी उतना ही सुखद या उत्प्रेरक होता। मगर जब स्वतंत्र संस्थाएँ मंत्री और मुख्यमंत्री को अध्यक्ष, मुख्य अतिथि या उद्‌घाटन के लिए बुलाती हैं तो जरूर यह सवाल उठता है कि लेखक कहाँ हैं? इनके मंच पर आने-जाने और बने रहने तक लेखक कहाँ होता है ? मैं मानता हूँ कि उनमें से बहुत से खुद साहित्यकार, लेखक और कवि हैं, और उनका यह अपराध बिल्कुल नहीं होना चाहिए कि वे मंत्री हैं। मगर यही तर्क देनेवाले वे सम्पादक-आयोजक-प्रकाशक आज कैदी कविराय, (अटल बिहारी वाजपेयी) प्रतापचंद्र 'चंद्र' और शान्ताकुमार को उसी आग्रह या शान से क्यों नहीं छापते ? अब वे साहित्यकार नहीं हैं ? ऐसे समारोह, गोष्ठी या आयोजन में जाकर मैं गर्व महसूस करूँगा जहाँ प्रधानमंत्री श्रोता की तरह ही आयें—आखिर वे नृत्य, गायन, अभिनय के आयोजनों में दर्शक बनकर भी तो जाती हैं। वहाँ के लिए जरूरी क्यों नहीं होता कि वह नाच या गाकर दिखाएँ या फिर यही बताएँ कि नृत्य, गायन और अभिनय कैसा हो ?

क्या अब समय नहीं आ गया है कि लेखक बंधु अपनी चमगादड़ी और चमचागिरी छोड़कर मराठी लेखकों की तरह स्टैण्ड लें और अपने सरोकार साफ-साफ तय कर लें। हम सभी को याद होगा, नागपुर में मराठी साहित्य-सम्मेलन होने जा रहा था और उसका उद्‌घाटन कर रहे थे तत्कालीन मुख्यमंत्री अन्तुले (इन्हीं अन्तुले से परम क्रान्तिकारी कमलेश्वर अपने 'श्रीवर्षा' साप्ताहिक का उद्‌घाटन करा चुके थे।) मगर मराठी के अधिकांश साहित्यकारों ने इस सम्मेलन का बायकॉट कर बम्बई में अपना समान्तर सम्मेलन करने की घोषणा कर दी थी। आपत्ति थी—अन्तुले कौन होते हैं साहित्य-सम्मेलन का उद्‌घाटन करनेवाले ? मैं बिलकुल नहीं कहता कि राजनेता अछूत हैं और हमें उस जगह जाना ही नहीं चाहिए जहाँ वे हों। नहीं, सरकारी समितियों में वे होंगे,

कभी पदेन और कभी अधिकारी के रूप में। मगर उन्हें अपनी बौद्धिक औकात तो समझनी ही होगी, वर्ना बार-बार जगन्नाथ पहाड़िया, महादेवी का अपमान करेंगे। वह जमाना और था जब राजनेता का अर्थ था राधाकृष्णन्, जवाहरलाल नेहरू और डॉ. लोहिया, आचार्य नरेन्द्रदेव, सम्पूर्णानंद, कमलापति त्रिपाठी, श्री प्रकाश ... आज घिनौने चुनावी हथकंडों और गुण्डों की मदद से आये हुए घूसखोर, चोर, डकैत, हत्यारे, बलात्कारी और तस्कर, ये 'जन प्रतिनिधि' हमें सिर्फ यही तो बता सकते हैं कि हम कैसे गुलशन नंदा और अमृता प्रीतम की तरह लिखें। या वे हुसैन और रामकुमार को बतायें कि कैसे उन्हें राजा रविवर्मा या मूलगावकर की तरह चित्रकारी करनी चाहिए ताकि जनता उसे समझ सके ...

मैं जानता हूँ कि लेखकीय स्वतंत्रता, स्वाभिमान और सम्मान की बात करनेवाला न मैं पहला लेखक हूँ—न अन्तिम। आज भी हर भाषा में दर्जनों हैं। हो सकता है मेरे सोचने में ही कहीं खोट हो—मगर इसी खोट ने अभी तक मुझे उस दुमुंहेपन से बचाया है जहाँ 'एमर्जेन्सी' की भूरि-भूरि प्रशंसा करनेवाले बुद्धिजीवियों को रिरियाते हुए कहना पड़े, "हम तो मजबूरियों में साथ थे, मन से हम उस सबका समर्थन नहीं करते थे" और फिर दो साल बाद चाटना पड़े, "अजी उनमें कोई योग्यता थोड़े ही थी। हम तो शुगल देख रहे थे—प्रशासन और दिशा-दर्शन तो आपके ही खून में मिला है . . ." या आन्ध्र के प्रसिद्ध कवि दाशरथि कृष्णामाचार्य की तरह जस्टिस चौधरी से सुनना पड़े कि "साहित्य रचना भाड़े पर नहीं की जाती" (देखिए, जनसत्ता, 20 जुलाई, 84 में बनवारी का लेख)।

जिस दिन मैंने लेखक बनने का फैसला किया था उसी दिन चुना लिया था कि मेरे लिए लेखकीय स्वाभिमान और स्वतंत्रता किताबों और लेखों में लिखी जानेवाली 'एकैडैमिक' या शास्त्रीय समस्या-भर नहीं है और उसके लिए बहुत कुछ छोड़ना और नकारना पड़ता है—अपने इस छोड़ने और नकारने के इतिहास पर मुझे कभी भी अफसोस नहीं रहा। वर्ना वे सारी डिग्रियां, अर्हताएं और दुनियादारियाँ मेरे पास भी हैं जिनसे सफलता, सम्मान और सेहरे मिलते हैं। संन्यासी भी नहीं हूँ कि सारे शौक मर गये हैं . . . बेदाग बिल्कुल नहीं हूँ मगर कोशिश ही कर सकता हूँ कि और दाग न लगें. . . सिर्फ इस अनकहे आश्वासन पर कि जो कुछ कर रहा हूँ वह केवल मेरा व्यक्तिगत सवाल नहीं है . . .

इसलिए डॉ. रामदरश मिश्र को मैं अत्यन्त विनम्रतापूर्वक विश्वास दिलाना चाहता हूँ कि उनके रास्ते में मैं शायद कभी नहीं आऊँगा। व्यक्ति रामदरश मिश्र के रास्ते में आया भी नहीं था। मगर दुष्यन्त कुमार की ये पंक्तियाँ कुछ सवाल तो खड़े करती ही हैं—

"मत कहो आकाश में कोहरा घना है . . .
यह किसी की व्यक्तिगत आलोचना है . . ."

पुरस्कार देने-लेने की राजनीति

पिछले दशक को आसानी से साहित्य और कला के क्षेत्र में 'पुरस्कार-दशक' का नाम दिया जा सकता है। वैचारिकता और सैद्धांतिकता (निश्चय ही सिद्धांतवादिता भी) का क्रमशः जितना ही बिखराव, बिलगाव और विलोप हुआ है, सेमिनारों, गोष्ठियों और पुरस्कारों का उतना ही जोर बढ़ता गया है। साहित्य के क्षेत्र में दिलचस्प बात यह है कि गोष्ठियों और पुरस्कारों के संदर्भ में कुछ नाम लगभग तय हैं। जिस तरह चक्रवर्ती गोष्ठी सम्राट् होने की नामवरी केवल कुछ को प्राप्त है, उसी तरह शीर्ष पुरस्कार पानेवाले दो ही चार नाम हैं। सब मिलाकर लेखकों की पूछ (या पूंछ ?) बढ़ी है और प्रतिष्ठा गिरी है।

यहां सेमिनारों, गोष्ठियों के बारे में फैलिक्स ग्रीन की पुस्तक 'दुश्मन' से एक उद्धरण काफी है : "हम सब ऐसे लोगों से परिचित हैं जो साम्राज्यवाद और क्रांति के बारे में बहुत बड़ी जानकारी रखते हैं, जिन्होंने मार्क्स और माओ को पढ़ा है, जिनके मस्तिष्क में तमाम उद्धरण भरे पड़े हैं और जिन्हें वर्तमान व्यवस्था को समाप्त कर देने की तात्कालिक आवश्यकता अत्यंत निर्भ्रान्त एवं स्पष्ट रूप से दिखाई दे रही है, लेकिन आश्चर्य की बात है कि सब कुछ जानने के बावजूद उनका इससे कोई वास्ता भी नहीं है। इसलिए मैं इस निष्कर्ष पर पहुंचा हूँ कि बौद्धिक ज्ञान महत्वपूर्ण होने के साथ-साथ एक फंदा भी हो सकता है क्योंकि 'जानकारी प्राप्त करना' आसानी से क्रियाशीलता का स्थान ले सकता है। 'क्रांतिकारी चिंतन' बड़ी आसानी से एक खेल भी हो सकता है . . . प्रोफेसर तथा अन्य बुद्धिजीवी जो शायद अत्यंत सुरक्षित और आराम की जिंदगी बिताने के कारण अपने को अपराधी महसूस करते हैं, किसी उग्र आंदोलन से जुड़कर मनोवैज्ञानिक रूप से कुछ शांति का अनुभव करते हैं। यह एक प्रकार की अवसरवादिता है, वे क्रांति का उपयोग अपनी भावनात्मक आवश्यकताओं की पूर्ति के लिए करते हैं। इसमें न कोई खतरा है, न असुविधा . . . खतरा यह है कि राष्ट्र की नीतियों के बारे में मौखिक विरोध कहीं ऐसा तमाशाई खेल न बन जाये जिसे सरकारी लाइसेंस मिला हो, जिस पर सरकार का पूर्ण नियंत्रण हो और जिसे किसी हद तक सरकारी संरक्षण प्राप्त हो। विश्वविद्यालय इस अनेकार्थक नाटक के मंच बन गये हैं. . ."

क्या सचमुच सेमिनार और गोष्ठियां हमारी मानसिक अशांति के लिए ठीक वैसा ही नशेड़ी उपचार बन रहे हैं जैसे व्यक्तिगत और सामाजिक अपराध-बोध से पीड़ित नौकरशाही और पैसेवालों के लिए मोक्ष और आत्मिक शांति देनेवाले धार्मिक प्रवचन, ध्यान और कीर्तन ? श्रमहीन कमाई—जिसके लिए ज्यादा सही शब्द 'लूट' है—पाप और अपराध-दंश पैदा करती है। इस अशांति या बेचैनी का उपचार 'भगवान' है, अध्यात्म और शांति बांटनेवाली दुकानें हैं। उसी तरह, "जब तक व्यवस्था नहीं बदलेगी तब तक कुछ नहीं होगा" के रहस्यवादी निर्णयों तक पहुंचनेवाले सेमिनार एक बड़े बुद्धिजीवी वर्ग के 'उपचार' बन गये हैं।

इस समय साहित्य के नाम पर एक लाख या अधिक राशि के आठ-दस पुरस्कार हर वर्ष दिये जाते हैं, इनमें सबसे बड़ा है इसी वर्ष से प्रारंभ के.के. बिड़ला फाउंडेशन द्वारा, तीन लाख का 'सरस्वती' और डेढ़ लाख का 'व्यास पुरस्कार' : पहला बच्चनजी को मिला है (जिन्हें अपनी आय, आयु और अवस्था के हिसाब से शायद ही कोई फर्क पड़ा हो) तो दूसरा डॉ. रामविलास शर्मा को (रामविलास शर्मा जी ने अस्वीकार कर दिया है)। हां, ज्ञानपीठ के 'वाग्देवी' पुरस्कार ने जो प्रतिष्ठा अर्जित की है वह अभी भी एक मानक है।

यहां सरकारी और गैर-सरकारी पुरस्कारों में भेद किया जाना चाहिए। चूंकि गैर-सरकारी पुरस्कारों के पीछे सद्भाव, साधन और समाज में सम्मान पाने की आकांक्षा होती है इसलिए वे प्रायः अधिक निष्पक्ष होने का भ्रम देते हैं, हालांकि ज्ञानपीठ ने पिछले दिनों अधिकांश उन क्षेत्रों के रचनाकारों को चुना है जहां राजनैतिक गड़बड़ियां रही हैं या फिर लिया गोकाक जैसों को जो कल तक साहित्य अकादमी के अध्यक्ष और स्वयं ज्ञानपीठ चयन-समिति के वरिष्ठ सदस्य रहे हैं। (राजनैतिक और दूसरी जोड़-तोड़ तो 'नोबेल पुरस्कार' तक में दिखायी देती है)। डॉ. धर्मवीर भारती के लिए घोषित 'केडिया-सम्मान' की स्थिति तो प्रारंभ होने से पहले ही संदिग्ध हो गयी—एक तो चयनकर्ताओं के अपने कद या समझ, फिर स्वयं केडिया-संस्थान पर शंकर गुहा नियोगी जैसे दिग्गज जन-नेता की हत्या में शामिल होने का आरोप . . . फिर भी जिनके पास साधन हैं उन्हें साहित्य-संस्कृति के लिए भी कुछ करना है—इस भावना का सम्मान किया जाना चाहिए। इनकी सीमा यह है कि देनेवाले निष्पक्ष निर्णायकों का सहयोग नहीं ले पाते—उनके प्रमुख सलाहकार अपनी दोस्तियों, कुंठाओं, महत्वाकांक्षाओं और कभी-कभी सौदे की भावना से संचालित होते हैं। वे रचना को नहीं, रचनाकार के संपूर्ण व्यक्तित्व को दिये जाते हैं। चूंकि इनके पीछे प्रायः व्यावसायिक प्रतिष्ठान होते हैं इसलिए 'सुरक्षित' कृतियों / कृतिकारों को चुनना ही इन्हें रास आता है। मूलतः भारतीय व्यवसायी वर्ग भयंकर दकियानूसी और सांस्कृतिक जड़ताग्रस्त है इसलिए वह किसी भी ऐसे लेखक या रचना को मान्यता देने से बचता है जो उसे व्यक्तिगत या सरकारी तौर पर 'असुविधा' में डाल दे। पिछले दिनों ही

कलकत्ता की 'अनामिका' संस्था के सहयोग से नाटकों पर दिया जानेवाला एक लाख का पुरस्कार इसलिए अचानक स्थगित कर दिया गया कि चुना गया नाटक 'अनैतिक' था। ऐसा ही कुछ मृदुला गर्ग और 'रचना' के बीच हुआ। वहां धर्म, नैतिकता और राजनीति की बद्धमूल धारणाओं के खिलाफ न तो किसी विद्रोह को बर्दाश्त करने की गुंजाइश है, न किसी साहसिक या अलग पुनर्व्याख्या को।

व्यवस्था और सत्ता की अनकही सांठ-गांठ यहां खुलकर सामने है, क्योंकि व्यवस्था को ही नहीं सत्ता को भी इन्हीं तीनों मुद्दों पर संवेदनशीलता बरतनी होती है; बल्कि वहां एक चौथा आयाम और जुड़ जाता है : रचनाकार की 'राजनीति' चाहे सत्ता-समर्थक हो या न हो, सत्ता-विरोधी नहीं होनी चाहिए। इस संदर्भ में पिछले बीस वर्षों का परिदृश्य बुद्धिजीवियों के तान-पलटों का बेहद जुगुप्सामय इतिहास रहा है। एर्मजैंसी के समय इंदिराजी के आस-पास विनयपूर्वक नफीरी और वंशी बजानेवाले, लेखकों-कवियों के दल ले जाकर दरबार में मालाएं पहनानेवाले, क्रांति की मुनादियां करनेवाले और अस्सी करोड़ दरवाजोंवाले विशाल मंदिर के दूरदर्शनी सेहरे पढ़नेवाले, अचानक ही मज़लूम और प्रताड़ित हो गये—और वे ठीक उसी स्वर में जनता सरकार की जुहारें और मुजरे करने लगे . . . दूर क्यों जायें, विश्वनाथ प्रताप के समय के नामवर मंडलाधीश चंद्रशेखर का 'सहारा' पाते ही 'बाउल गीत' (यह बंगला नहीं, अंग्रेजी शब्द है) गाने लगे . . . ऐसे कुशल नर्तकों को सत्ता अपने राग पर न नचाये तो लानत है उसके सत्ता होने पर . . . मुझे याद है, पालियां बदलने में माहिर नागार्जुन पर उत्तर प्रदेश सरकार ने पुरस्कार 'निछावर' किया था और दिल्ली की साहित्य कला परिषद् ने घोषणा के बाद भी रघुवीर सहाय और हंसराज रहबर के पुरस्कार यह कहकर रोकने की कोशिश की थी कि एक जयप्रकाश समर्थक रहा है तो दूसरा नक्सली . . . प्रायः सरकारें या तो अपने समर्थकों को पुरस्कार देती हैं या विरोधी आवाजों को साधने के लिए ... इसलिए बड़े पुरस्कार हमेशा उन लोगों को दिये जाते हैं जो रचना और सोच के स्तर पर लगभग नखदंतविहीन होकर अंत की प्रतीक्षा कर रहे हैं। वे प्रतिभा को कम, बुढ़ापे को ज्यादा दिये जाते हैं। इस बार उत्तर प्रदेश की भाजपा सरकार ने सर्वोच्च सम्मान के लिए डॉ. चंद्रप्रकाश वर्मा को धूल और जाले झाड़कर निकाल लाने का प्रशंसनीय उत्खनन कार्य किया है। अगली बार के लिए पता नहीं राधेश्याम कथावाचक जीवित हैं या नहीं।

इस प्रकार के सारे ही पुरस्कारों का सबसे अपमानजनक पहलू होता है इनके आयोजन/समारोह को गरिमा और शोभा देने के लिए हरेक को कोई बड़ा नेता, मंत्री या गवर्नर चाहिए ... इससे आयोजन भव्य होता है, मीडिया कवरेज देता है—सारे अखबार और दूरदर्शन-समाचार धुआंधार प्रचार देते हैं—आयोजक सरकार हो या व्यावसायिक संस्थान, अगर देश-विदेश-व्यापी 'प्रचार विस्फोट' न मिले तो लाखों रुपए खर्च करने का फायदा क्या ? संबंध और सौदे कैसे बनें?

रचनाकार तो बहाना है, असली व्यक्ति तो वह है जिसके 'करकमलों' से आप झुक-झुककर 'सम्मान ग्रहण' करते हैं; कल के माफिया डॉन और आज के मुख्य, प्रधान, वाणिज्य और उद्योग मंत्री या प्रोन्नत सरकारी अधिकारी बताते हैं कि आपको क्या और कैसे लिखना चाहिए कि आपको किस विषय को उठाना और किस मुद्दे पर लिखना है—हां, बीच-बीच में भारतीय संस्कृति, व्यास, कालिदास, तुलसी, कबीर के गुणगान या लेखकीय महानता की प्रशस्तियां पलोथन के रूप में परोसी जाती रहेंगी. . . शायद ही किसी खुद्दार लेखक ने इसका विरोध किया हो कि हम बदलती सरकारों के इन 'देवपुरुषों' से नहीं, किसी छोटे-से-छोटे सहधर्मी लेखक के हाथों 'पुरस्कृत' होना पसंद करेंगे। वे तो खुद गठिया समेटे और नकली बत्तीसी निपोरे इन महान विभूतियों से दुशालित होकर धन्य-धन्य होते हैं !

हां, केंद्रीय साहित्य अकादमी इस दरबारी भदेस का अपवाद रही है। वहां के आयोजन प्रायः नेता-अफसर मुक्त होते हैं। मगर उम्र का 'ऑब्सेसन' वहां भी ठीक वैसा ही है। "अमुक जी बेचारे साठ-पैंसठ के हो गये हैं, पता नहीं कब चल दें—इसलिए उन्हें तो इस बार 'अकादमित' कर ही दें।" हिंदी में तो अभी तक यही करुणा-पुरस्कार दिये जाते रहे हैं। मराठी, कन्नड़ इत्यादि में सुनते हैं तीस-पैंतीस की उम्र के रचनाकारों की कृतियां पुरस्कृत हुई हैं। अंग्रेजी में अश्लील, फूहड़ या निम्नस्तरीय रचनाओं और उर्दू में सांप्रदायिक रचनाओं को पुरस्कृत करने की परंपरा है। पिछली बार अंग्रेजी में चमन निहाल के जिस उपन्यास पर इनाम मिला उसे देखते हुए तो आगे शोभा दे की 'स्टारी नाइट' को मिलना लगभग तय ही है। उर्दू में शेख अब्दुला (मरणोपरांत) की आत्मकथा 'चिनार' के पन्ने-दर-पन्ने उद्‌धृत करते हुए बावेला मचा था कि किस तरह सारी पुस्तक भारत-विरोधी और घनघोर सांप्रदायिक है। इस बार सालाहुद्दीन परवेज ने तो 'आई कार्ड' में कमाल ही कर दिया। अंग्रेजी, हिंदी, उर्दू अखबारों में निकली रिपोर्टों के अनुसार यह पुरस्कार बाकायदा खरीदा गया है और एक उर्दू पत्रकार ने तो महीनों पहले लिख दिया था कि जिस तरह लाखों रुपये खर्च किये जा रहे हैं, उसे देखते हुए परवेज को साहित्य अकादमी पुरस्कार पाने से कोई नहीं रोक सकता . . . सुनते हैं 'आई कार्ड' सलमान रुशदी की 'सैटेनिक वर्सेज' का जवाब है—एक धर्म-विरोधी को धार्मिक द्वारा दिया गया मुंहतोड़ तमाचा. . . परवेज व्यवसायी आदमी बताये जाते हैं। हो सकता है ईरान से कंप्यूटर या कोई और सौदा बन गया हो . . . उर्दू में तो हर तीसरा आदमी शेर कहता ही है, किताब लिखने या लिखाने में कितनी देर लगती है ? जहां पैसा फेंको किताब भी लिख जायेगी और पुरस्कार भी खरीद लिया जायेगा।

लगता है, साहित्य अकादमी के लिए बंगला, असमिया और मराठी ही सबसे ज्यादा ध्यान देने लायक साहित्य और साहित्यकार हैं; बाकी कहीं कुछ है ही कहां?

स्थितियों की अजीब हास्यास्पद विडंबना है—सरकार कागज के दाम अंधाधुंध बढ़ा रही है, डाक खर्च-आसमान छू रहे हैं और सौ पन्नों की किताब सौ रुपये में मिलती है, व्यावसायिक प्रतिष्ठान साहित्य-कला की पत्रिकाएं एक के बाद एक बंद किये चले जा रहे हैं—सारे मुल्क में बंगला साप्ताहिक 'देश', और हिंदी में 'हंस' के सिवा रचना-केंद्रित कोई भी नियमित पत्रिका नहीं बची है—यानी साहित्य को जन-जीवन से खदेड़कर बाहर कर दिया गया है और साहित्यकार दर्जनों के हिसाब से पुरस्कृत हो रहे हैं। वह दिन दूर नहीं है जब सारा साहित्य न किताबों के माध्यम से आयेगा, न पत्र-पत्रिकाओं के जरिए . . . चंदा करके कुछ पागल छोटी-मोटी अनियमित लघु पत्रिकाएं निकालेंगे और पुरस्कार, पांडुलिपियों या साधन-संपन्नों (अफसर-उद्योगपति) के भव्य प्रकाशनों में ही चुनाव करने को मजबूर होंगे . . . (क्या करें, किताबें तो यही सामने थीं इसलिए इन्हीं में से चुनना पड़ा)। आगाह तो मैं दसियों वर्षों से कर रहा था, लेकिन अब हम सचमुच उस मुकाम पर पहुंच रहे हैं जहां बड़ा से बड़ा (और बूढ़ा भी) लेखक कहेगा कि किताबें तो मैंने बीसियों लिखी हैं, मगर बिना किसी सौदे के प्रकाशक इतना महंगा रिस्क लेने को तैयार नहीं था, अपने पैसे देकर छपाने की हैसियत नहीं थी, इसलिए पुस्तक एक भी नहीं आयी है। यानी स्वतंत्र रचना और विचारों के प्रकाशन की सारी गुंजायशें और संभावनाएं समाप्ति पर हैं—रास्ता सिर्फ यही छोड़ा गया है कि समर्थनवादी प्रशस्तियां और विरुदावलियां लिखिए और पुरस्कार पाइए—उद्योगपतियों, अफसरों और नेताओं-मंत्रियों के हाथों 'मालामाल' होइए फिर गद्‌गद होकर दूरदर्शन निहारिए . . . गुडबाई रचनात्मकता . . .।

इस सारी साहित्यिक-सांस्कृतिक गतिविधि का सबसे दर्दनाक और दहशत-भरा पहलू यही है कि जिस आधार पर किसी रचनाकार को पुरस्कृत किया जाता है, उस किताब की मृत्यु और विचार-स्वातंत्र्य की हत्या किसी को दिखायी नहीं दे रही ... अकसर गद्‌गद और भाव-विह्वल होकर रचना को अपनी संतान घोषित करनेवाला आत्ममुग्ध लेखक, अपने बच्चों की इस हत्या में खुद शामिल है। यह सवाल अब गैर-जरूरी या अप्रासंगिक लगता है कि उसे सम्मानित पुरस्कृत किसी रचना के लिए किया जा रहा है या रचना की हत्या में मूक-गवाह बने रहने के लिए ...? रॉयल्टी या पारिश्रमिक के सम्मानपूर्वक स्रोतों का बंद होते जाना और सम्मानों-पुरस्कारों की बाढ़ के बीच क्या सचमुच उसे कोई गहरा संबंध नहीं दिखायी देता ? दरबार की हो या सरकार की, पुरस्कार-निर्भरता रचना और सोच को कहां ले जाती है ?

ऐसे माहौल में डॉ. रामविलास शर्मा द्वारा डेढ़ लाख के 'व्यास सम्मान' न लेने की घोषणा निश्चय ही प्रशंसा और सम्मान जगाती है। उन्होंने पहले भी दिल्ली के 'शलाका सम्मान' के पचास हजार और उत्तर प्रदेश के डेढ़ लाख अस्वीकार किये हैं। मगर उन्होंने जिस 'साक्षरता अभियान' के लिए तीन लाख

छोड़े हैं, वहां करोड़ों भी कम हैं। साठ प्रतिशत से अधिक अशिक्षित और निरक्षर आबादी में ये तीन लाख कहां, किस तरह खर्च होंगे, इसकी जानकारी रामविलास जी को है भी या नहीं ? सरकारी साक्षरता अभियान में तीस लाख या तीस करोड़ तो ऊपर-नीचे खाने-पीने में ही गायब हो जाते हैं—वहां ऊंट के मुंह का यह जीरा कहां दिखायी देगा ? हो सकता है वे किसी स्वयंसेवी संस्था को दें।

इस प्रकार प्राप्त राशि को कोई लेखक मंदिर में दे, मदर टैरेसा को अर्पित करे या साधनहीन विद्यार्थियों के लिए वृत्ति की व्यवस्था करे—यह उसका अपना सोचना है, मगर मुझे कभी कोई बड़ा पुरस्कार मिला तो शायद मैं अपने सहधर्मी और सहकर्मी उन रचनाकारों के लिए कुछ करना चाहूंगा जो विचार और रचना की स्वतंत्रता के लिए अपनी-अपनी सीमाओं के बावजूद कुछ कर रहे हैं। दूसरे शब्दों में, उपलब्धियों का अभिनंदन करने की बजाय मुझे संघर्ष की उस प्रक्रिया में शामिल होना ज्यादा सार्थक लगता है जहां सचमुच रचना को बचाया जा रहा है।

और अगर विराट नक्कारखाने में मेरी बात सुनी जाती तो मैं मानव संसाधन मंत्री किसी शिक्षाविद्, रचनाकार या बुद्धिजीवी को बनाता, जनसंख्या-नियंत्रण या परिवार नियोजन के तूफानी अभियान की तरह साक्षरता को प्राथमिकता देता, साक्षरों और पाठकों को सामग्री सुलभ करने के लिए सस्ता कागज उपलब्ध कराता, मुद्रकों को सुविधाएं देता और डाक दरें चौथाई कर देता—कम से कम यह बेवकूफी तो बर्दाश्त नहीं ही करता कि आप सरकारी कागज पर छपा पोस्टकार्ड लें तो पंद्रह पैसा, लेकिन अपना कागज छपाई खर्च करके दूर-दराज बैठे पाठक को किसी किताब की सूचना देना चाहें तो वही पोस्टकार्ड अस्सी पैसा... दूर छिंदवाड़ा में बैठे पाठक को क्या किसी डाक्टर ने बताया है कि बीस रुपये की किताब पर आठ रुपये डाकखर्च देकर मंगाये बिना उसके प्राण बचने मुश्किल हैं ?

('*मेरी तेरी उसकी बात*', *हंस*, मार्च, 1992)

लहू पुकारेगा आस्तीं का

केडिया-प्रतिष्ठान द्वारा डॉ. धर्मवीर भारती को दिया गया 'साधना-सम्मान' एक बार फिर चर्चा में है।

पुरस्कार मात्र को लेकर कुछ आधारभूत सवाल उठाये गये हैं; स्वयं भारती, या पुरस्कार-प्रक्रिया से जुड़े लोगों ने सफाइयां दी हैं कि केडिया-समूह पर मजदूर नेता शंकर गुहा नियोगी की हत्या का आरोप सिद्ध नहीं हो पाया है और वे सी.बी.आई. की जांच कमेटी द्वारा बरी कर दिये गये हैं। वस्तुतः देश के बीस-पच्चीस वरिष्ठ लेखकों ने भारती से आग्रह किया था कि केडिया-लोगों का नाम चूंकि शंकर गुहा नियोगी की हत्या में बार-बार आ रहा है इसलिए उन्हें यह सम्मान स्वीकार नहीं करना चाहिए। इन लेखकों में प्रमुख थे : विष्णु प्रभाकर, भीष्म साहनी, त्रिलोचन, राजेन्द्र यादव, नागार्जुन, केदारनाथ सिंह, विष्णु खरे, कृष्णा सोबती इत्यादि।

बहस यहीं से शुरू होती है कि अगर केडियाओं पर शंकर गुहा नियोगी की हत्या का आरोप है भी (जिससे वे उनके अनुसार बरी हो चुके हैं) मगर यह सच नहीं है, क्योंकि फाइल नं. 25 और 40/5 अभी चल रही हैं) तो पुरस्कार जैसे सांस्कृतिक अनुष्ठान को उनके व्यावसायिक झगड़ों में डाला जाना क्यों जरूरी है ? उस दृष्टि से कौन-सा उद्योगपति या व्यापारिक घराना दूध का धुला है ? एक न एक समय सभी किन्हीं ऐसे आरोपों, अनियमितताओं और दुश्चक्रों के शिकार हुए हैं। स्वयं नोबेल पुरस्कार बारूद और विस्फोटक बनानेवाले ऐसे संस्थान की ओर से दिया जाता है जिसके उत्पादों से शायद अब तक करोड़ों लोगों की जानें ली गयी हैं, स्वयं बोफोर्स उसकी एक सहायक कंपनी है। और यही नोबेल संस्थान अन्य अनेक पुरस्कारों के अलावा विश्व-शांति पुरस्कार भी देता है, (यह दूसरी बात है कि वह किसिंजर जैसों को भी मिला है) यही क्यों, सरकारी या सरकार द्वारा उत्प्रेरित पुरस्कारों को भी उन्हीं में शामिल किया जाना चाहिए। जो सरकार रोज हजारों को लाठी-गोली से मारती है, भ्रष्टाचार और घूसखोरी में चोटी तक डूबी है, महंगाई, गरीबी, भुखमरी, बीमारी, सांप्रदायिकता को समस्या ही नहीं मानती, बल्कि उन्हीं चूल्हों पर अपनी रोटियां सेंकती है—जिसके बड़े से बड़े मिनिस्टर, अफसर, न्यायाधीश दुनिया-भर की लूट-हत्या या हेरा-फेरी या फेरा-हेरी में विश्वविख्यात

है—उसके हाथों पुरस्कार लेना कैसे सही है ? निर्णय आपको यह करना है कि आप पुरस्कार लें या न लें। अगर लें तो फिर ज्यादा बारीकियों और खोजबीन में न जायें—सम्मानपूर्वक आपको जो मिल रहा है, उसे ग्रहण कीजिए और भूल जाइए। ऐसी ही मीन-मेख निकालेंगे तो न दूध पी सकेंगे, न दही खा सकेंगे—क्योंकि मूलतः दूध गाय का खून है और दही जीवित कीटाणुओं का गुच्छा

दूसरी तरफ कुछ लेखकों का कहना है कि बात को इतना न उलझा या फैला दिया जाये कि मूल मुद्दा ही गायब हो जाये। जब सवालों का सीधा सामना करना असंभव हो जाता है तो सारी बात को ऐसे ही तथाकथित सिद्धांतों में फैलाकर 'डाइल्यूट' कर देने का हथकंडा पुरानी चालाकी और बेईमानी है। माना कि भारतीय लेखक अभावों और संघर्षों में बड़ा होता है, उसे प्रतिष्ठा भी चाहिए और पैसा भी। उसे ये मिलते हैं तो आपको क्या तकलीफ है ? इसके पीछे आपकी व्यक्तिगत ईर्ष्या नहीं तो क्या है ? अगर किसी को चिकन खाना है; तो इससे उसे क्या मतलब कि कौन-सा मुर्गा कहां काटा गया ? इसके जवाब में उनका कहना है कि भारती को बिहार और उत्तर-प्रदेश सरकार से इतने ही बड़े पुरस्कार मिले थे तो किसी ने अपनी यह 'तथाकथित' ईर्ष्या दिखायी थी ? फिर अस्वीकार करने की मांग करनेवाले अधिकांश लेखक वे हैं जिन्हें या तो ऐसे ही अनेक पुरस्कार स्वयं मिल चुके हैं या जिन्होंने अपने को इस दौड़ से शुरू से ही बाहर कर लिया है . . . इसलिए सवाल ईर्ष्या का नहीं, साहित्य की संस्कृति का और नैतिकता का है।

किसी भी हत्याकांड, भ्रष्टाचार या ऐसे ही मामलों में सरकार, कानून, पुलिस क्या करती है, कैसे किसी को फंसाती या छोड़ती है यह किसी से छिपा नहीं है। हम सब जानते हैं कि चीजें कहां किस तरह साधी और संभाली जाती हैं, अगर ऐसा न होता तो बंबई या किसी भी शहर के न जाने कितने माफिया-डॉन सींखचों के पीछे होते, बरी हुए होंगे तभी तो खुले आम घूमते हैं। नियोगी हत्याकांड में ही सवाल है कि सी.बी.आई. या पटवा सरकार क्या कहती है, वह महत्वपूर्ण है या स्वयं नियोगी द्वारा, हत्या का खतरा बताते हुए मुख्यमंत्री, प्रधानमंत्री इत्यादि को लिखे गये पत्र, 'इंडिया टुडे' के प्रतिनिधि एन. के. सिंह से बातचीत का टेप, हत्या के बाद पत्नी आशा नियोगी द्वारा संदिग्ध हत्यारों की मुख्यमंत्री को दी गयी सूची—ये सारे प्रमाण ज्यादा विश्वसनीय हैं ? क्या यह सच नहीं है कि आशा ने केडिया, सिम्प्लैक्स, बी.के. इंजीनियरिंग, भिलाई इंजीनियरिंग के नाम दिये हैं और 9 दिसंबर 91 को प्रांतीय गृहमंत्री कैलाश बावला ने हत्या के पीछे कैलाशपति केडिया, विनय केडिया, मूलचंद, अरविंद और नवीन शाह, वी.आर. जैन, विजय गुप्ता, कुलदीप गुप्ता के नाम होने के आरोप को स्वीकार किया है ? और यही नाम बार-बार आये हैं—कलकत्ता के भूतपूर्व मुख्य न्यायाधीश डी.एस. तेवतिया,

पत्रकार कुलदीप नैयर, नाटककार विजय तेंदुलकर इत्यादि की स्वतंत्र-जांच कमेटी की लंबी रिपोर्ट में . . .

शायद किसी को कोई दिलचस्पी नहीं है कि केडिया को अकारण ही हत्यारा सिद्ध किया जाये, मगर एक महत्वपूर्ण लेखक और लंबे समय तक शीर्षस्थ पत्रकार रहे भारती से यह प्रत्याशा तो शायद की ही जा सकती है कि वे 'तकनीकी' सफाइयों में न जाकर अधिक गहरी अंतर्दृष्टि दिखाते . . . माना कि पैसा बहुत बड़ी चीज है और सम्मान देनेवाला 'तीनों लोकों का स्वामी' होता है, मगर सोचने-समझने की ऊंचाइयों से जुड़े संवेदनशील लेखक या बुद्धिजीवी के लिए क्या किसी भी सवाल का कोई नैतिक पहलू नहीं है ? मुझे कल गोडसे, भिंडराँवाला, प्रभाकरण से या आज हाजीमस्तान, मलखान सिंह और नटवरलाल से पुरस्कार लेते हुए कोई चीज कौंचेगी या नहीं ? कल अरविंद घोष, जयप्रकाश नारायण या मदर टैरेसा की हत्या के आरोप से कानूनन बरी, किसी के हाथों सम्मान या पुरस्कार लेते हुए मैं कुछ भी महसूस नहीं करूंगा ? दूसरों को तो जवाब दे दूंगा, मगर अपनी उस अंतरात्मा का क्या करूंगा जहां से अंधायुग, कनुप्रिया, नीली झील आयी है, जिनका हाथ पकड़कर मैंने मानव-मूल्य और साहित्य के पक्ष में धुरीहीनों को ललकारा है। काश, भारती ने यह नैतिक साहस दिखाया होता और अपने आपको ऐसा वॉश-बेसिन बनाये जाने से इनकार कर दिया होता, जहां कोई भी आकर खून या कालिख सने हाथ-मुँह धोले . . .

जैसा कि मैंने कहा : सवाल न केडिया का है, न धर्मवीर भारती का . . . इस व्यवस्था में सम्मान के बेदाग होने का भी नहीं, सिर्फ एक स्वतंत्र लेखकीय विवेक और नैतिक-स्टैंड का है . . .

(*'मेरी तेरी उसकी बात', हंस,* जून 1992)

पुरस्कार लो और चुप रहो ?

पिछले दिनों साहित्य अकादमी और उसके पुरस्कार अखबारों की चर्चा में रहे—पंजाबी में एक ऐसे कविता-संग्रह को पुरस्कार दिया गया जिसे निर्णायकों ने पढ़ा ही नहीं था। इससे पहले उर्दू और अंग्रेजी के पुरस्कारों को लेकर हंगामे हुए थे। पंजाबी कवि महबूब की पुरस्कृत पुस्तक "चान दी रात" में कुछ ऐसी कविताएं भी हैं जहां काफी स्पष्ट संकेतों में इंदिरा गांधी को चुड़ैल और डायन बताया गया, उन्हें गोली मारनेवाले बेअंतसिंह की वीरता और शहादत की तारीफ की गयी है ... उधर निर्णायक—प्रमुख अमृता प्रीतम (जो कल तक 'इन्दुजी' की सबसे बड़ी चमची समझी जाती थी) अपनी लापरवाही या जानबूझकर की गई संस्तुति के लिए आलोचना के केंद्र में है तो दूसरी तरफ "साहित्य अकादमी" की पूरी पुरस्कार प्रक्रिया या काम करने के सारे तौर-तरीकों पर प्रश्न उठाये जा रहे हैं। "साहित्य अकादमी स्वायत्त होने के नाम पर निरंकुश संस्था है" जैसे आरोपों के आधार पर जवाबदेही के लिए कुछ लेखक, सरकारी हस्तक्षेप की मांग कर रहे हैं तो कुछ 'स्वायत्तता' में हस्तक्षेप नहीं चाहते, हां उसे अधिक से अधिक खुली और बाहरी लेखकों को शामिल करके चलनेवाली लोकतांत्रिक संस्था बनाने के आग्रही जरूर हैं। उधर मानव संसाधन मंत्रालय द्वारा यू.जी.सी. जैसी विराट और व्यापक 'संस्कृति-परिषद' की योजना पर निरंतर विचार-विमर्श हो रहा है जिसमें देश की सारी सांस्कृतिक गतिविधियों पर प्रत्यक्ष-अप्रत्यक्ष रूप से सरकारी हस्तक्षेप या नियंत्रण होगा—कहीं प्रशासनिक तो कहीं अनुदानों के माध्यम से . . . उस व्यापक छत्रछाया में साहित्यिक, सांस्कृतिक या वैचारिक स्वतंत्रता, प्रतिरोध और स्वायत्तता का क्या रूप होगा, वहाँ कितनी छूट और नियंत्रण होंगे—नौकरशाही की भूमिका क्या होगी, ये सारे मुद्दे अगले कुछ ही महीनों में बुद्धिजीवियों के बीच उठेंगे . . .

फिलहाल फिर 'साहित्य अकादमी' पर लौटें। इस पंजाबी पुरस्कार ने एक दूसरा सवाल यह भी उठाया है कि अकादमियों के पुरस्कार सरकारी-वफादारी या सरकार की आलोचना न करने के लिए दी जानेवाली घूस हैं या रचना का सम्मान ? यह सवाल केन्द्रीय साहित्य-अकादमी के संदर्भ में विशेष रूप से उठता है, क्योंकि वह 'स्वायत्त' है। क्या यह स्वायत्तता सिर्फ प्रशासनिक है और इसकी सीमा कर्मचारियों या बाहरी लेखकों की कृपा या नाराजी देने-लेने, आर्थिक सहायता के उपयोग या दुरुपयोग तक ही है या विचार और अभिव्यक्ति की स्वतंत्रता की छूट और सम्मान भी इस 'स्वायत्तता' में शामिल हैं ? और अगर

'अभिव्यक्ति की स्वतंत्रता' भी अकादमी की स्वायत्तता में शामिल है तो इससे कोई फर्क नहीं पड़ता कि रचना और रचनाकार सरकार के पक्ष में है या विरोध में ? रचना की गुणवत्ता से बाकी सारी बातें तय होनी चाहिए— "वफादारी और गद्दारी" के बदलते मानदंडों से नहीं . . . अकादमी जैसी 'स्वायत्त' संस्थाओं के लिए यह सवाल इसलिए बेहद महत्वपूर्ण है कि 'सौभाग्य' से हम एक लोकतांत्रिक व्यवस्था बनाये हुए हैं—यानी आज कांग्रेस केन्द्र में है तो कल जनता-दल, अगले दिन बी.जे.पी. आयेगी, तो कभी कोई . . . जाहिर है कि सब एक-दूसरे का विरोध करते हुए ही आयेंगे—हरेक के नेता और नायक अलग होंगे. . . कभी गोडसे नायक होगा तो कभी गांधी। राष्ट्रीयता की परिभाषाएं और संस्कृति के प्रति दृष्टिकोण तो निश्चय ही हरेक का अलग होगा—इन बदलती स्थितियों में अकादमी जैसी 'स्वायत्त संस्थाओं' की वफादारियां और जवाबदेहियां क्या होंगी ? उनसे जुड़े या लाभान्वित होनेवाले साहित्यकार क्या शाहेवक्त के चारण बने रहने के लिए भी अभिशप्त होंगे . . . ? सबसे बड़ी बात यह कि जो भी सरकार पैसा देगी, वह संस्था की नीतियों को किस रूप में और कहां नियंत्रित करेगी ? उन दबावों की काट या प्रतिरोध क्या होंगे या उन्हें भी सरकारी प्रकाशन और प्रचार-विभाग बन जाने दिया जायेगा . . .

मैं समझता हूँ कि इन सारे सवालों पर हमें गहराई से विचार करने की जरूरत है। यहां अगर सरकारी हस्तक्षेप हमारा सरोकार होना चाहिए तो भयानक चिंता और चेतावनी का विषय यह भी है कि अकादमी के भवन और कर्मचारियों पर कांग्रेसी गुंडों ने हमला क्यों किया ? उनके नेता या नेताओं का अपमान करनेवाली रचना पुरस्कृत हो, इसलिए अकादमी पर कांग्रेसी गुंडे हमला करेंगे, मध्यप्रदेश में बी.जे.पी. अपने बजरंगी पहलवान भारत-भवन पर चढ़ा देगी—यह तरीका साहित्यिक और वैचारिक समस्याओं को हल करने का नहीं है। यह उसी तरह का फासिज्म है जिसकी सजा सलमान रूशदी, मुशीरुल हसन और बेदार भुगत रहे हैं। वे अपने पैगम्बर का 'अपमान' करनेवालों के सिर क्यों नहीं फाड़ेंगे? वैचारिक समस्याओं या बौद्धिक स्वतंत्रता में हस्तक्षेप का अधिकार न कठमुल्लों को दिया जाना चाहिए न भ्रष्ट और स्वार्थी नेताओं और उनकी गुंडापार्टियों को ... फिर उनके रंग-रूप कोई भी क्यों न हों . . .

(*'मेरी तेरी उसकी बात', हंस,* सितंबर 1992)

अकादमी और संस्कृति-नीति

राजनीति, राजनैतिक सवालों, सामाजिक मुद्दों और उथल-पुथल से अपने को चालीस सालों से बचाकर रखे हुए दिल्ली के बीचों-बीच द्वीप की तरह है एक संस्था 'साहित्य अकादमी'—शुद्ध साहित्यिक कार्यों के लिए समर्पित, उच्चतर मानवीय और सांस्कृतिक मूल्यों से कवचित। मगर जिंदगी का कुछ भी क्या राजनीति से बाहर होता है ? जो कहता है कि बाहर है या 'बाहर कर दिया गया' है यह खुद एक राजनैतिक चाल होती है—तटस्थ हो जाने या बहिष्कृत कर दिये जाने की चाल। बल्कि 'द्वीप' लगनेवाले व्यक्तियों और संस्थाओं की विडंबना दुहरी होती है। कोई भी विचार, आदर्श, मूल्य या उनके लिए प्रतिबद्ध कर्म और आन्दोलन जब व्यवस्थित और संस्थाबद्ध होने लगते हैं तो अपने आप ही वहां सत्ता केंद्र उभरते हैं—कुछ उस केन्द्र के बीच में होते हैं तो कुछ परिधियों पर। सत्ता कभी भी एक ठोस पत्थर की तरह नहीं होती। वह परतों, परिधियों या चक्र के भीतर चक्रों से बनी होती है। वहां स्वयं बने और बनाये रखने के न्यस्त स्वार्थों के समीकरण ही विभिन्न या विरोधी तत्वों को जोड़ते-तोड़ते हैं और यही राजनीति है। संस्था के अंदर की यह राजनीति अनिवार्यतः बाहरी या वृहत्तर 'राजनीति' से भी अपने समीकरण और सेतु बनाती है—शक्ति, विरोध, समर्थन, उदासीनता या स्वायत्त बने रहने की छूट की शर्तें तय करती है। क्योंकि वह स्वयं एक समय और समाज में स्थित होती है इसीलिए भीतरी और बाहरी राजनीति की द्वंद्वात्मकता ही किसी संस्था, निकाय या सांप्रदायिक संस्थान को निरर्थकता या सार्थकता देती है! जहां यह प्रक्रिया रूक जाती है, वहां संस्था अप्रासंगिक या फालतू होकर मर जाती है। बची भी रहती है तो सिर्फ कर्मकांड और रूढ़ि बनकर —स्वयं अपने अंतर्विरोधों और अंतर्कलहों में बिखरती हुई।

केंद्रीय 'साहित्य अकादमी' आज इसी भीतरी और बाहरी राजनीति की शिकार है और लेखकों के बीच अचानक ही महत्वपूर्ण हो गयी है। 'अचानक ही' कहते हुए मेरे सामने स्वतंत्रता के बाद का साहित्यिक परिदृश्य है। परिवर्तनशील सामाजिक शक्तियों से जुड़े साहित्यकारों या जनांदोलनों में उभरे रचनाकारों के लिए यह सरकारी संस्था, बहुत ध्यान देने लायक चीज शायद कभी नहीं रही। कहीं कोई एक साहित्य अकादमी है, और वह पुरस्कार-फैलोशिप इत्यादि देती रहती है या कुछ मुलायम तबियत या रीढ़वाले 'महान लेखक' वहां घुसे या जुड़े

रहते हैं—यही थी दो दशक पहले साहित्य अकादमी की 'इमेज' (छवि)। वह किसी सरकारी विभाग का विस्तार है या स्वायत्त है—शायद यह हमारा सरोकार भी नहीं था, क्योंकि 'साहित्य अकादमी' एक अर्धसरकारी किस्म का ब्यूरोक्रैटिक (नौकरशाह) संस्थान थी—स्वयं विचार या जनांदोलन से उभरकर आयी चीज नहीं। हां, उसके होने के पीछे देश के प्रबुद्ध नेताओं और बुद्धिजीवियों का विचार जरूर था। इसलिए अकादमी खुद चौकस थी कि देश के सामाजिक, राजनैतिक, वैचारिक माहौल या उसके बदलाव से जहां तक हो सके अपने को बचाकर (इन्सुलेटेड) रखे, अपने मूल में व्यवस्था और सत्ता के साथ जुड़े रहकर ही उसे अपनी सार्थकता तलाशनी थी—यानी न तो वह ऐसा कुछ कर सकती थी कि किसी संप्रदाय या व्यक्ति की क्षेत्रीय, आर्थिक, धार्मिक, सांस्कृतिक मान्यता को ठेस लगे; और न ही शासन में बैठी सत्ता (जो मुख्यतः कांग्रेस या नेहरू संतान ही रही है) के लिए असुविधाजनक हो। चूंकि स्वतंत्रता के बाद आनेवाले प्रायः सारे ही रचनाकार लेखक-विचारक वामपंथी रुझानों के लोग थे, इसलिए उनके लिए न सत्ता इतनी परमपावन (सैक्रोसेंट) थी, न व्यवस्था। उस समय अकादमी से वे ही साहित्यकार ज्यादा जुड़े थे जो स्वतंत्रता की लंबी लड़ाई में थककर आराम करना चाहते थे, अपने को गैर-राजनीतिक कहते थे या जिनके पुराने सक्रिय राजनैतिक सहयोगी महत्वपूर्ण पदों पर जा बैठे थे। कुछ ऐसे भी लेखक रहे होंगे जो लेखकीय स्वतंत्रता के क्रांतिकारी तेवर भी बनाये रखना चाहते थे और सत्ता से सभी कुछ प्राप्त कर लेने में भी पीछे छूटने को तैयार नहीं थे। अकादमी के अपने संविधान में प्राधान्य था—पदेन सरकारी अफसरों, विश्वविद्यालयों के सड़े-बुसे अध्यक्षों या नखदंत-विहीन लूटपाट केंद्रों (यानी स्वैच्छिक साहित्यिक संस्थाओं) के मनोनीत सदस्यों का। अकादमी की विभिन्न कमेटियों, विशेषकर वर्तमान हिंदी सलाहकार समिति के सदस्यों की पूरी सूची पर निगाह डालकर ही आप समझ सकते हैं कि उनके कद और कामत क्या हैं ? इस तथाकथित 'स्वायत्त' संस्था की अंदरूनी चिनाई में कितने ऐसे हैं जो अपने स्वतंत्र निर्णय ले सकते हैं ? एकाध जो हैं भी, वे टोने के रूप में हैं, वर्ना प्रायः तो भूतपूर्वों द्वारा मनोनीत हैं। जैसे विश्वविद्यालयों के हिंदी-विभाग का मध्यकालीन विद्वान मरते दम तक वहीं चिपका रहता था और मजबूरी में अगर मरना भी पड़ा तो जाने से पहले अपने जैसे ही जड़ और ठस को 'नियुक्ति' कर जाता था, ताकि अपनी परंपरा बनी रहे। यों कहने को तो वहां भी नियुक्तियां हर उम्मीदवार के लिए खुली होने का नाटक भी था। इसलिए साहित्य अकादमी को लेकर उठनेवाले सारे विवादों को इस 'फफूंदी स्वायत्तता' के संदर्भ में ही समझा जा सकता है।

इधर लेखक और बुद्धिजीवी समुदाय को नयी स्थितियों से गुजरना पड़ रहा ...चारधारा के अंत, विज़न (स्वप्न) के विलोप और सामाजिक-राजनैतिक ...के बिखराव ने उनके सारे हर्बे-हथियार छीन लिये हैं। जिन आदर्शों और

उद्देश्यों के लिए उन्होंने प्रतिभा और जिंदगी के सबसे अच्छे क्षण समर्पित किये थे, वे कहीं पृष्ठभूमि में चले गये हैं। शायद व्यर्थ भी लगने लगे हैं। सामने रह गयी है सरकार या उसके संस्थान ... अब उन्हें हर व्यक्तिगत और राष्ट्रीय समस्या का समाधान सरकार से ही चाहिए। उसी से मांग करनी है। उसी की आलोचना करनी है, उसी पर हर असफलता थोपनी है और उसी से सुधार यानी लाभ की उम्मीद करनी है। इधर 'चानां दी रात' से उठी विवाद-श्रृंखला में अचानक ही इतनी बड़ी संख्या में लेखकों द्वारा अकादमी को अपनी चिंता का केंद्र बनते देखकर लगता है मानो बहुत दिनों बाद एक बड़ा उद्देश्य हाथ लगा है। दो या एक गलत पुरस्कार को आधार बनाकर, एकतरफ, मुख्यतः हिंदी के साठ-पैंसठ लेखक चाहते हैं कि अकादमी की गतिविधियों में सरकार हस्तक्षेप करे, गलतियों को दंडित करे और उसे धो-पोंछकर साफ कर दे—यानी अपनी पुलिस भेजकर गुंडों, बदमाशों की सफाई करा दे और चाहे तो इसके बाद पुलिस को वापस बुला ले या (दूर से निगाह रखने के आदेश दे दे)। दूसरी तरफ अनेक भाषाओं के देश के ढाई सौ से अधिक दिग्गज लेखकों का सीधे प्रधानमंत्री से आग्रह है कि अकादमी की 'स्वायत्तता' बनी रहनी चाहिए और वहां जो कुछ भी चल रहा है, सब ठीक और निर्दोष है। जैसा कि आरोप है, हो सकता है इनमें से अधिकांश लेखक, अकादमी द्वारा उपकृत या संबद्ध हों—या इस प्रतीक्षा में हों, मगर एक बौद्धिक संस्था की स्वायत्तता का उनका सरोकार उपेक्षणीय नहीं है।

तीसरी तरफ 'हंस' संपादक जैसे अनेक भाषा-भाषी आठ-दस लेखक* हैं जिन्होंने साहित्य अकादमी के अध्यक्ष से आग्रह किया है कि इन आरोपों-प्रत्यारोपों के संदर्भ में अकादमी एक बहस का आयोजन करे और वहां उठनेवाले मुद्दों पर खुलकर बातें हों। लेखकों की बातें लेखकों के बीच ही होनी चाहिए। जैसा कि मैंने कहा, अपने मूल में सारा विवाद, दो-चार पुरस्कृत पुस्तकों की 'राजनीति' का नहीं। अकादमी की चालीस साल पुरानी 'फफूंदी स्वायत्तता' और लेखकों की अचानक बढ़ती हुई दिलचस्पी का है। समाज को सही दिशा देने की असफलता, अकादमी को सही रास्ते पर लाने का उत्साह बनकर अभिव्यक्ति हो रही है। बहरहाल, मांग अकादमी की स्वायत्तता को समाप्त करने की नहीं, उस स्वायत्तता को पारदर्शी लोकतांत्रिक रूप में संशोधित करने की है।

यहां कनफ्यूजन या धुंध 'स्वायत्तता' को लेकर है। स्वयं अकादमी जब इस शब्द का इस्तेमाल करती है तो अर्थ होता है प्रशासकीय या प्रबंधन दबावहीनता। उस अर्थ में अनेक सरकारी विभाग या कारपोरेशन स्वायत्त हैं। उनकी जवाबदेही अपने मंत्रालय, महालेखाकार या संसद के लिए ही है। ऐसे संस्थानों में सुचारु प्रबंधन के लिए एक कुशल प्रशासक जानता है कि उसे सही कर्मचारी ही नहीं

** डॉ. हरभजन सिंह, जे.पी. दास, राजेन्द्र यादव, मीनाक्षी मुखर्जी, लक्ष्मीकण्णन, कृष्ण बलदेव और असगर वज़ाहत इत्यादि।*

चाहिए—नीति-निर्धारण में ऐसे सुविधाजनक बड़े या बौने जन-प्रतिनिधि भी चाहिए जो कार्य को निर्विघ्न चलने दें। यानी जिन्हें प्रबन्धक, या अधिक निराकार शब्द लूं तो मैनेजमेंट, आसानी से मैनेज कर सके ... शीर्ष पर बैठे हर कुशल नौकरशाह (नाम उसका कुछ भी हो) को पता है कि चीजों को कहां, कैसे साधना है, किस फाइल का पेट कैसे भरना है और कौन-सा निर्णय कराने के लिए किन 'स्वतंत्र-प्रतिनिधियों' की क्या कमेटी बनानी है। वहां होता वही है जो वह चाहता है, मगर असुविधाजनक जिम्मेदारियां हमेशा कमेटियों पर डाली जाती हैं, जिन पर लीपा-पोती करने के लिए आगे जाकर कभी-कभी कमीशन भी बैठाने पड़ते हैं। इस प्रक्रिया में 'प्रबंधक' स्वायत्त नहीं, निरंकुश होता है। अकादमी के मामलों से चिंतित लेखकों को इस सवाल की भी पड़ताल करनी चाहिए कि कहीं उनसे स्वायत्तता की रक्षा के नाम पर इसी निरंकुशता का बचाव तो नहीं कराया जा रहा ? इसी दृष्टि से हमारा आग्रह यह भी था कि बहस के लिए जो मीटिंग बुलायी जाये उसमें जहां तक हो अकादमी से संबद्ध, उपकृत या प्रत्याशी किस्म के लेखक न हों।

बात को ठोस रूप देने के लिए अकादमी की बनावट पर निगाह डालें : सरकारी प्रतिनिधियों, दूसरी दो अकादमियों, नेशनल बुक ट्रस्ट इत्यादि के अलावा जनरल कौंसिल में विश्वविद्यालयों, प्रदेशों, भाषाओं के प्रतिनिधि होते हैं—सात या आठ लेखक विशिष्टता के आधार पर लिये जाते हैं। यही जनरल कौंसिल, अपनी कार्यकारिणी चुनती है, इसमें हर भाषा का एक प्रतिनिधि होता है (हिंदी में पांच वर्षों से विष्णु प्रभाकर हैं) जो स्वयं 'स्वतंत्र संस्थाओं' द्वारा मनोनीत किया जाता है। चूंकि बंगालीवाले को तमिल के साहित्य-जगत की भीतरी जानकारी नहीं होती इसलिए एक तरह से कार्यकारिणी के नाम पर भाषायी प्रतिनिधि ही अपनी सलाहकार समिति बना लेता है (मैं हिंदी सलाहकार समिति के नाम देकर सूची को दयनीय और हास्यास्पद नहीं बनाना चाहता) जाहिर है इन 'नॉमिनेटेडों' की भीड़ में 'चुनाव' की गुंजाइश प्रायः बिल्कुल नहीं है। सरकारी लोगों को छोड़ भी दें तो विश्वविद्यालयों से जो 'साहित्यकार' आयेंगे, उनका अंदाजा आसानी से लगाया जा सकता है। भाषायी संस्थाओं के जो कुछ नाम हकसर-रिपोर्ट के परिशिष्ट में हैं वे कैसे नाम चुनेंगी, यह भी साफ ही है। मसलन हिंदी में साहित्य-सम्मेलन (दोनों में से कौन-सा ?) या हिंदी प्रचार सभाएं जैसी संस्थाएं हैं और वे कैसे नाम भेजेंगी— इसे समझना भी मुश्किल नहीं है। शुक्र है कि नागरी प्रचारिणी सभा को इसके योग्य न समझकर निरस्त कर दिया गया, वर्ना वहां से प्रक्षेपित कोई बनारसी भी अकादमी में दहाड़ रहे होते और अब तक पुरस्कार सोनिया प्रियंका को मिल चुका होता। फिर भी आश्चर्य है कि 'ऑथर्स गिल्ड' जैसी दुकानें जो नेशनल बुक ट्रस्ट से लेकर अनेक उपयोगी सरकारी संस्थाओं में सेंध लगाये बैठी हैं—अकादमी को अपनी सेवाएं क्यों नहीं दे रहीं ?

तो यह है कि 'लोकतांत्रिक और स्वायत्त' संस्थान, जिसे बचाने या 'मिटाने' का

अभियान चलाया जा रहा है। किसी को कोई ताज्जुब नहीं होना चाहिए कि इस बनावट के चलते क्यों साहित्य अकादमी एक कटे-छंटे द्वीप की तरह रही या क्यों साहित्य के क्षेत्र में कोई सार्थक हस्तक्षेप नहीं कर पायी। शायद राजधानी की साहित्यिक दुनिया में उसकी उपस्थिति को महसूस करने की भी जरूरत नहीं होती, क्योंकि लेखकों से अकादमी का संवाद इकतरफा है। यानी जब वह चाहे लेखकों को आमंत्रित करे—आप अपने किसी कार्यक्रम के लिए वहां नहीं जा सकते। दिल्ली में बैठकर सवत्सर मनाने, पुरस्कार समारोह करने, किसी लेखक से मिलाने या हिंदी के मामले में सिर्फ शोक सभाएं करने से तो साहित्य की मुख्यधारा में शामिल नहीं हुआ जा सकता। इसके लिए जरूरत होती है जीवंत साहित्य के संपर्क से, सो प्रगतिशील लेखक संघ, जनवादी लेखक संघ या जन-संस्कृति मंच जैसी सक्रिय जानदार और लगभग हिंदी के सारे महत्वपूर्ण लेखकों की प्रतिनिधि संस्थाओं को अपने साथ लेने का न अकादमी में कोई संविधान है, न प्रावधान। स्वार्थ तो बिल्कुल नहीं। सुरेन्द्र प्रताप ने 'इंडिया टुडे' (15 सितंबर'92) में बिल्कुल ठीक लिखा है कि ऐसी लुंज-पुंज संस्था के पास सरकारी चाटुकारिता के सिवा चारा क्या है ? या जो भी सरकार केंद्र में आयेगी, वह सारी संस्था को अपने साथ क्यों नहीं बहा ले जायेगी ? क्या हुआ भारत-भवन का? कल वहां कला और संस्कृति की समाज-निरपेक्ष एक्सिलैंस (उत्कृष्टता) की बात हो रही थी, आज राम मालिक है। टुच्चे नौकरशाहों और नॉमिनेटेड सदस्योंवाली संस्थाओं की 'स्वायत्तता' अंततः रागदरबारी ही गाने को 'स्वतंत्र' होती है। सुनते हैं फ्रैंच अकादमी ने बीसियों बार ऐसे निर्णय लिये हैं जो सत्ता के लिए खासे असुविधाजनक या विरोधी रहे हैं। जनता के पैसे को जब सरकार देती है तो वफादारी के शर्तनामे पर हस्ताक्षर नहीं कराती, और अगर हम अनपढ़ पुलिस या फौज से यह उम्मीद करते हैं कि अपनी जनता को संभालने के लिए नृशंस सरकारी आदेशों का पालन करने से पहले, अपने विवेक का भी इस्तेमाल करे तो क्या प्रबुद्ध लेखकों से विवेक के इस्तेमाल की मांग बहुत नाजायज है ?

हमारी यह मांग क्यों नाजायज है कि नया जीवन देने और नई परिस्थितियों के अनुरूप अकादमी के संविधान को संशोधित होना चाहिए। जब देश का संविधान पचासों बार संशोधित हो सकता है तो अकादमी का संविधान क्यों वेद ग्रंथ है ?

लेखकीय दृष्टि से अकादमी का मुंह इसलिए काला नहीं किया जा सकता कि किसी पुरस्कृत लेखक ने शाहे, वक्त की शान में गुस्ताखियां और बदज़बानियां की हैं। पुरस्कार नमकहलाली का इनाम नहीं है। जिन लेखकों को अकादमी की स्वायत्तता की चिंता है, उन्हें लेखकीय स्वतंत्रता का गला घोंटने का कोई हक नहीं है, बल्कि मैं तो इस खुलेपन का भी समर्थक हूं कि अकादमी एक किताब को पुरस्कृत करे और वहीं से निकलनेवाली पत्रिका में कोई दूसरा लेखक उसकी धज्जियां उड़ा दे। इसलिए लेखकों के बीच चर्चा किसी किताब की अपनी गुणवत्ता,

कलात्मकता और लोकतांत्रिक मानवीय मूल्यों से उसकी प्रतिबद्धता को लेकर ही होनी चाहिए। आगे बढ़कर चिंता का विषय यह भी क्यों न हो कि अकादमी साहित्य, सोच और रचना में आने वाले बदलावों से अपने को क्यों नहीं जोड़ पा रही है? क्यों युवा ऊर्जावान, प्रयोगशील और साहसिक लेखन वहां अछूत या अस्पृश्य बना हुआ है। बूढ़े साहित्यकार और बुसा हुआ साहित्य ही वहां क्यों सबसे अधिक पुरस्करणीय है ? सब मिलाकर वह स्वतंत्रता के बाद के साहित्य का जीवंत मंच क्यों नहीं है ? क्या उसके होने की सार्थकता साहित्य की संरक्षित कब्रगाह यानी पुरातात्विक संरक्षणीय संग्रहालय के रूप में ही है ? वहां क्यों मुद्राराक्षस, पंकज बिष्ट, उदय प्रकाश, संजीव, स्वयंप्रकाश, वीरेंद्र जैन, मृदुला गर्ग, प्रभा खेतान, राजी सेठ, राजेश जोशी, आलोक धन्वा को साठ वर्ष की उम्र पार करने की प्रतीक्षा करनी पड़ेगी ? सिर्फ कृतियों की बात की जाये तो गिनाये गये सारे लेखकों के पास एक-एक ऐसी कृति जरूर है जिसे निस्संकोच पुरस्कार योग्य माना जा सके। रोज-रोज उठनेवाले विवादों को देखते हुए औरों की तरह मुझे भी लगने लगा है कि इन पुरस्कारों की उपयोगिता अब रह नहीं गयी है और इन्हें एक सिरे से समाप्त कर दिया जाना चाहिए। लेखकीय सहयोग और सम्मान के लिए कुछ और तरीके सोचे जा सकते हैं।

और यहीं गुंथा है वह वास्तविक मुद्दा, जिसके संदर्भ में अकादमी-जैसी संस्थाओं की 'स्वायत्तता', स्वतंत्रता, निरंकुशता और खुलेपन को परिभाषित किया जा सकता है। अकादमी की एकाउंटेबिलिटी (जवाबदेही) क्या सिर्फ अपने आर्थिक स्रोतों, प्रशासनिक विभागों, या स्वयं अपने द्वारा निर्धारित नियमों और कार्य-प्रणालियों के लिए ही है या उस साहित्य संस्कृति और मानवीय धरोहर के लिए भी है जिसके नाम पर उसे स्वायत्तता चाहिए ? उसके साथ अकादमी का या ज्यादा सही कहा जाये तो सरकार का रवैया और संबंध क्या हो ? चाहे वह अकादमियां हों या अन्य सांस्कृतिक इकाइयां—अगर वे सिर्फ अपने ही ढांचे और उद्देश्यों की बातें करती रहेंगी तो अंततः कुछ अफसरों के परिवार-पोषण, आत्मसंवर्धन और फाइल पेट-पालन की ऐशगाह ही बनी रहेंगी। पिछले दशक में सरकार ने दो बड़ी योजनाएं शुरू की थीं—जवाहर रोजगार योजना और क्षेत्रीय संस्कृति केंद्रों की स्थापना, दोनों एक ही गति को प्राप्त हुईं। रेगिस्तानी नदी की तरह उसका पानी कहां जाकर सूखता रहा, कोई नहीं जानता। विभागों में अंदर तो शायद यह सवाल पूछा ही नहीं गया कि जिन उद्देश्यों और जिन लोगों के नाम पर ये सारे तूमार बाधे जाते हैं क्या उनकी सीधी और स्वतंत्र प्रतिक्रिया प्राप्त करने का तरीका भी सोचा गया ? चाहे वे अकादमियों के संविधानों में दिये गये प्राथमिक उद्देश्य हों, या हकसर कमेटी की रिपोर्ट और उससे प्रेरित नयी सांस्कृतिक नीति के प्रारूप हमें सबसे पहले शक यही होता है कि इन महान प्रशंसनीय लक्ष्यों को प्राप्त करने की प्रक्रिया क्या होगी—उस तंत्र का स्वरूप क्या होगा जिसके जिम्मे

कार्यान्वयन का भार सौंपा जायेगा ? मुख्यतः प्रशासनिक ढांचा किसके लिए जिम्मेदार होगा ? इस बात की क्या गारंटी है कि एक और सरकारी सफेद हाथी लाकर नहीं खड़ा कर दिया जाएगा जो खेतों की रक्षा के नाम पर सारी फसल खुद ही चर जायेगा? क्या नीति-निर्माता जानते हैं या जानने में सक्षम हैं कि वे देश की संस्कृति को किस दिशा में ले जायेंगे ? क्योंकि पिछले पैंतालीस सालों में एक्सपर्टों और विशेषज्ञों द्वारा भयानक विचार-विमर्शों के बाद तैयार की गयीं आर्थिक, सामाजिक, सांस्कृतिक पांच-सितारा नीतियां अपनी व्यावहारिक परिणतियों में देश को कहां ले आयी हैं—यह हमारे सामने है। जब तक ऐसी गैर-सरकारी स्वतंत्र और लोकतांत्रिक एजेंसियां नहीं तैयार की जायेंगी जो नीति निर्माताओं और कार्यान्वयन करनेवालों से हर स्तर पर जवाब और ब्यौरे मांग सकें, तब तक तो ऊपर से प्रारंभ किया गया हर काम बीच में ही सूखता चला जायेगा। एक प्रक्रिया होती है जहां पानी ऊपर से नीचे छनकर आता है, दूसरी में भाप के रूप में नीचे से ऊपर उठता है। सारी सरकारी नीतियां ऊपर से नीचे की तरफ जाती हैं। जब तक इस प्रक्रिया को उलटा नहीं जायेगा, सारा कुछ किताबी लफ्फाजी बने रहने के लिए अभिशप्त है।

क्या ऐसा नहीं हो सकता कि मानव संसाधन मंत्रालय के संस्कृति विभाग में बैठे अफसरों और मंत्रियों से आग्रह किया जाये कि वे देश, संस्कृति इत्यादि को दिशा देने की सद्‌भावना को फिलहाल स्थगित कर दें और सिर्फ ऐसे लोकतांत्रिक और व्यापक हिस्सेदारीवाले तंत्र पर विचार करें जो पुरानी धरोहर की सुरक्षा के साथ-साथ रचना, विचार और अन्य सांस्कृतिक गतिविधियों के लिए अनुकूल वातावरण तैयार करने में मदद दे और जिसे नौकरशाही फाइलबाजी से जहां तक हो सके मुक्त रखा जा सके, या आर्थिक मुद्दों की नियमितता-अनियमितता के नाम पर अपनी इच्छा पूरी कराने और चार्चों-चमचों की चरागाह बनाने की पेचीदगियों का शिकार न बनाया जा सके; क्योंकि सारी 'स्वायत्तता' स्वतंत्रता अपनी जगह हैं, वास्तविकता यह है कि जो पैसा देता है वह अदृश्य हाथ ही सारी कार्य-प्रणाली और नीतियों को नियंत्रित प्रभावित भी करता है। क्या अंतर्राष्ट्रीय मुद्राकोष और विश्व-बैंक आज सारे देश की नीतियों को उंगलियों पर नहीं नचा रहे ? —वे जब चाहते हैं रुपये का अवमूल्यन कर डालते हैं—जब चाहें चीजों के दाम बढ़ाने को मजबूर कर देते हैं और उनकी इच्छा के बिना न आप अपनी जरूरत की कोई भी चीज खरीद सकते हैं न बेच सकते हैं—यहां तक कि खरीदने-बेचने की दुकानें और भाव भी वही तय करते हैं। सावधानी यह बरतनी है कि हमारी 'सांस्कृतिक स्वायत्तता' इसी का लघु-चित्र होने तो नहीं जा रही ? इस बात का आश्वासन कौन देगा कि सरकार, मंत्री और उत्साही अफसरों के बदलने पर सांस्कृतिक नीतियों या उन्हें कार्यान्वित करने के तरीकों में उथल-पुथल नहीं होगी ?

जैसा कि मैंने कहा, जब तक पानी के नीचे छनने के साथ जड़ों से उठकर

पत्तियों तक शक्ति संचार की समानांतर प्रक्रिया विकसित नहीं की जायेगी, पत्तियों की साज-सज्जा या कैमिकल छिड़काव से काम नहीं चलेगा, दुर्भाग्य से यह काम अकेले संस्कृति विभाग का नहीं है। इसमें शिक्षा, संचार, पर्यावरण, ग्राम-विकास सभी को शामिल करना होगा—क्योंकि दूर-दराज के गांवों में छोटे-छोटे पुस्तकालय, संस्कृति-मनोरंजन के मिनी कॉफी हाउस या चौपालनुमा केंद्र विकसित करने होंगे, जहां से लोकतांत्रिक प्रक्रिया की शुरुआत हो सके। अगर सभी विभागों में तालमेल नहीं हुआ तो बैंक ऋणों या नलकूपों की तरह ये सारी योजनाएं कागजों पर बन-बनकर पूरी होती रहेंगी या किसी प्रधान-पंच के घर में कैद हो जायेंगी जो जब जिसे चाहे आने देगा, जिसे न चाहे उसे झांकने तक की इजाजत नहीं होगी—यानी पंच के विरोधी, प्रतिस्पर्धी या महिलाएं और दलित वहां कहीं फटक तक नहीं पायेंगे। आज तो गांव-कस्बे के धरातल पर कुछ भी करने से पहले इस बात पर सौ बार गौर करने की जरूरत है कि कहीं सरकारी कारिंदों और गांव के बाहुबलियों के खाने-पीने की एक और नाली तो नहीं खोली जा रही ? दिक्कत यही है कि आप गांव-कस्बों से किसी भी चीज की शुरुआत करें, आज की असलियत यह है कि सारी बात टिकती है वहां की वर्णवादी सामंती व्यवस्था और नौकरशाही की मिली-भगत पर। इन दोनों की सम्मिलित साज़िश—जिसके सूत्र ऊपर-ऊपर तक चले गये हैं—न किसी उभरती गुहार को ऊपर उठने देगी न ऊपर से दी गयी किसी सुविधा को नीचे पहुंचने देगी—चाहे वह शिक्षा हो, संस्कृति हो या अन्य विकास कार्यक्रम।

मगर क्या कीजिए—अपने मूल में सवाल समग्र राष्ट्रीय विकास-नीति का है और इन सारी स्थितियों से मुठभेड़ किये बिना न किसी सांस्कृतिक नीति का कोई मतलब है, न संस्कृति-परिषद का। हां, जगमगाते बुद्धिजीवियों को एक अच्छा शगल जरूर मिलने जा रहा है— कुछ दिनों आरामदेह सेमिनार कक्षों में बहसें होंगी—लंच-डिनर—रेल और हवाई जहाजों के किराये और ठहरने के स्थान उनकी बौद्धिकता ऊँचाइयाँ तय करेंगे। इसलिए हे प्यारे लेखको, अकादमी की लाश पर टूटने की जल्दबाजी में अपने को हलकान मत करो—बड़ा शिकार आनेवाला है, वहां अपनी नामवरी दिखाने का काफी मौका मिलेगा। अकादमी तो उसकी एक शाख है—असली वृक्ष तो वह है और वहां इतनी शाखें हैं कि एक-एक शाख पर दस-दस लेखक बैठ सकेंगे . . . फिर होता रहे अंजामे गुलिस्ता कुछ भी . . .

(*'मेरी तेरी उसकी बात'*, *हंस*, अक्तूबर, 1992)